KB184806

무덤 古墳,

영생을 꿈꾸다

서문

2023년 12월 말 15년 동안 재직하였던 (재)한얼문화유산연구원을 퇴직하였다. 그리고 2024년 1월 지금 근무하고 있는 (재)국가문화유산연구원으로 자리를 옮겼다. 직장을 옮기고 난 이후 이전보다 많은 개인 시간이 주어졌다. 그리고 시간이 점점 빨리 지나는 것도 몸소 느끼게 되었다. 무엇인가 하고픈 생각이 갑자기 들면서 몇 해 전부터 계획하였던 정리 작업을 시작하였다.

그동안 백제사지와 관련된 논문과 저서를 발표하면서 고분 출토 유물에 대한 논문도 몇 편 기고하였다. 전공자들이 보기에 보잘것없겠으나 개인적으로는 흥미를 느끼고 썼기 때문에 정리하고픈 생각이 적지 않았다. 그리고 논문과 관련해 중국 우루무치 박물관을 답사하면서 그 생각은 더욱 굳어졌다.

이 책은 기존에 발표한 논문을 재정리한 것이기 때문에 기본 논조나 목차 등의 구성은 크게 바뀌지 않았다. 다만 논문의 이해도를 높이기 위해 사진이나 도면을 이전보다 많이 첨부하였다. 이 과정에서 기존에 발간된 보고서와 도록을 적잖이 참조하였다.

전체 5장 중 제1장은 서울 송파구 석촌동 즙석봉토분에서 출토된 노(櫓)형 목제품의 성격과 계통에 관해 기술하였다. 왜 노처럼 생긴 목재품이 무덤에서 출토되었을까 하는 의문점과 이러한 유물이 중국의 위진남북조시대나 일본의 고분시대에 사용되었다는 사실에서 그 성격을 유추해 보았다. 제2장에서는 신라와 가야의 고토에서 발굴되는 유자이기의 성격에 대해 재검토해 보았다. 같은 구역의 무덤에서 어느 쪽은 유자이기가 출토되고, 또 어떤 곳에서는 유자이기가 수습되지 않는다는 의문점에서 논문을 쓰게 되었다. 제3장에서는 고분에서 출토되는 금동관이나 금동신발 등에 장식된 물고기의 성격에 대해 살펴보았다. 물고기는 주로 경제력이나 자손 번성 등으로 이해되고 있는데 여기에서는 통치권과 관련하여 기술하였다. 그리고 제4장과 5장은 고분에 채색된 연화문을 바탕으로 고분의 축조 시기를 살펴보았다. 그 결과 고령 고아동벽화분의 연화문은 백제와 무관한 6세기 말경 신라에 편입된 이후 제작된 것으로 파악하였다. 또한 부여 능산리 1호 동하총의 경우도 화판에 흑점이 있는 판단첨형식의 연화문을 통해 피장자가 6세기 말의 위덕왕임을 피력해 보았다. 한편, 1장을 작성함에 있어 대학 동창인 김호걸 선생의 도움을 많이 받았다. 지면으로나마 고마움 마음을 전하고자 한다.

고분에서 출토된 유물 중 흥미로운 부분만을 뽑아 썼기 때문에 필자의 주관이 많이 내재하였다고 생각된다. 그러나 한편으로 새로운 시각을 제공할 수도 있겠다는 생각도 들어 부족하지만 무리한 작업을 진행하게 되었다.

최근 들어 출판계의 사정이 어렵다는 이야기를 많이 듣곤 한다. 그런데도 이 책의 발간에 큰 도움을 주신 서경문화사 김선경 사장님과 김소라 편집자님께 큰 고마움을 느낀다.

설 명절이지만 며칠 전부터 폭설에 가까운 눈이 내리고 있다. 어느 누군가에게는 불편한 존재이겠지만 개인적으로는 마음을 평안하게 해준다. 평정심을 가지는 한 해가 되기를 기원해 본다.

2025년 1월

조원창

목차

제5장 부여 능산리 1호 동하총의 축조시기 검토 229

제1장

서울 석촌동 즙석봉토분 출토 노(櫓)형 목제품의 성격

Ⅰ. 머리말

1980년대 전반 서울 석촌동 즙석봉토분(葺石封土墳)[1]에서 노(櫓) 형태의 목제품이 출토되었다. 이 유물에 대해 보고자들은 외형을 통해 목제노(木製櫓)[2]로 파악하고 있다. 그러나 석촌동 즙석봉토분이 지배층 묘제라는 관점에서 목제 노의 출토는 언뜻 이해하기 어렵다. 아울러 지금까지 알려진 여러 위세품과 비교해 보아도 많은 차이가 있어 보인다.

이 논고는 바로 이러한 의문점으로부터 시작되었다. 물론 이의 출토 사례가 극소하고 출토 상태 또한 좋지 않아 성격 추론에 무리가 있을 수 있겠으나 그동안 중국이나 일본 등에서 출토된 유물들과 비교해 볼 때 어느 정도의 성격 파악은 가능하리라 생각된다.

---

1) 金元龍 · 林永珍, 1986, 『石村洞3號墳東쪽古墳群整理調査報告』, 서울大學校博物館.

2) 金元龍 · 林永珍, 1986, 『石村洞3號墳東쪽古墳群整理調査報告』, 서울大學校博物館, 36쪽.

따라서 이 글은 석촌동 즙석봉토분에서 검출된 노형 목제품과 외형상 친연성이 있는 중국과 일본의 자료를 통해 이의 성격을 추론해 보고자 한다. 이를 위해 Ⅱ장에서는 노형 목제품이 검출된 석촌동 즙석봉토분에 대해 살펴보도록 하겠다. 아울러 여기서 출토된 유물들을 통해 이의 편년도 함께 알아보고자 한다. Ⅲ장에서는 그동안 노형 목제품이 검출된 중국과 일본의 사례들을 검토해 보도록 하겠다. 특히 일본 고분시대의 노형 목제품을 중심으로 살펴보고자 한다. 그리고 Ⅳ장에서는 Ⅲ장의 내용과 연계시켜 이의 성격을 검토해 보았다.

Ⅱ. 고분 조사 및 노형 목제품의 출토 현황

여기에서는 이 글의 연구 대상이 되는 노형 목제품의 출토 고분 즉 즙석봉토분(葺石封土墳)[3]에 대해 살펴보고자 한다. 아울러 노형 목제품의 출토 상황과 고분에서 출토된 토기 및 철기 등에 대해서도 알아보도록 하겠다.

즙석봉토분(그림 1 · 2)[4]은 지하차도 공사로 인해 동 · 남 · 북 3면이 유실되고 서쪽 일부가 남아 있는 상태에서 발굴조사 되었다. 매장주체부가 남아 있지 않아 중심부의 구조는 확인되지 않았다. 토층 조사 결과 먼저 묘역을 설정하고 외곽에서 중심 방향으로 완만하게 경사지도록 정지한 후 매장주체부를 조성하고 이를 중심으로 소분구를 축조하였다. 다음으로 주먹이나 손바닥 크기의 자갈 및 할석을 소분구 위에 한 겹 덮어 놓았다. 즙석부 주변 경사지에는 목관과 옹관을 조성하고 유물을 부장하였다. 그리고 마지막으로는 처음에 정지하였던 범위를

3) 유구와 출토 유물은 金元龍 · 林永珍, 1986, 『石村洞3號墳東쪽古墳群整理調査報告』, 서울大學校博物館, 32~36쪽 참조.

4) 서울대학교박물관, 1997, 『서울대학교박물관 발굴유물도록』, 122쪽 사진 9.
金元龍 · 林永珍, 1986, 『石村洞3號墳東쪽古墳群整理調査報告』, 서울大學校博物館, 63쪽 도면 17.

그림 1. 서울 석촌동 즙석봉토분 전경

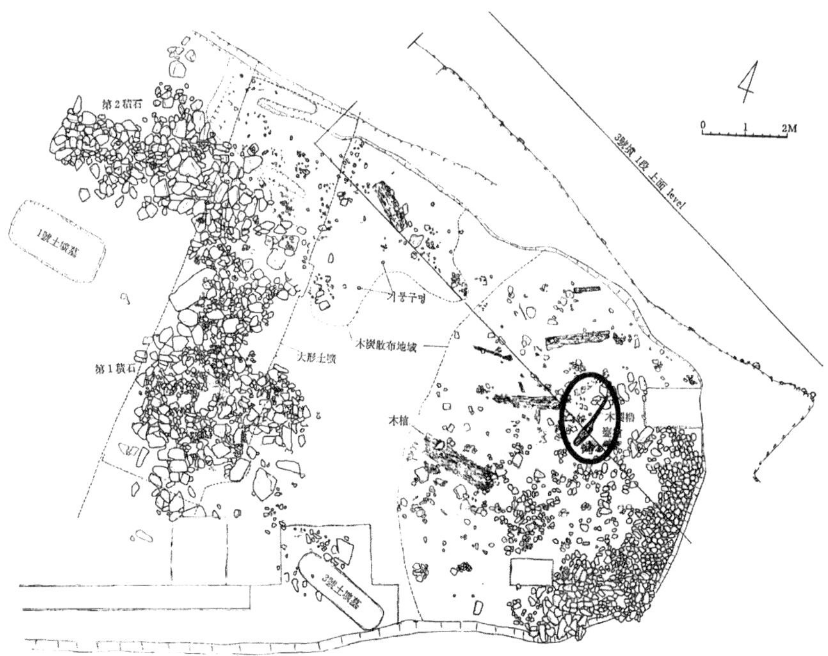

그림 2. 서울 석촌동 즙석봉토분과 노형 목제품(○ 내부) 출토 상태

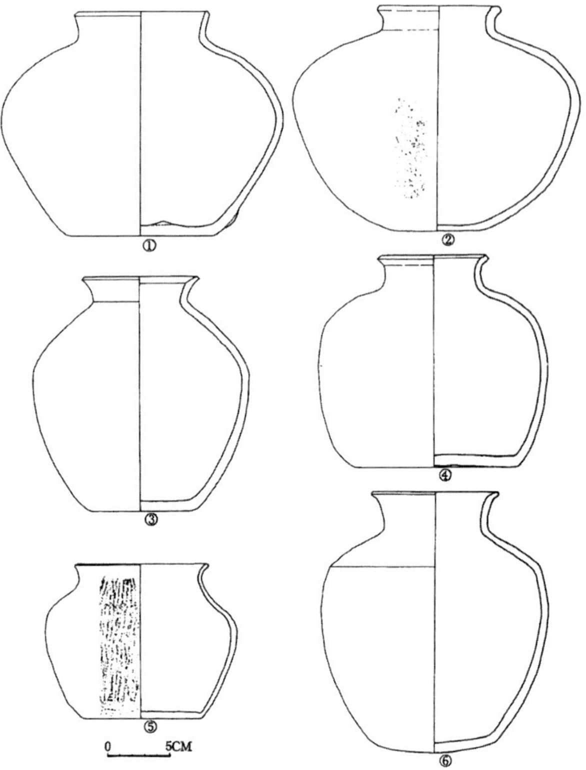

그림 3. 서울 석촌동 즙석봉토분 출토유물 1(①~⑥ : 단경호)

거대한 봉토로 덮어 놓았던 것으로 추정하였다. 조사 당시 목관묘가 3기,[5] 합구식옹관 1기[6] 가 조사되었으나 유실된 부분까지 고려한다면 10여 기의 목관묘와

5) 목관 ①은 가장 남쪽에서 조사되었고, 바닥만 잔존한 상태였다. 길이 1.9m, 폭 0.48m 크기로 장축은 무덤 중심을 향하였다. 주변에서 다량의 토기편과 꺾쇠, 철정 등이 출토되었다. 목관 ②는 목관 ①에서 동북쪽으로 약 1.5m 떨어져 확인되었다. 길이 1.6m, 폭 0.28m 크기의 탄화된 판자가 목관으로 추정되었다. 장축 방향은 묘 중심에서 50°가량 틀어져 있었다. 주변에서 다량의 토기편과 꺾쇠, 탄화된 노형 목제품 등이 수습되었다.
목관 ③은 목관 ②의 북쪽 약 1.2m 거리에서 발견되었다. 길이 1.4m, 폭 0.22m의 탄화된 판자와 파편 등이 남아 있었다. 장축 방향은 목관 ②와 유사하다.

6) 목관 ② 동쪽의 즙석 하부에서 확인되었다. 봉토의 압력으로 인해 파손된 상태에서

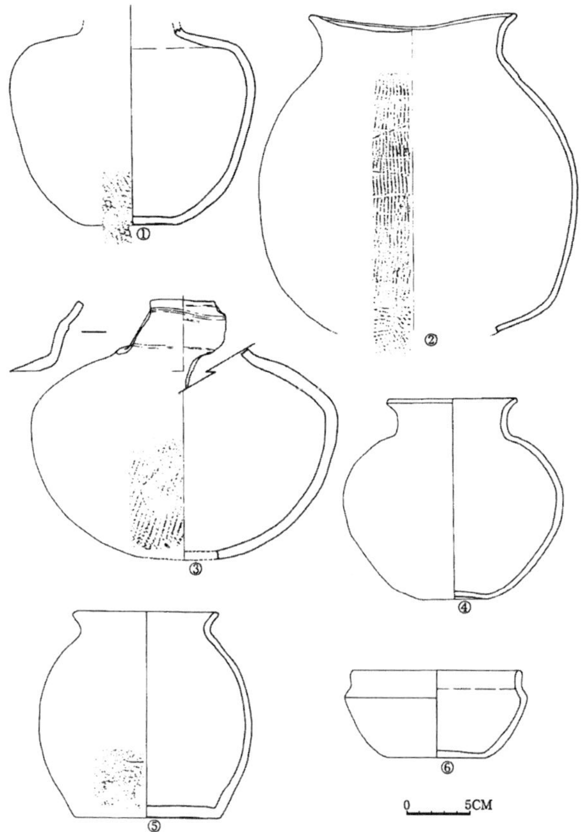

그림 4. 서울 석촌동 즙석봉토분 출토유물 2(①~⑥ : 단경호)

옹관묘가 존재할 것으로 추정되었다. 그런 점에서 토광묘와 옹관묘 모두 동 시기에 축조된 것으로는 파악되지 않고 일부 추가장 되었음도 유추할 수 있다. 즙석부의 직경은 4.2m, 전체 봉분 직경 6.6m, 높이 1.2m 이상이다.

조사되었으며, 합구옹관의 구연은 원위치에서 0.2~0.3m 정도 밀려 어긋나 있었다. 기형은 타원형의 신부에 구연이 외반되었고, 전면에 승석문, 바닥면에 격자문이 시문되었다. 동관은 길이 0.42m, 폭 0.23m, 서관은 길이 0.38m, 폭 0.28m 정도로 추정되었다.

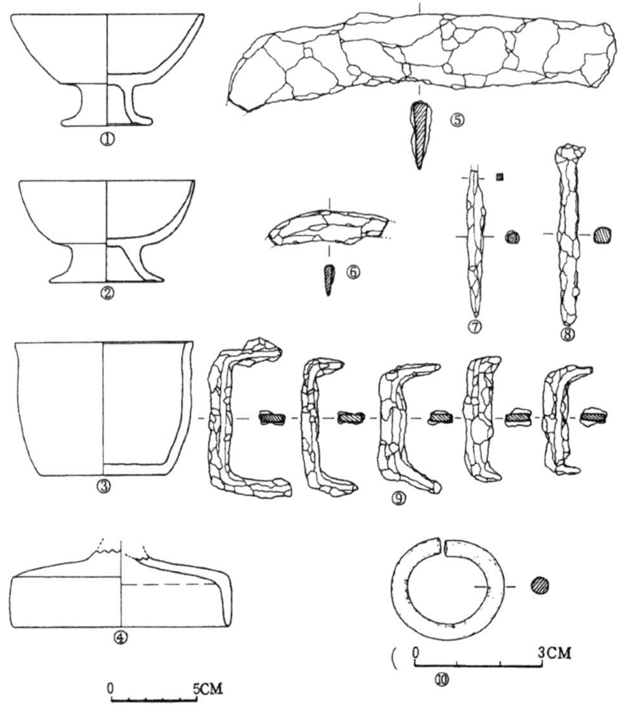

그림 5. 서울 석촌동 즙석봉토분 출토유물 3(①・②: 무개고배, ③: 발, ④: 개, ⑤: 낫, ⑥: 도자, ⑦・⑧: 첨기(尖器), ⑨: 꺾쇠, ⑩: 금제이식)

고분에서 출토된 유물은 단경호를 비롯해 무개고배, 발, 개, 철겸, 도자, 철정, 꺾쇠, 금제이식, 추정 목제노(木製櫓)[7] 등이 있다(그림 3~5).[8] 이 중에서 단경호가 가장 큰 비중을 차지하고 있고 기면에는 무문, 격자문, 승문 등이 타날되어 있다. 회청색 경질 및 적갈색 연질, 회색토기가 있으며 바닥은 평저와 원저가 섞여 있다. 고분의 편년은 3세기 중엽~4세기 초로 추정되었다.

---

7) 이 글에서 다루고자 하는 노형 목제품을 의미한다.

8) 金元龍 · 林永珍, 1986, 『石村洞3號墳東쪽古墳群整理調査報告』, 서울大學校博物館, 72쪽 도면 25, 73쪽 도면 26, 74쪽 도면 27-①~⑪.

노형 목제품(그림 6)[9]은 즙석 하단 옹관묘와 인접하여 서남~동북 방향으로 길게 눕혀 있는 상태에서 조사되었다. 완전히 탄화된 상태였기 때문에 그 형체만 파악되었다. 남아 있는 부분 중 3/5가량은 가는 손잡이에 해당하였고, 나머지는 넓은 노의 윗부분과 같았다. 잔존한 노형 목제품의 길이는 1.35m, 폭 0.2m, 손잡이 폭 0.07m 내외로 계측되었다.[10]

그림 6. 서울 석촌동 즙석봉토분의 노형 목제품 출토 상태

III. 중국과 일본의 노형 목제품 자료 검토

1. 중국

지금까지 우리나라에 소개된 중국의 노형 목제품은 그 사례가 매우 적다. 대부분 무덤과 관련하여 출토되었고, 시기 폭 또한 매우 크다. 하지만 이러한 유물이 일찍이 중국에서 확인된 바 있고, 석촌동 즙석봉토분 출토 노형 목제품의 시원을 찾아간다는 점에서 자료 검토의 필요성은 매우 중요하다고 할 수 있다.

---

9) 노형 목제품과 관련된 자료는 아래와 같다.
金元龍 · 林永珍, 1986, 『石村洞3號墳東쪽古墳群整理調査報告』, 서울大學校博物館, 도판 48-④.

10) 보고서에 도면이 삽입되지 않아 정확한 치수나 형태는 파악할 수 없다.

그림 7. 소하묘지(小河墓地, ●지역)와 주변 유적 배치도

중국에서의 노형 목제품 등장은 신강위구르자치구 나포박(羅布泊)에 자리한 소하묘지(小河墓地, 그림 7)[11]의 존재로 보아 적어도 기원전 2,000년 무렵까지 소급된다고 생각된다. 아울러 이러한 유물이 위진남북조시기의 석굴사원이나 서현수 묘 벽화 행렬도에 묘사되었다는 사실은 적어도 6세기 후반까지 중국의 실생활에 계속해서 사용되었음을 판단케 한다. 여기에서는 발굴된 자료를 중심으로 무덤 형식과 출토 유물, 특히 노형 목제품에 대해 살펴보도록 하겠다.

11) 필자 사진.

1) 小河墓地 출토 노형 목제품[12)]

이 묘지는 신강위구르자치구 나포박(LOP-NUR) 서남부지역 사막에 자리하고 있으며, 공작하(孔雀河) 남부 지류인 소하의 동쪽 약 4km 지점에 위치하고 있다.[13)] 1934년 스웨덴 고고학자인 베르그만에 의해 처음으로 조사되었고, 이후 2002~2005년에 신강문물고고연구소와 길림대학변강고고연구센타에 의해 전면 발굴조사 되었다. 그 결과 167기의 무덤과 다양한 유물이 다수 발견되었다.[14)]

묘지는 평면 타원형의 모래 언덕(沙丘)에 조성되었다. 발굴조사 전 사구의 규

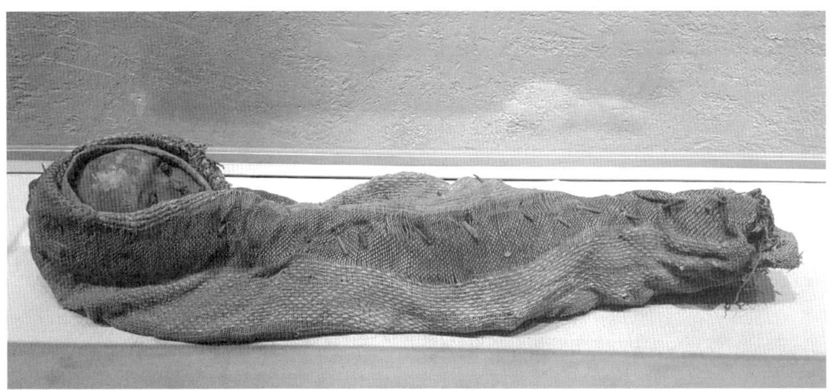

그림 8. 나포박시(羅浦泊市) 고묘구(古墓沟)묘지 출토 유아 미라

---

12) 이와 관련된 자료는 國家文物局, 2006, 「新疆羅浦泊小河墓地發掘收穫」『2005 中國重要考古發現』, 文物出版社 참조. 아울러 이와 관련된 번역은 대학 동창인 김호걸 선생이 하였다. 지면을 빌어 감사한 마음을 전한다.

13) 그러나 유적 주변에서 확인되는 모노아라조개, 호야나무, 갈대, 염분이 함유된 하얀 지면, 퇴적층의 중복된 나엽층 등을 통해 이곳이 물이 흐르는 오아시스 지대였음을 알게 한다.

14) 발굴조사된 미라와 유물은 우루무치에 있는 신강위구르박물관에 전시되어 있다. 특히 小河墓地 출토 미라 외에 나포박시 고묘구(古墓沟)묘지 출토 유아 미라(3,800년 전, 그림 8)와 철판하(鐵板河)묘지 출토 여성 미라(누란 미녀, 3,800년 전), 장웅(張雄, 583~633) 미라 등도 함께 전시되어 있다.
필자 사진.

그림 9. 중국 신강위구르자치구 나포박시의 小河墓地 전경

모는 높이 7m, 길이 74m, 폭 35m 정도였다. 무덤은 사구의 남쪽과 북쪽 지역에서 발견되었는데 후자는 강한 동북풍으로 인해 대부분 침식된 상태에서 확인되었다. 특히 28기의 무덤이 평면상으로 확인되어 후대의 침식이 극심하였음을 보여주고 있다. 반면 남부 묘지는 보존 상태가 양호하여 모두 5개 층위에서 139기의 무덤이 조사되었다. 특히 가장 하층인 V층의 무덤은 사구 바로 위인 당시의 생활면에 조성되어 별도의 묘역을 정비하지 않았음을 살필 수 있다. 남부와 북부의 묘지 외곽으로는 호야나무를 이용하여 한 줄로 목책장(木柵墻)을 세워 묘역의 경계로 삼았다(그림 9).**15)**

---

15) 그림 및 유적 내용은 아래의 자료를 참조.
국립중앙박물관, 2010, 『실크로드와 둔황』, 33쪽 사진.
주류성 출판사, 2010, 『계간 한국의 고고학』 16, 72쪽 상단 사진.

소하묘지의 무덤 구조와 매장문화는 크게 두 부류로 구분된다. 즉 무덤의 잔존 상태가 양호한 남부 묘지(그림 10)[16]의 경우 Ⅰ~Ⅲ층과 Ⅳ·Ⅴ층으로 나눌 수 있다. Ⅰ~Ⅲ층의 무덤은 평면상으로뿐만 아니라 상하로 조성되어 Ⅳ·Ⅴ층과 비교해 묘실의 잔존 상태가 상대적으로 불량한 편이다. 따라서 무덤 주변에 세운 목주를 통해 무덤의 입구를 파악할 수 있었다. 이에 비해 Ⅳ·Ⅴ층의 무덤은 목관의 보존 상태가 양호하게 조사되었다. 목관은 평면 장타원형으로 2.5×1m의 크기를 보였고, 외면 전체를 점토로 발라놓은 것도 확인되었다(泥殼木棺墓).

그림 10. 小河墓地 중 남부 묘지의 모습. 무덤이 모래층에 상하로 중복되어 있다.

무덤은 사구에 구덩이를 조성한 후 그 내부에 목관을 설치하였다. 관은 호야나무로 만든 측판(그림 11)[17]과 전후판, 개판(그림 13)[18] 등으로 이루어졌고, 바닥에는 판(저판)을 깔지 않고 맨바닥을 그대로 사용하였다. 여기서 측판과 전후판은 한 매의 통판으로 만들어졌으나, 개판은 여러 매의 널판으로 제작되어 전술한

國家文物局, 2006, 「新疆羅浦泊小河墓地發掘收穫」 『2005 中國重要考古發現』, 58쪽 사진 일부.
KBS · NHK · CCTV의 다큐멘타리 <新 실크로드 제 1편 4천년의 깊은 잠> 등 참조.

16) 필자 사진.

17) 필자 사진.

18) 필자 사진.

그림 11. 小河墓地 목관의 측판 모습. 한 매의 통판으로 표면이 둥글게 치목되었다.

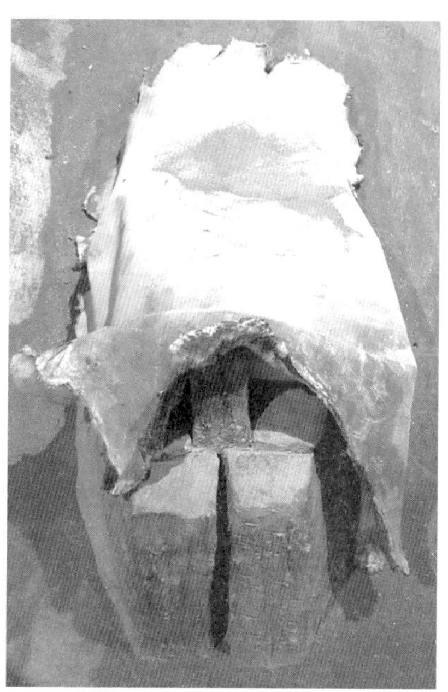

그림 12. 小河墓地의 목관 위로 소가죽이 덮여 있는 모습

그림 13. 小河墓地 목관의 개판 모습. 치목된 여러 매의 널판이 측판 위에 놓여 있다.

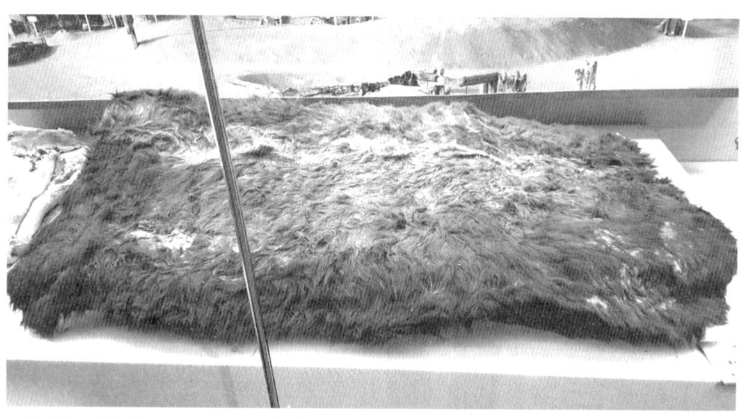

그림 14. 小河墓地의 목관을 덮었던 소가죽

부재들과 차이를 보이고 있다. 목관은 마지막으로 소가죽(그림 12 · 14)[19]이나 모직물 등을 이용해 덮어 놓았고, 소가죽의 경우 5~6겹으로 중첩한 것도 발견되었다. 그리고 소가죽의 중앙부에는 붉은 버드나무 가지와 갈대 등을 올려놓았다.

목관 뒤에는 시신의 성별에 따라 각기 다른 나무기둥을 세웠다. 즉 여성 무덤에는 남자의 생식기를 상징하는 끝이 뾰족한 나무기둥(입목, 그림 15~17)[20]을 세워놓았고 표면을 붉은색으로 채색하였다. 입목은 치목 상태에 따라 위아래 모두 일정하게 각이 진 것, 혹은 위에만 각이 지고 아래는 둥근 것 등 다양한 형태를 하고 있다. 그리고 기둥 정상부 바로 아래 부분은 초본류 같은 것을 줄로 감아놓았다. 반면 이래에는 갈대, 낙타자, 감초 등 건조지방에서 자라는 풀 다발을

그림 15. 중국 신강위구르자치구 우루무치 박물관에 복원된 小河墓地의 일부 모습. 무덤 뒤에 박아 놓은 남성용의 노형 목제품과 여성용의 입목(첨목)이 보인다.

---

19) 필자 사진.

20) 國家文物局, 2006, 「新疆羅浦泊小河墓地發掘收穫」『2005 中國重要考古發現』 및 필자 사진.

그림 16. 여성 무덤 뒤에 박아 놓은 입목 1

그림 17. 여성 무덤 뒤에 박아 놓은 입목 2. 윗부분을 붉은색으로 채색하고, 그 아랫부분은 초본류 같은 것을 줄로 감아놓았다.

그림 18. 남성 무덤 뒤에 박아 놓은 노형 목제품

그림 19. 남성 무덤 뒤에 박아 놓은 노형 목제품 세부 모습

놓고, 여기에 갈대의 줄기 부분과 양의 다리 등을 끼워 넣었다. 아울러 그 옆에는 풀로 만든 바구니를 배치해 놓았다.

남성의 무덤 뒤에는 여성의 생식기를 상징하는 노 형태의 목제품(그림 18 · 19)[21]을 세워놓았다. 전체적으로 정교하게 치목되었고, 신부 중앙부의 돌선대가 파부와 연결되어 있다. 돌대를 제외한 나머지 면은 얇게 다듬어져 있고, 표면에서 문양은 살필 수 없다. 신부에는 검은색이 칠해 있고, 파부에는 붉은색이 채색되어 있다. 그리고 신부의 윗부분과 파부의 아랫부분은 둥글게 치목되어 있다. 노 형태의 목제품은 크기가 다양한데 큰 것의 경우 3m 이상이고, 폭도 0.8m를 초과하였다. 목관 뒤에는 붉은 버드나무 기둥이나 가느다란 호양나무 기둥을 세워 놓았다.

한편, 무덤 주변에서는 치목한 목주의 아랫부분에 소뿔을 줄로 감아놓은 것도 살필 수 있다(그림 20).[22] 이것이 묘역을 상징하는 것인지, 아니면 전술한 남성, 여성의 표지물과 같은 또 다른 성격이 있는지는 확실히 알 수 없다. 다만 이러한 형태의 유구가 노형 목제품(목물)이나 입목에 비해 그 수가 현저히 적다는 점에서 묘역과 관련된 상징물일 가능성이 높다고 생각된다.

그림 20. 小河墓地 내 목주. 소뿔이 줄에 감겨있다.

남성과 여성의 목관 내부에는 한 구의 시신만 안치되었고, 머리는 동쪽을 향하게 하였다. 그리고 몸을 쭉 편 상태에서 등을 바닥에 대고 얼굴은 하늘

21) 國家文物局, 2006, 「新疆羅浦泊小河墓地發掘收穫」『2005 中國重要考古發現』 및 필자 사진.

22) 필자 사진.

그림 21. 小河墓地 내 여성 미라의 발굴 당시 모습

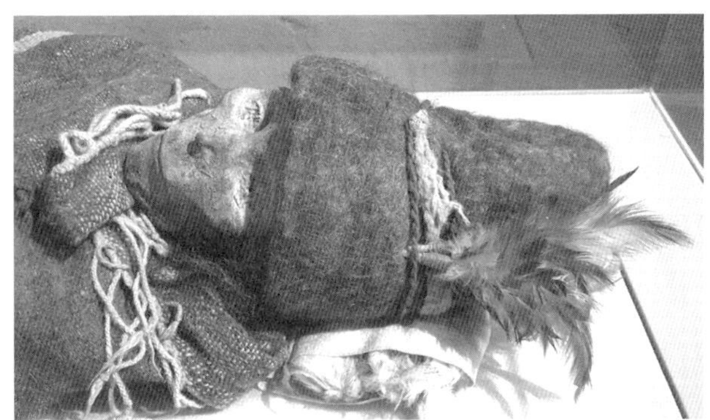

그림 22. 小河墓地에서 발굴된 여성 미라. 머리에 새 깃털을 단 모자를 쓰고 있다.

을 바라보도록 하였다. 특히 한 여성의 시신(그림 21)[23]을 살피면 높은 코에 움푹 들어간 눈, 얇은 입술 등을 통해 유럽인종으로 파악되었다. 이는 흑해 연안의 인도유럽어족 일부가 타클라마칸사막의 오아시스로 이동한 것으로 이해되었다. 시신의 머리에는 새 깃털이 장식된 모자(모직물, 그림 22 · 23)[24]가 쓰여 있고, 몸에도

23) 필자 사진. 현재 신강위구르자치구의 성도인 우루무치 박물관에 미라의 상태로 전시되어 있다.

24) 필자 사진.

그림 23. 小河墓地 출토된 새 깃털이 장식된 모자(직물)

그림 24. 小河墓地에서 수습된 여성 미라의 몸을 감싼 망토(모직)

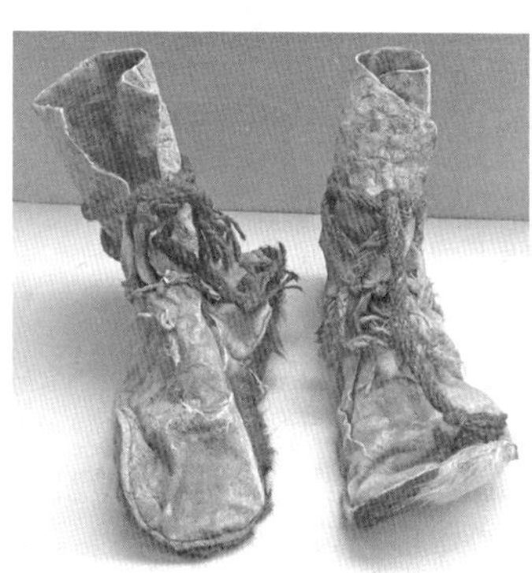

그림 25. 小河墓地에서 발굴된 가죽신

모직물의 망토(그림 24)[25]로 감싸여 있다. 그리고 허리에도 모직으로 만든 요의를 둘렀으며, 발에는 목이 짧은 가죽신(그림 25)[26]이 신겨 있다. 얼굴과 발에는 하얀 색의 크림이 두껍게 발려 있어 방부제로 추정되었다.

小河墓地에서 발굴된 남성과 여성의 무덤 대부분에서는 큰 코를 가진 나무

25) 필자 사진.

26) 필자 사진.

로 만든 소형 인면상(그림 26)[27]이 출토되었고, 남근상(그림 27)[28]과 옥기(玉器, 그림 28),[29] 옥주(玉珠, 그림 29),[30] 백주천(白珠串, 그림 30)[31] 및 반지와 같은 장신구, 투공 패식, 털로 만든 목걸이 등이 수습되었다. 그리고 기하문양으로 짠 바구니(그림 31~34)[32]와 밀의 씨앗, 이마를 가지런하게 자른 소머리(그림 35),[33] 활과 화살(그림

그림 26. 小河墓地 출토 인면상

그림 27. 小河墓地 출토 남근상

그림 28. 小河墓地 출토 옥기

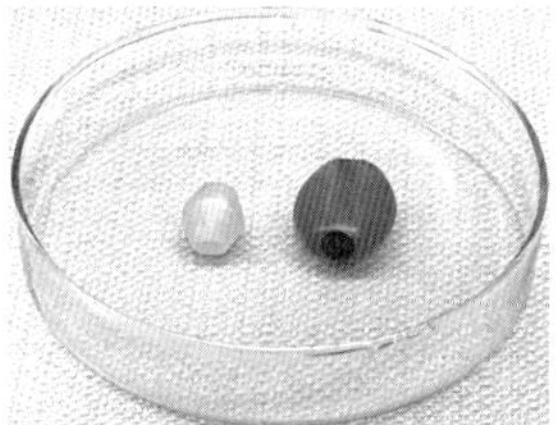

그림 29. 小河墓地 출토 옥주

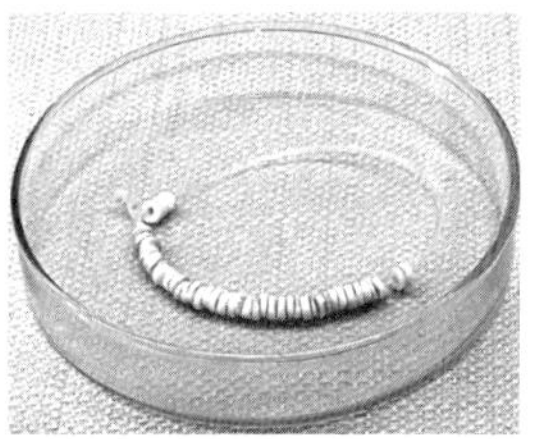

그림 30. 小河墓地 출토 백주천

27) 國家文物局, 2006, 「新疆羅浦泊小河墓地發掘收穫」『2005 中國重要考古發現』.
28) 필자 사진.
29) 필자 사진.
30) 필자 사진.
31) 필자 사진.
32) 필자 사진.
33) 필자 사진.

그림 31. 小河墓地 출토 바구니 1

그림 32. 小河墓地 출토 바구니 2

그림 33. 小河墓地 출토 바구니 3

그림 34. 小河墓地 출토 바구니 4

36)[34] 등도 함께 발견되었다. 특히 부장품이 많은 남성 무덤에서는 인면문이 조각된 그릇, 나무로 조각한 긴 뱀, 채색된 나무 패 등이 수습되었다.

---

34) 필자 사진.

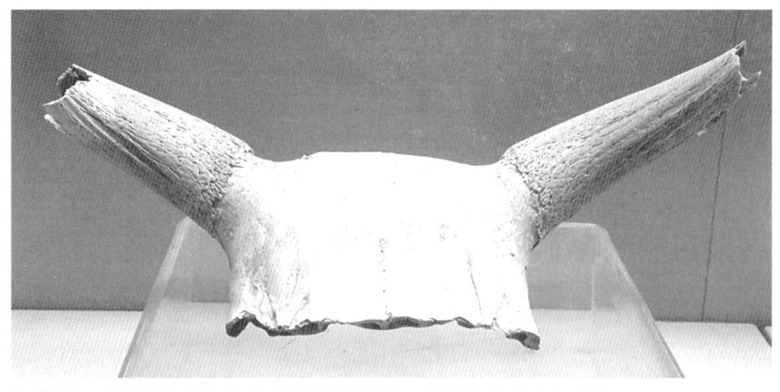

그림 35. 小河墓地 무덤 밖에서 발견된 이마를 가지런하게 자른 소머리

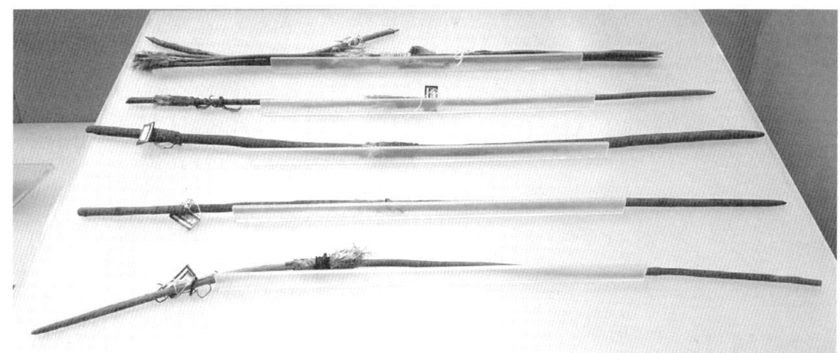

그림 36. 小河墓地에서 발굴된 활과 화살

무덤 중에는 소수이지만 니각목관묘(泥殼木棺墓, 그림 37)[35]라는 특수한 구조도 확인되었다. 이는 일반 무덤과 비교해 규모가 크고 구조도 복잡하며 목관의 평면 형태가 마치 카누를 연상시킨다. 하나의 관에 한 구의 시신을 안치하였고, 목관 위로는 목판을 세워 장방형의 목판실(木板室, 그림 38)[36]을 축조하였다. 이곳은 일종의 부장칸으로 나무로 조각한 사람상(그림 39)[37]과 바구니에 넣은 세장한 청석, 나무로 만든 항아리, 풀로 만든 바구니, 반 등을 배치하였다. 목판실 입구는

35) 國家文物局, 2006,「新疆羅浦泊小河墓地發掘收穫」『2005 中國重要考古發現』.

36) 國家文物局, 2006,「新疆羅浦泊小河墓地發掘收穫」『2005 中國重要考古發現』.

37) 國家文物局, 2006,「新疆羅浦泊小河墓地發掘收穫」『2005 中國重要考古發現』.

그림 37. 小河墓地 내 니각목관묘(泥殼木棺墓)와 주변의 입목

그림 38. 小河墓地 내 니각목관묘 상부의 목판실과 유물 출토 상태

그림 39. 小河墓地 내 니각목관묘 출토 목조인상

풀로 만든 발로 덮어 놓았고, 마지막으로 진흙을 발라 폐쇄하였다. 목관 주위로는 5m 내외의 목주 6~8개를 세워 원을 만들었는데 직경은 약 2m이다. 그리고 무덤 주변의 목주 표면에는 붉은색을 칠하였고, 꼭대기에는 소머리를 걸어놓았

다. 4기의 니각목관묘 묘주는 모두 성년의 여성 무덤으로 확인되었고, 이들은 무덤 구조와 출토 유물을 통해 당시 특수한 지위에 있었던 인물들로 추정되었다.

한편, 묘지 동북쪽에서는 잔존 상태가 불량한 '목방(木房)'[38] 1기가 발견되었다. 이는 특수한 무덤으로 파괴가 심각한 상태로 조사되었다. 무덤은 장방형의 묘실과 사다리꼴 형태의 묘도로 구분되었다. 묘실은 높이 1.5m, 면적 7㎡로 각이 진 나무기둥과 목판 등을 이용해 조성하였고, 전실과 후실로 세분되었다. 묘실 내벽에는 홍색과 흑색으로 기하문을 채색하였고, 실외는 여러 겹의 소가죽으로 덮어 놓았다. 무덤 내부에서는 소머리가 상하 7층으로 겹쳐놓은 것이 확인되었으며, 무덤 밖에서도 다수의 소머리와 양머리가 수습되었다. 이 외에도 인면상과 청동제품 등 100여 점이 넘는 유물이 검출되어 당시 상위 계층의 무덤으로 추정되었다.

이상에서 살핀 노형 목제품은 중국의 경우 그 존재를 쉽게 찾아볼 수 없다. 나무라는 재료상의 한계도 있겠으나 발굴된 자료가 현격히 적다는 점에서 중국 본토 고유의 물질문화인지 의문스럽다. 다만 소하묘유적에서 출토된 곤륜산옥과 청동 제품 등을 통해 당시 중국과의 교역 사실을 어렵지 않게 추정할 수 있기에 노형 목제품의 문화 역시 중국 사회에 미약하나마 스며들지 않았을까 생각해 본다. 따라서 향후 중국 본토에서 무덤과 관련된 노형 목제품의 출토를 기대한다.

小河墓에서 확인된 노형 목제품은 시기적으로 백제 한성기의 즙석봉토분 출토품과 2천년 이상 차이가 나고 있어 두 유적의 유물을 직접적으로 연계하기가 쉽지 않다. 아울러 시기에 따른 성격상의 차이도 얼마든지 존재할 수 있다. 그러나 백제 및 일본에서 관찰되는 노형 목제품과 중국의 신강위구르자치구 小河墓地에서 확인되는 노형 목제품의 생김새가 친연성이 있고, 특히 이들이 고분과 밀접하게 관련되어 있다는 점에서 그 계통 및 용도를 추정해 볼 수 있겠다.

38) 이는 무덤을 뜻하는 것으로 1934년 당시 스웨덴 고고학자 베르그만의 기록을 인용한 것이다. 무덤은 도굴 상태가 심하여 시신은 확인할 수 없었으나 전언에 따르면 여자 시신 한 구가 발굴되었다고 한다.

2) 위진남북조시기의 노형 목제품

(1) 석굴사원

위진남북조 시기에 조성된 공현석굴과 용문석굴, 돈황석굴 등에 조각된 예불도에서 노형 목제품을 살필 수 있다.[39] 이는 주인공의 예불 과정에서 시자들이 들고 있으며, 다양한 형태를 취하고 있다. 즉 공현석굴[40] 제1 · 3굴 등에서 보이는 노형 목제품(그림 40~42)[41]은 전술한 小河墓地의 것과 매우 유사한 형태를 띠고 있다. 다만 목제품의 신부를 삽 모양처럼 짧게 치목한 점이 차이를 보인다. 그러나 신부와 파부를 하나의 목재로 제작하고, 신부에 깃털과 같은 술 장식이 없다는 점에서 공통점을 엿볼 수 있다.

용문석굴[42]에서의 노형 목제품은 고양동(古陽洞) 남벽의 공양인상(그림 43), 미

---

39) 용문석굴과 공현석굴 등의 사례로 보아 운강석굴에도 노형 목제품이 조각되었을 가능성이 매우 높다. 용문석굴과 공현석굴은 북조 중기의 대표적인 석굴사원으로 효문제의 낙양 천도 무렵부터(494년) 북위 멸망기(534년)까지 주로 조영되었다.

40) 하남 공현에서 동북으로 9km 떨어진 망산(芒山) 동쪽 구릉의 대방산 남쪽 산자락에 위치하고 있다. 용문석굴을 계승한 북위의 석굴사원으로 효문제 때 창건되었다는 기록을 통해 황실과 관련된 것으로 추정되었다. 5기의 큰 석굴 중 1 · 2 · 3 · 4굴이 주굴이고, 이중 제1굴의 규모가 가장 크다. 이러한 주굴 중심의 석굴 조각은 용문석굴에서도 볼 수 없는 새로운 형식으로 평가되고 있다.
李裕群, 2003, 「중국 북조시기의 석굴사원 종합고찰」『中國의 石窟 -雲岡 · 龍文 · 天龍山石窟-』, 國立昌原文化財硏究所, 323쪽.

41) 河南省文物硏究所, 1989, 『中國石窟鞏縣石窟寺』, 文物出版社, 사진 39 · 41 · 103.

42) 용문석굴은 낙양성 남쪽 13km 지점의 용문 입구에 자리하고 있으며, 운강석굴의 북위적 특징을 계승하였다. 북위 태화 17년(493)부터 개착되었으나 효문제의 낙양 천도 후에 본격적인 조영이 이루어졌다. 이때 조성된 석굴이 고양동, 연화동, 빈양중동, 화소동(火燒洞), 자향동(慈香洞), 위자동, 황보공굴(皇甫公窟), 노동(路洞) 등이고, 북위 때 개착하여 북제 때 완성된 변주동(汴州洞) 등이 있다. 또한 북위 때 조영되었으나 중단되어 당대에 완공된 빈양남동(賓陽南洞), 빈양북동, 약방동(藥方洞), 조객사동(趙客師洞), 당자동(唐字洞) 등이 있다. 이들 석굴 중 개착이 가장 빠르고 내용이 풍부한 대굴로는 고양동을 들 수 있다.
李裕群, 2003, 「중국 북조시기의 석굴사원 종합고찰」『中國의 石窟 -雲岡 · 龍文 · 天龍山石窟-』, 國立昌原文化財硏究所, 321쪽.

그림 40. 중국 공현석굴 제1굴 동벽 동측 상옥 예불도의 노형 목제품

그림 41. 공현석굴 제1굴 남벽 서측 상옥 예불도의 노형 목제품

그림 42. 공현석굴 제3굴 남벽 서측 예불도의 노형 목제품

그림 43. 용문석굴 고양동 남벽 공양인상의 노형 목제품

그림 44. 용문석굴 미륵동 남벽 공양인상의 노형 목제품

그림 45. 용문석굴 위자동 북벽 유마와 공양인상의 노형 목제품

륵동(彌勒洞) 남벽의 공양인상(그림 44), 위자동(魏字洞) 북벽의 유마와 공양인상(그림 45), 빈양중동(賓陽中洞) 전벽의 황제 및 황후예불도(그림 46),[43] 연화동(蓮花洞) 남벽 중앙 하부 불감 내 사유보살과 공양인상(그림 47)[44] 등에서 찾아볼 수 있다. 이들

43) 이상 龍門文物保管所 · 北京大學考古系, 1991, 『中國石窟龍門石窟』 一, 文物出版社, 사진 71 · 93 · 142, 215쪽 그림 110 · 111.

44) 龍門文物保管所 · 北京大學考古系, 1992, 『中國石窟龍門石窟』 二, 文物出版社, 그

그림 46. 용문석굴 빈양중동 전벽 황제 및 황후예불도의 노형 목제품(중단 그림에 표현)

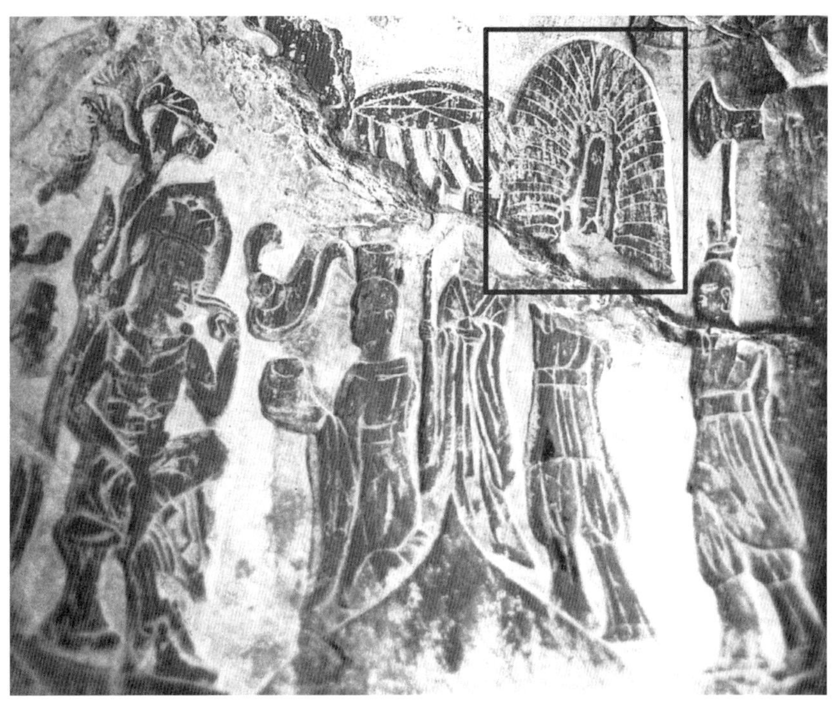

그림 47. 용문석굴 연화동 남벽 중앙 하부 불감 내 사유보살과 공양인상의 노형 목제품

석굴은 대부분 북위대에 조영된 것으로 서산에 자리하고 있다. 특히 중국 내 다른 석굴사원에 비해 노형 목제품의 수가 월등히 많다.

그런데 용문석굴 내 노형 목제품의 형태를 보면 크게 두 종류로 구분됨을 살필 수 있다. 하나는 고양동 남벽 공양인상에 묘사된 것처럼 깃털과 같은 술 장식이 없는 것이고, 다른 하나는 미륵동이나 위자동, 빈양중동, 연화동 등에서 볼 수 있는 바와 같이 술장식이 있는 것이다. 형식적으로 보아 술 장식이 없는 것에서 있는 것으로 변화하였을 것으로 생각되나 그 시기는 현재 정확히 알 수 없다.

한편, 노형 목제품은 주인공의 뒤에서 시자가 들고 있고, 산개와 함께 조각되었다는 특징이 있다. 물론 산개 외에 또 다른 장엄구도 살펴지나 석굴사원 간 차이가 있어 공통점으로는 파악되지 않는다.

(2) 고분 벽화

노형 목제품을 살필 수 있는 벽화고분으로는 단양의 남조 건산금가촌대묘(建山金家村大墓)[45]와 북제시기의 서현수 묘[46] 및 고윤묘(高潤墓)[47] 등을 들 수 있다.

금가촌대묘는 횡혈식의 전축분으로 전면에 석수가 위치하고 있다. 말각장방형의 묘실은 길이와 폭, 잔존 높이가 각각 8.4×5.17×5.3m이고, 연도는 5.2×1.77×3.28m의 크기를 보이고 있다. 천장은 궁륭식이고, 연도는 아치형을 이루고 있다. 묘실은 공주 무령왕릉의 사평일수(四平一竪)와 달리 삼평일수의 벽돌쌓기를 하고 있다. 좌우 양벽과 후벽에는 각각 5개의 창문과 감 시설이 설치되어

림 57.

45) 岡内三眞, 1980,「百濟・武寧王陵と南朝墓の比較硏究」『百濟硏究』 11, 11쪽.
鄭岩, 2002,『魏晋南北朝壁畵墓硏究』, 文物出版社, 64~69쪽.

46) 이에 대해선 아래의 자료를 참조.
國家文物局, 2003,『2002 中國重要 考古發現』, 文物出版社.
김태식, 2010,「북제시대 서현수 벽화묘를 가다」『계간 한국의 고고학』 16, 주류성출판사.
연합뉴스 2010.08.22일자 김태식의 '<르포>고구려의 이웃 北齊벽화묘를 가다' 인터넷판.

47) 鄭岩, 2002,『魏晋南北朝壁畵墓硏究』, 文物出版社, 117~118쪽.

그림 48. 중국 단양 남조 건산금가촌대묘의 노형 목제품

있다.[48] 연도와 묘실의 벽면에는 전문과 연화문, 사자, 용과 봉황, 일월상 등이 시문되어 있다. 그리고 머리에 모자를 쓰고 왼손으로 노형 목제품(그림 48)[49]을 든 인물상과 머리에 관모를 쓰고 손에 지물을 한 인물상, 그리고 두 손을 가슴 앞에 모아 칼을 쥔 무사상 등이 묘사되어 있다. 노형 목제품은 전술한 용문석굴에서 본 것처럼 신부에 새 깃털과 같은 술 장식이 이루어졌고, 파부가 길어 땅을 딛고 있다.

북조 북제시기의 서현수 묘는 산서성 성도인 태원 외곽의 영택구 학장향 왕가봉촌 동쪽 왕묘파에 위치하고 있다. 도굴[50] 과정에서 주민들의 신고로 인해 2000년에 정식 발굴이 시작되었고 2002년까지 진행되었다. 묘지에 '제고태위공태보상서령서무안왕(齊故太尉公太保尚書令徐武安王)'이라 명기되어 피장자가 북제시기(550~577년)의 서현수로 알려지고 571년(북제 태평 2) 70세에 사망하였음이 밝혀졌다.

무덤은 전축분으로 횡혈식이고 묘실, 연도, 묘도 등으로 구성되었다(그림 49).[51] 묘실은 평면 방형으로 동서 길이 6.65m, 남북 폭 6.3m이고, 바닥에서 천정까지의 높이는 8.1m이다. 바닥에서 약 2.7m 높이에서 궁륭식의 천장을 이루고 있다. 묘실 내부의 시상대는 길이 4.45m, 폭 2.4m, 높이 0.32m이다. 전체 길이 30m,

48) 岡內三眞, 1980, 「百濟 · 武寧王陵と南朝墓の比較研究」 『百濟研究』 11.

49) 岡內三眞, 1980, 「百濟 · 武寧王陵と南朝墓の比較研究」 『百濟研究』 11, 23쪽 제6도-3.

50) 발굴 전 여러 번의 도굴이 있었다고 한다.

51) 김태식, 2010, 「북제시대 서현수 벽화묘를 가다」 『계간 한국의 고고학』 16.

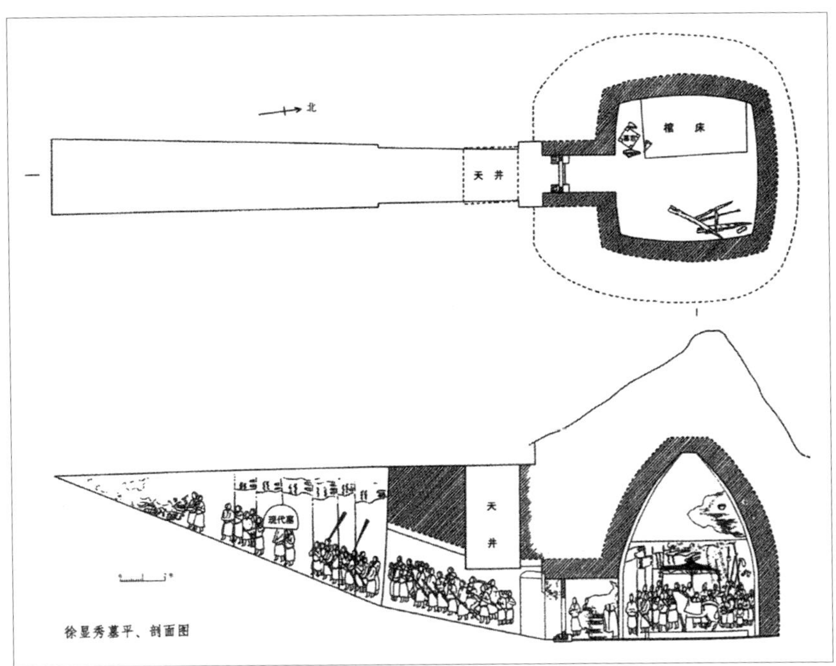

그림 49. 중국 태원 북제시기 서현수 묘의 평 · 단면도

깊이 8.5m이고, 봉토의 잔존 높이는 5.2m이다.

묘실 내부에는 피장자 부부를 비롯한 문지기, 시종, 행렬도, 용 · 봉황 등이 화려하게 채색되어 있다. 이 중 가장 눈에 띄는 것이 묘실 서벽 행렬도(그림 50)[52]에서 의장대가 들고 있는 노형 목제품이다. 이는 서벽 중앙부의 활짝 편 산개 바로 뒤에 위치하고 있으며, 신부에는 새 깃털과 같은 술 장식이 이루어졌다. 그림의 내용으로 보아 노형 목제품은 산개와 마찬가지로 서현수가 생전에 행차할 때 동반하였던 장엄구로 파악된다.

고윤 묘는 1975년 10월에 발굴된 단실의 전축분으로 묘신의 평면이 방형을 이루고 있다(그림 51).[53] 남북 길이 6.4m, 동서 길이 6.45m이다. 묘실 네 면에 벽

52) 國家文物局, 2003,『2002 中國重要 考古發現』, 文物出版社.

53) 鄭岩, 2002,『魏晋南北朝壁畫墓研究』, 文物出版社, 117쪽 図84.

그림 50. 서현수 묘 서벽 행렬도(○표시가 노형 목제품)

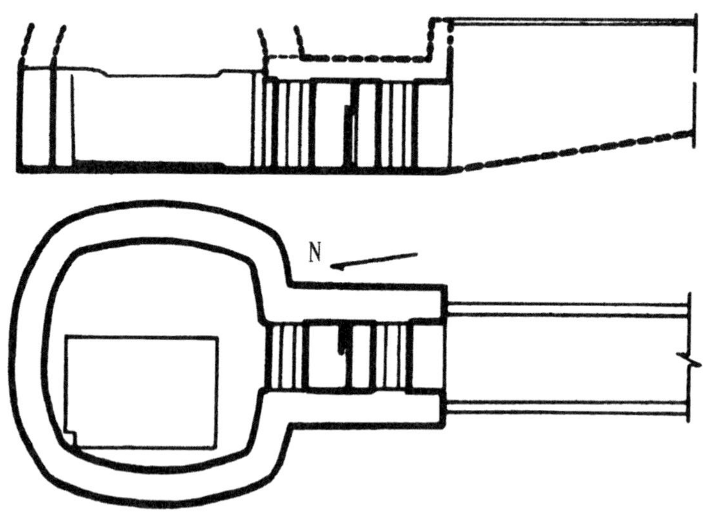

그림 51. 중국 북제시기 고윤 묘의 평 · 단면도

그림 52. 중국 북제시기 고윤 묘 북벽 벽화의 노형 목제품

화가 채색되어 있는데 북벽의 것이 가장 양호하다. 북벽 중앙에는 커튼을 좌우로 정리한 가운데에 주인공이 앉아 있고, 이의 주변으로 시자들이 묘사되어 있다. 주인공의 바로 옆에 좌우 하나씩의 노형 목제품과 산개가 보이고 있다. 노형 목제품에는 술 장식이 있고, 신부에도 세로 방향으로 장식이 이루어졌음을 살필 수 있다(그림 52).[54]

그림 53. 중국 청주 전가화상석의 노형 목제품(○ 내부)

기타, 청주 출토 전가화상석(傳家畵像石)에서도 노형 목제품을 엿볼 수 있다. 화상석은 모두 9매가 있는데 이중 5번째의 화상석에 노형 목제품(그림 53)[55]이 조각되어 있다. 화상석의 내용은 출행도(出行圖)로서 가운데에 말을 탄 주인공이 있

54) 鄭岩, 2002, 『魏晋南北朝壁畵墓硏究』, 文物出版社, 118쪽 図85.

55) 鄭岩, 2002, 『魏晋南北朝壁畵墓硏究』, 文物出版社, 242쪽 図169.

고, 앞뒤에 시자 1인이 배치되어 있다. 이중 노형 목제품은 말 뒤 시자의 머리 바로 위에 조각되어 있다. 노형 목제품은 신부의 절반 정도만 표현되어 있고, 술 장식이 전체적으로 이루어졌다. 노형 목제품 앞에도 또 다른 원형의 행차 장엄구가 조각되어 있다.

2. 일본[56]

일본에서의 노형 목제품은 주로 고분에서 출토되었다. 여기에서는 나라(奈良) 纏向勝山古墳[57]과 四條1號墳[58] 출토품을 중심으로 살펴보도록 하겠다.

勝山古墳 출토품 1(그림 54)[59]은 길이가 0.32m이고, 전체적으로 노 모양을 하고 있다. 신부는 위로 올라가면서 넓게 벌어지고 있고, 단부는 곡면으로 처리하였다. 파부는 단면 원형의 봉 형태로 말단부의 경우 잡기 쉽게 뭉툭하게 마감되

---

56) 이러한 노형 목제품에 대해 일본 학계에서는 威儀具로 부르고 있다(奈良縣立橿原考古學研究所附屬博物館, 2000, 『權威の象徵-古墳時代の威儀具』). 일본에서 출토된 노형 목제품의 도면과 사진은 위 책자 참조.

57) 勝山古墳은 桜井市 東田町 字勝山에 위치하고 있다. 전체 길이 약 115m, 후원부 직경 약 70m, 전방부 길이 약 45m이다. 후원부는 높이 약 7m, 주구 폭 약 25m이다. 매장 주체부는 미조사되어 확실히 알 수 없다. 주구에서 다수의 유물이 출토되었는데 刀剣把手(목제), 団扇, 노형 목제품, U字形木製品, 土師器 등이 있다. 埴輪은 수습되지 않았다. 무덤의 축조 시기는 출토 유물을 통해 3세기 중반~후반으로 추정되었다.

58) 四條古墳群의 하나로 奈良県 橿原市 四条町에 자리하고 있다. 이 고분군은 고분시대 중~후기(5~6세기)에 중소형의 전방후원분, 원분, 방분 등으로 조성되었으나 藤原京의 조영과 관련하여 대부분이 삭평되었다. 四條1號墳은 1987년 四條古墳群 중 최초로 발굴조사 되었다. 서측에 조출된 전방부(前方部)가 있고, 뒤쪽에 방분(方墳)이 있다. 분구의 규모는 남북 길이 32m, 동서 길이 약 40m이다. 내호 · 외호 등 2중의 주구를 갖추고 있다. 외호를 포함한 규모는 남북 길이 약 60m, 동서 폭 75m 정도로 추정된다. 내호에서 다량의 목제품과 직륜이 출토되었다. 전자는 노형 목제품을 포함한 鳥形 · 盾形 · 笠形 · 翳形 등이 있다.

59) 奈良縣立橿原考古學研究所附屬博物館, 2000, 『權威の象徵-古墳時代の威儀具』, 16쪽.

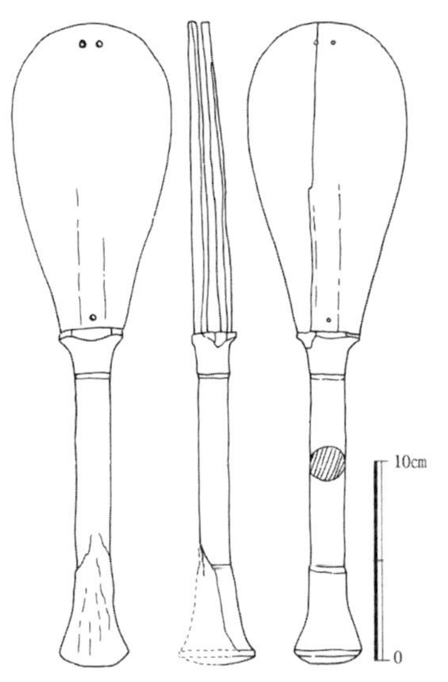

그림 54. 勝山古墳 출토 노형 목제품 1 (길이 0.32m)

그림 55. 勝山古墳 출토 노형 목제품 2(상부 폭 0.066m)

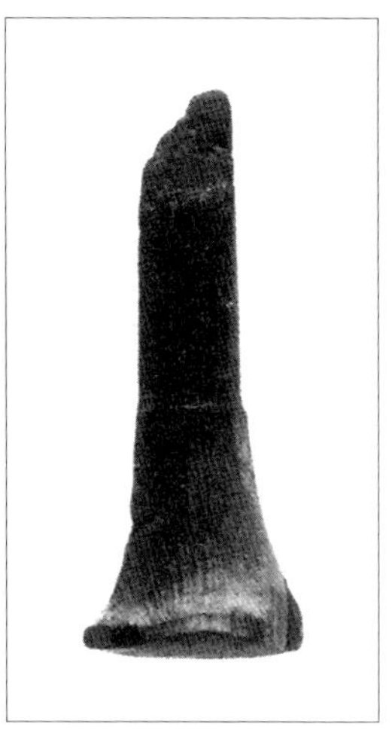

그림 56. 勝山古墳 출토 노형 목제품 3(잔존 길이 0. 086cm)

었다. 상부 상단에 2개, 하단에 1개의 작은 원공이 뚫려 있다. 신부와 파부의 중간 지점에는 1조의 홈이 조각되어 있다. 하나의 나무로 제작되었으며 작은 원공의 존재로 보아 장식품을 매달았던 것으로 파악된다.

이 고분에서는 완형품 외에 상부(그림 55)[60]와 하부(그림 56)[61]만 남아 있는 노형 목제품 편이 수습되기도 하였다. 전자의 상부 폭은 0.066m이고, 후자의 잔존 길이는 0.086m이다.

四條1號墳은 전방후방분(그림 57)[62]으로 조사 전 이미 매장주체부까지 삭평된

---

60) 奈良縣立橿原考古學研究所附屬博物館, 2000, 『權威の象徵-古墳時代の威儀具』, 20쪽.

61) 奈良縣立橿原考古學研究所附屬博物館, 2000, 『權威の象徵-古墳時代の威儀具』, 20쪽.

62) 奈良縣立彊原考古學研究所, 平成14年, 『大化の考古學100年』, 136쪽 하단 사진. 고분은 한 변 29m이고 주구 폭은 6m이다. 고분의 축조 시기는 5세기 후반에서 말로 편년되었다. 공반 유물로는 직륜(말, 사슴, 돼지, 개, 닭 등의 동물형과 무녀, 역사

그림 57. 四條1號墳 전경

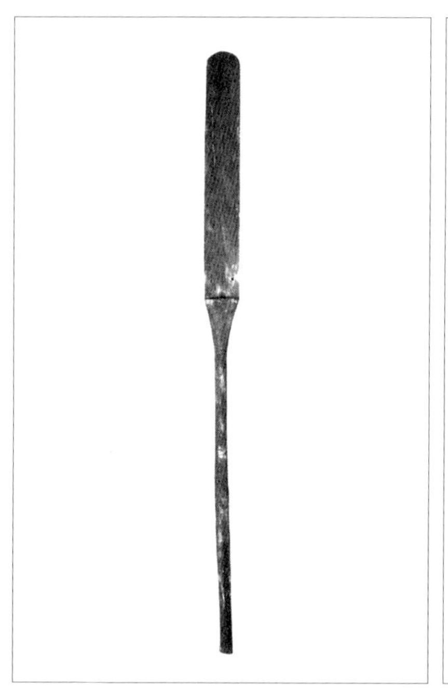

그림 58. 四條1號墳 출토 노형 목제품 1
(길이 1.452m)

그림 59. 四條1號墳 출토 노형 목제품 2
(잔존 길이 1.305m)

상태였다. 내호에서 수습된 노형 목제품(그림 58)[63]은 전술한 勝山古墳 출토품과 비교해 전체적으로 세장함을 엿볼 수 있다. 이는 상부에서 더욱 주목되는데 상단이 부채꼴 모양을 한 세장방형의 형상을 취하고 있다. 구멍은 신부의 상·하단에 각기 두 개씩 작은 원공이 뚫려 있다. 파부는 단면 원형으로 신부에 비해 상대적으로 길게 제작하였으며, 끝단은 둥그렇게 치목하지 않고 약간 경사지게 절단하였다. 전체 길이는 1.452m이다. 四條1號墳에서는 이 외에도 상부만이 남은 노형 목제품(그림 59)[64]도 함께 출토되었는데 잔존 길이는 1.305m이다.

이 외에도 일본에서의 노형 목제품은 大阪 新家遺蹟(길이 30.7cm, 그림 60),[65] 島根 姬原西遺蹟(길이 46cm, 그림 61),[66] 西岩田遺蹟(잔존 길이 35cm, 그림 62),[67] 滋賀 入江內湖遺蹟 및 斗西遺蹟 등에서 검출된 바 있다. 평면 형태는 상부에서 가장 큰 차이가 발견되는데 勝山古墳 출토품과 같이 일반적인 노 형태가 있는 반면 四條1號墳과 같은 세장한 형태도 찾아진다. 아울러 상부에 투각된 구멍의 위치나 갯수 등에서도 약간의 차이를 살필 수 있다.

이처럼 일본에서 상대적으로 많은 노형 목제품이 수습되는 것은 四條1號墳과 같이 고분 주위를 둘러싸고 있는 주구 때문으로 생각된다. 즉 이곳에 물이 고인 상태에서 노형 목제품이 유입된다면 이는 썩지 않고 자연스럽게 보존이 되기 때문이다.

등의 인물형)을 비롯해 궁·도·모 등의 무구, 木製樹物 등이 있다.

63) 奈良縣立橿原考古學硏究所附屬博物館, 2000, 『權威の象徵-古墳時代の威儀具』, 39쪽.

64) 奈良縣立橿原考古學硏究所附屬博物館, 2000, 『權威の象徵-古墳時代の威儀具』, 57쪽 상단 사진.

65) 奈良縣立橿原考古學硏究所附屬博物館, 2000, 『權威の象徵-古墳時代の威儀具』, 19쪽 상단 좌측 사진.

66) 奈良縣立橿原考古學硏究所附屬博物館, 2000, 『權威の象徵-古墳時代の威儀具』, 19쪽 하단 우측 사진.

67) 奈良縣立橿原考古學硏究所附屬博物館, 2000, 『權威の象徵-古墳時代の威儀具』, 19쪽 하단 좌측 사진.

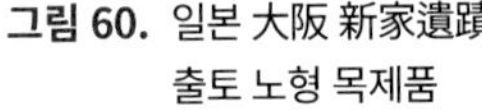
그림 60. 일본 大阪 新家遺蹟 출토 노형 목제품

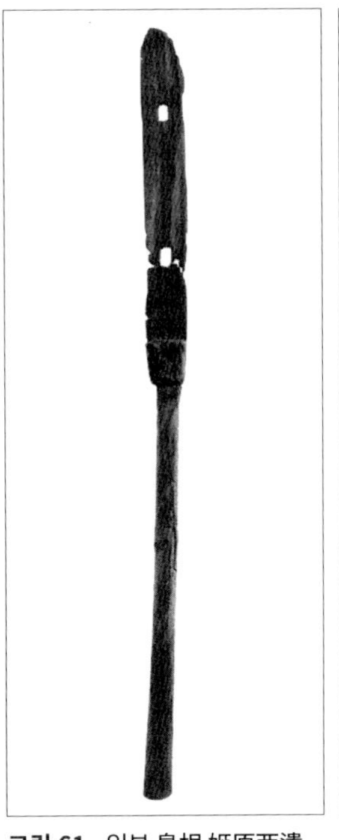

그림 61. 일본 島根 姬原西遺蹟 출토 노형 목제품

그림 62. 일본 西岩田遺蹟 출토 노형 목제품

IV. 노형 목제품의 성격

석촌동 즙석봉토분에서 출토된 노형 목제품은 발굴된 이후 이에 대한 성격 검토가 거의 이루어지지 않았다. 그러나 중국 및 일본 등지에서 이와 유사한 형태의 유물들이 무덤과 함께 간헐적으로 출토되고 있어 석촌동 즙석봉토분 출토 노형 목제품과의 친연성을 보여주고 있다. 따라서 여기에서는 각국에서 등장하고 있는 노형 목제품을 유적과 연계하여 그 성격을 추론해 보고자 한다.

노형 목제품이 처음으로 확인된 곳은 중국 신강성 나포박 지역의 소하묘지이다. 여기서 노형 목제품은 남성용 목관 후방의 지면에 박힌 채 확인되었다. 사진으로 보아 고분 1기에 하나의 노형 목제품이 설치되었음을 알 수 있다. 다만, 일본의 노형 목제품에서 흔히 관찰되는 작은 원공은 검출되지 않았다. 고분 내부에서 피장자의 신분을 밝혀줄 수 있는 묘지 등이 발견되지 않은 점, 그리고 남자의 고분에만 세워졌다는 점에서 묘비(墓碑)나 묘표(墓標)와 같은 표지물, 혹은 생존 시 행차 과정에서 사용하였던 장엄구를 사후 무덤에 재사용하였던 것이 아닌가 생각된다.

이후 중국에서의 노형 목제품은 남북조시기에 해당하는 북제시기의 서현수묘 행렬도와 청주 전가화상석의 출행도, 건산금가촌 남조 묘의 행렬도 등에서 살필 수 있다. 그림을 보면 의장대에 포함된 시종 1인이 묘주 행차와 관련하여 노형 목제품을 들고 가거나 혹은 출행 과정에 노형 목제품을 동반하고 이동함을 살필 수 있다. 목제품의 외연이 화려한 장식으로 치장된 것으로 보아 일종의 행차용 장엄구로 판단되고 있다.

소하묘와 남북조 묘 사이의 시기 차는 약 2,500~1,500여 년 정도이다. 물론 남북조시기의 사례로 보아 한대 및 삼국시기에도 이러한 노형 목제품이 분명 존재하였을 것으로 생각된다. 이는 아마도 재료의 성격상 부식되었을 것으로 생각되기에 향후 발굴조사에서 검출될 가능성은 얼마든지 있다고 판단된다.

위의 내용으로 보아 소하묘의 노형 목제품은 사자를 위한 묘비나 묘표, 혹은 생전 행차용 장엄구로 사용되었음을 추정할 수 있고, 남북조시기에도 행차용 장엄구로 이용되었음을 살필 수 있다. 다만 노형 목제품이 남북조시기에 무덤의 장엄구로 재사용되었는지는 자료의 한계로 말미암아 확인할 수 없다.

이러한 난제에서 주목할 수 있는 것이 바로 일본 고분시대 출토 노형 목제품이다. 이들은 주로 고분에서 발견된 것으로 형태 또한 다양하다. 그러나 기본적으로 노(櫓) 형태이고 상부의 여러 곳에서 작은 원공을 발견할 수 있다는 공통점이 있다. 이로 보아 일본의 노형 목제품은 중국의 위진남북조시기 무덤에서 확인된 것과 세부 모습이 유사함을 살필 수 있다.

일본에서의 노형 목제품은 피장자의 생전에 위신재로 활용되다 사후에는 무덤 주위에 꽂아 두었던 것으로 생각된다. 이는 아마도 피장자의 위세를 보여주기 위한 장엄구로 활용되었음을 의미한다. 이러한 추론을 잘 대변해 줄 수 있는 것으로 四條1號墳의 출토품을 들 수 있다.

四條1號墳의 노형 목제품은 주구에서 수습되었다. 이곳에서는 노형 목제품뿐만 아니라 여러 형태의 목제품도 함께 발견되었다. 이로 보아 노형 목제품은 고분에서 유입된 것으로 파악되고, 그것은 직륜과 마찬가지로 주구 주변에 박혀 있었던 것으로 판단할 수 있다.

이렇게 볼 때 노형 목제품의 성격은 무덤을 장엄케 하는 위신재인 동시에 생전에는 피장자의 권위를 대변해 준 장엄구나 위의구(威儀具)[68]였음을 추정케 한다. 그런데 문제는 이러한 노형 목제품이 일본에서의 경우 모두 고분에서 확인되었다는 점이다. 그리고 거의 모든 고분이 피장자의 신분을 알려줄 만한 묘지 등이 확인되지 않았다는 사실이다. 이는 달리 말하면 피장자의 이름이나 관직 등을 밝혀줄 만한 시설물을 고분 외부에 별도로 설치하였을 가능성을 높게 한다. 이런 점에서 노형 목제품은 장엄구뿐만 아니라 묘비(墓碑)로서의 성격도 가졌던 것이 아닌가 생각된다.

나아가 이러한 노형 목제품은 전방후원분 외에 지하식 횡혈묘에도 세워졌을 것으로 생각된다. 즉 구주지역의 宮崎縣東諸縣郡國富町에 조성되어 있는 고분시기 중기의 六野原 제2호분(그림 63)[69]의 둥근 구멍을 통해 그 존재를 추정해 볼 수 있다.

고분은 사방 1.8m의 수혈식 전실을 조성한 후 횡으로 연도와 현실을 축조하였다. 수혈식 전실의 깊이는 2.2m이고 연도는 동동북 방향으로 폭 0.76m, 길이 0.65m, 높이 0.86m의 크기로 조성되었다. 아울러 현실은 길이 3.3m, 폭 1.8m이고, 높이는 입구와 안쪽 벽이 낮지만 현실 중앙부가 높은 옥근형의 지붕 형태로 꾸며놓았다.

---

68) 奈良縣立橿原考古學研究所附屬博物館, 2000, 『權威の象徵-古墳時代の威儀具』.

69) 石川恒太郞, 1973, 『地下式古墳の研究』, 帝國地方行政學會, 28쪽 제9도.
현실 바닥에는 시상이 마련되어 있다. 길이 3.2m, 상부 폭이 0.5m, 하부 폭이 0.32m, 깊이는 입구 쪽이 0.15m, 안쪽이 0.13m로 굴광되어 있다. 시상을 제외한 주변에는 0.04m 크기의 礫石이 깔려있다. 유물은 도 2점, 철부 1점, 철촉 10여 점 등 철기 제품만 수습되었다.

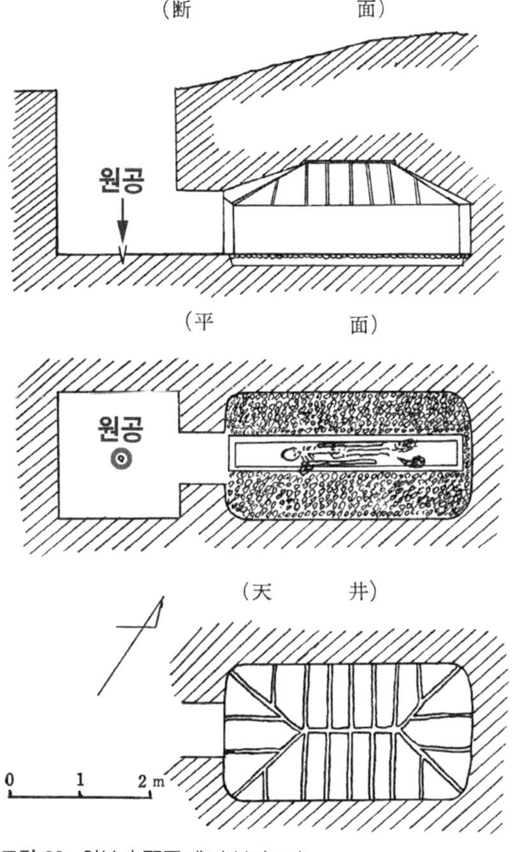

그림 63. 일본 六野原 제2호분의 모습

그런데 이 고분에서 흥미로운 사실은 바로 수혈식 전실의 거의 정중앙에 직경 0.08m의 둥근 구멍이 0.1m 깊이로 굴착되어 있다는 점이다. 이에 대해 발굴조사자는 고분을 조영할 시 이의 존재를 분명히 하기 위해 나무를 박아 놓은 것으로 이해하고 있다. 여기서 나무가 구체적으로 어떤 형태인지는 알 수 없지만 원공이라는 점에서 노형 목제품이 아닐까 추정해 본다.[70] 아울러 노형 목제품일 경우 그

70) 노형 목제품이 일본의 전방후원분에서 여러 점 확인되는 것으로 보아 당시의 일본

성격은 무덤임을 표시하는 묘표[71]나 묘비와 같은 역할을 담당하였을 것이다.

이렇게 볼 때 일본에서의 노형 목제품은 전방후원(방)분뿐만 아니라 지하식 횡혈묘에도 시설되었음을 추정해 볼 수 있다. 아울러 장제가 한 지역에 머무르지 않고 시공간을 초월하여 교류가 이루어진다는 점에서 석실분에서의 노형 목제품 존재도 충분히 고려해 볼 수 있을 것이다.

중국의 소하묘를 통해 볼 때 노형 목제품은 적어도 기원전 2,000~1,000년경 무덤의 묘비나 묘표로 사용되었을 것으로 생각된다. 여기서 남성의 입목이 노(櫓)형으로 제작된 반면 여성의 것은 위가 뾰족한 첨목으로 만들어졌다. 특히 남성의 목관 뒤에 세워진 노형 목제품이 2천년 이상의 큰 시기 차에도 불구하고 중국 남조의 금가촌대묘, 백제 한성기의 석촌동 즙석봉토분, 그리고 일본 고분시대의 무덤 등에 등장하고 있는 것으로 보아 계통상 시원적 형태임을 유추케 한다.

이상으로 보아 백제나 일본의 노형 목제품은 그 계통이 중국에 있었음을 알 수 있고, 이것이 고분과 관련하여 세워졌음도 파악할 수 있다. 그러나 석촌동 즙석봉토분의 경우 훼손 정도가 심하여 이의 본래 위치를 추정하기가 쉽지 않다. 아울러 매장주체부가 유실된 상태에서 더더욱 그렇다. 하지만 노형 목제품이 출토된 지역에서 고분 이외의 다른 유구 즉 선착장이나 목공소와 같은 유적이 확인되지 않았음을 볼 때 즙석봉토분과 관련되었음은 부정하기 어려울 것이다.

Ⅴ. 맺음말

이상에서와 같이 서울 석촌동에서 수습된 백제 한성기 즙석봉토분 출토 노형

인들 또한 이의 존재나 성격을 충분히 인지하였을 것이다. 따라서 고분의 형식과 무관하게 지하식 횡혈묘에 설치되었을 가능성도 배제할 수 없다.

71) 지하식 횡혈묘는 현실이 지하에 위치하였기 때문에 그 위치를 찾기가 쉽지 않았을 것이다. 이런 단점을 보완하기 위해 묘표의 설치는 필수적이었을 것으로 생각된다.

목제품에 대해 살펴보았다. 특이한 형태와 함께 고분에서 출토되었다는 사실은 하나의 흥밋거리임이 틀림없다.

노형 목제품은 중국의 사례로 보아 적어도 기원전 2,000년경에는 등장하였던 것으로 생각된다. 그리고 6세기 후반 북제시기의 서현수 묘 행렬도에서도 살필 수 있어 중국에서의 경우 오랜 기간 사용되었음을 알 수 있다. 물론 이의 용도가 시기나 지역마다 같을 수는 없지만 석촌동 즙석봉토분이나 일본의 고분시대 유적들과 관련지어 볼 때 무덤과 관련된 유물임은 틀림없겠다. 아울러 생전 자신의 행차 때에 사용하였던 것을 사후 무덤에 장식하고자 하는 피장자의 사상적 측면도 배제할 수 없을 것이다.

노형 목제품에 관한 연구가 상대적으로 많이 진행된 일본의 경우 이는 권위의 상징인 위의구로 해석되고 있다. 그러나 고분 내부에서 피장자의 신분을 직접적으로 밝힐 수 있는 유물이 출토되지 않는 점에서 관직이나 이름을 기록해 놓은 묘비의 성격도 있었을 것으로 생각된다. 하지만 노형 목제품에서 이와 관련된 묵서명이나 선각 등이 아직까지 검출된 바 없으므로 묘비로의 판단은 현재의 관점에서 쉽지 않다.

그렇다면 석촌동 즙석봉토분에서 수습된 노형 목제품의 성격은 과연 무엇이었을까? 시기적으로 비슷한 중국 남조나 일본 고분시대의 것과 비교해 볼 때 무덤 주변을 장식하였던 장엄구나 행차용 위의구가 아닌가 생각된다. 다만, 전자의 경우 후자를 재사용하였을 가능성이 높다고 판단된다. 최근까지 백제시기의 다른 고분에서 이러한 노형 목제품이 더 이상 출토된 바 없어 이의 성격을 규명하는 것이 쉽지는 않으나 고대 중국이나 일본 등의 문화가 상호 교류하였다는 점에서 잠정 정의해 보고자 한다.

그동안 노형 목제품이 다른 고분출토품과 비교해 많은 양이 출토된 것은 아니다. 그러기에 관심 대상에 포함되지도 않았다. 하지만 이러한 유물이 중국에서는 기원전 2,000~1,000년경, 일본에서는 고분시대에 확인되는 것으로 보아 우리나라 백제 한성기에도 얼마든지 출토될 수 있으리라 생각된다. 본고는 일차적으로 이러한 가능성을 바탕으로 작성되었다.

노형 목제품은 재료의 내구적 한계로 말미암아 이의 존재를 살피기가 쉽지 않다. 따라서 발굴 과정 중에 석실분의 주변을 정밀하게 조사하여 일본 六野原 2호분에서와 같이 노형 목제품의 존재를 추정할 수 있는 유구의 형적을 파악해 볼 필요성이 있다.

향후 삼국시대의 왕릉이나 왕족릉, 혹은 귀족릉과 같은 고분일수록 발굴조사를 통해 이를 확인하고자 하는 노력이 더욱더 절실히 요구된다. 특히 주구가 시설된 고분의 경우 이의 내부에서 다양한 유물이 수습될 수 있다. 목제품에 대한 면밀한 검토가 요구되는 시점이다.[72]

72) 이글은 조원창, 2013, 「石村洞 葺石封土墳 出土 櫓形 木製品의 性格」『문화사학』 40의 내용을 수정 · 정리한 것이다.

제2장

신라 · 가야지역 출토 유자이기의 성격 재검토

Ⅰ. 머리말

유자이기[1]는 최근까지의 발굴조사 결과 주로 경상도 지역에서 출토되었다. 시기적으로는 3세기 후반에 등장하여 6세기 이후까지 사용된 것으로 알려져 있다.[2] 이 무렵 유자이기는 목곽묘를 비롯한 적석목곽묘, 수혈식석곽묘, 횡구식석실묘, 횡혈식석실묘 등 당대의 주류 무덤에 1점 혹은 2~4점씩 부장되는 양상을 보여주고 있다.

유자이기는 용어에서 알 수 있듯이 철판의 좌우에 자(刺)가 만들어져 있고, 아랫부분에는 나무를 꽂을 수 있는 공부가 마련되어 있다(그림 1).[3] 자는 일종의 가

1) '미늘쇠'로도 불리나 이 논문에서는 유자이기로 통칭하고자 한다.

2) 金志勳, 2014, 「嶺南地域新羅墳墓出土有刺利器에 대한 研究」, 慶州大學校大學院 文化財學科 석사학위논문, 7쪽.

3) 東義大学校博物館, 2000, 『金海良洞里古墳文化』, 190쪽 도면 66-1.

시처럼 생긴 것으로서 궐수문(蕨手文)[4]으로 표현되거나 새[5] 장식과 함께 제작되기도 한다.

이의 성격은 그동안 무기[6]나 깃봉,[7] 제의적 기물(器物),[8] 묘주(墓主)의 신분을 상징하는 의기(儀器)[9] 등으로 알려져 왔으며 한편으로는 복합적 의미로도 해석

---

4) 궐수형 철기의 제작기법과 형식, 편년에 대해선 아래의 논고를 참조.
禹炳喆 · 金玫澈, 2009, 「궐수형 철기를 통해 본 진 · 변한 정치체의 상호작용」『韓國上古史學報』 65.

5) 새가 장식된 유자이기의 경우 조형장 철판의기(趙榮濟, 2011, 「鳥形裝鐵板儀器考」『考古廣場』 9, 부산고고학연구회)나 조형장부 판상철기(여창현, 2014, 「3. 삼가고분 철토 마구류에 대한 검토」『陜川三嘉古墳群』, 東西文物硏究院 · 釜山地方國土管理廳, 137쪽 각주 8)로 부르기도 한다. 새 모양이 장식된 유자이기는 합천 옥전고분(5 · 8 · 11 · 35 · 42 · 47 · 70 · M6 · M10호분 등)을 비롯해 함안 도항리고분(3 · 8 · 10 · 13 · 22 · 428-1번지 14호 목곽, 19호 석곽), 합천 저포리고분(4-1 · 2호 A시상 · 9호 B시상) · 삼가고분(M2-1 · M4-1호분), 순천 운평리고분(M2호분 석실 및 봉토) 등에서 살필 수 있다(여창현, 2014, 「3. 삼가고분 철토 마구류에 대한 검토」『陜川三嘉古墳群』, 138쪽 圖面 4 참조).

6) 金基雄, 1976, 「三國時代의 武器小考」『韓國學報』 5.

7) 宋桂鉉, 2001, 「전쟁의 양상과 사회의 변화」『고대의 전쟁과 무기』, 제5회 부산복천박물관 학술발표대회요지.

8) 서영남은 喪葬禮에서 무덤에 부장되는 의례용 철기로 보았다(2013, 「儀器性鐵器로 본 삼한 · 삼국시기 울산지역 철기문화의 상징성」『蔚山鐵文化』, 울산박물관, 570쪽). 그리고 김은주는 겸형철기와 유자이기를 의례 행위와 관련된 기물로 파악하였고(2011, 「造永EIII-2號 철기의 검토」『압독국의 왕 '干', 영원불멸을 꿈꾸다』, 경산시립박물관 · 한빛문화재연구원, 162쪽), 김용성은 장송 행렬에 사용된 의기로 판단하였다(2014, 「고분으로 본 신라의 장송의례와 그 변혁」『中央考古硏究』 15, 84~85쪽).
한편, 겸형철기와 유자이기가 공반된 사례는 대구 노변동 석곽묘, 조영EⅠ-1호, 가천동 3지구 목곽묘 2호, 임당 G-3호, 욱수동 가-5호 등에서 확인되고 있다. 특히 노변동 석곽묘의 경우 66기에서 이러한 공반 양상이 살펴지고 있다(嶺南文化財硏究院, 2015, 『大邱蘆邊洞古墳群』 Ⅱ, 296쪽).

9) 일종의 위세품으로 이해할 수 있다. 趙榮濟, 2011, 「鳥形裝鐵板儀器考」『考古廣場』 9, 부산고고학연구회, 128쪽.

되고 있다. 즉 경제적 권력과 제의적 의미가 합쳐진 상징물로 이해되거나[10] 장송의례와 관련된 제의품이면서 타 집단과 구별되는 상징적인 기물로 파악되기도 하였다.[11] 또한 장송의례나 신앙과 관련된 의기이면서 묘주의 신분과도 밀접한 관련이 있는 상징물로 판단되기도 하였다.[12]

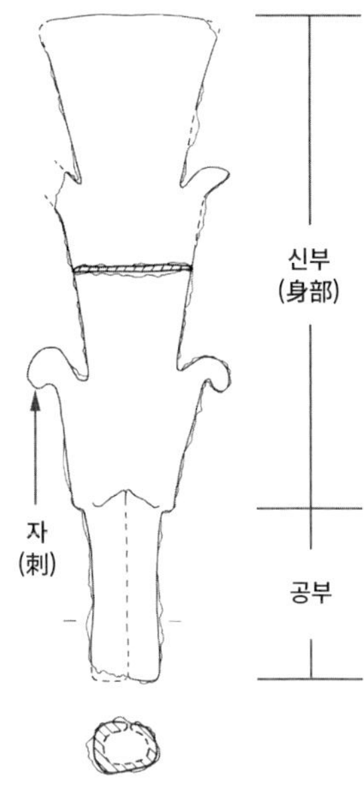

그림 1. 유자이기의 각부 명칭

지금까지의 출토 양상으로 볼 때 유자이기가 3세기 후반 이후 약 300년 동안 신라 및 가야지역에서 중요한 위치를 점하였던 철제 유물이었음은 재론의 여지가 없다. 또한 모든 무덤에서 출토된 것이 아니었기 때문에 묘주의 위신 또한 엿볼 수 있다.

그런데 이처럼 상징성이 강한 유물이었음에도 불구하고 경주 황남대총 북분과 천마총, 합천 옥전고분의 왕릉(급) 등에서 이러한 유자이기가 출토되지 않은 이유는 과연 무엇일까? 이것이 사상이나 신앙을 바탕으로 한 상징적 · 제의적 기물이라 한다면 적어도 신라나 가야의 왕릉(급)이나 상위 지배계층의 무덤에서 출토되는 것이 합리적이지 않을까?

본 논고는 바로 이러한 의문점에서 시작되었다. 즉 같은 묘역, 대등한 위계를 가진 동일 형식의 무덤에서 어느 것은 유자이기가 부장되고, 어느 것은 부장되지 않은 사례를 여러 고분에서 확인할 수 있었다. 심지어 옥전고분처럼 최고 지배층의 무덤이 아닌 하위 계층의 무덤에서 유자이기가 수습되는 것도 분명하게

10) 金訓熙, 2011, 「蕨手型有刺利器의 變遷과 意味」『韓國考古學報』 81, 68쪽.

11) 金榮珉, 2008, 「金官加倻의 考古學的硏究」, 부산대학교 대학원 고고학과 박사학위 논문.

12) 류창환, 2012, 「부장철기로 본 아라가야의 수장들」『中央考古硏究』 11, 中央文化財硏究院, 210쪽.

찾아볼 수 있다.[13)]

본고에서는 이상의 의문점을 바탕으로 유자이기에 대한 기존의 성격 외에 또 다른 의미를 탐색해 보고자 한다. 이를 위해 당시 중국 위진남북조시기의 석굴사원 및 고분벽화 등에 표현된 행차용 장엄구를 검토해 보도록 하겠다.

Ⅱ. 5~6세기 고분 출토 유자이기의 자료 검토

여기에서는 5~6세기 무렵 한 지역, 비슷한 시기, 동일 형식 고분군을 중심으로 유자이기가 수습된 사례와 그렇지 않은 경우를 비교하여 살펴보고자 한다. 그럼으로써 유자이기의 성격에 대한 재검토의 기틀을 마련해 보도록 하겠다.

1. 합천 옥전고분[14)]

이 고분군은 가야의 왕이나 상 · 하위 계층의 무덤으로 추정되며, 축조 시기는 대략 5~6세기대로 추정되고 있다. 가야 무덤 중 차지하는 비중이 적지 않기에

---

13) 이에 대해선 Ⅱ장에서 살펴보고자 한다.

14) 옥천고분군에 관한 내용은 아래의 자료를 참조.
慶尙南道 · 慶尙大學校博物館, 1988,『陜川玉田古墳群』Ⅰ.
慶尙大學校博物館, 1990,『陜川玉田古墳群 M3號墳』Ⅱ.
________________, 1992,『陜川玉田古墳群 M1 · M2號墳』Ⅲ.
________________, 1993,『陜川玉田古墳群 M4 · M6 · M7號墳』Ⅳ.
________________, 1995,『陜川玉田古墳群 M10 · M11 · M18號墳』Ⅴ.
________________, 1997,『陜川玉田古墳群 M23 · M28號墳』Ⅵ.
________________, 1998,『陜川玉田古墳群 12 · 20 · 24號墳』Ⅶ.
________________, 1999,『陜川玉田古墳群 5 · 7 · 35號墳』Ⅷ.
________________, 2000,『陜川玉田古墳群 67-A · B, 73~76號墳』Ⅸ.
趙榮濟, 1996,「玉田古墳의 編年硏究」『嶺南考古學』18, 41~73쪽.
______, 1997,「玉田古墳群의 階層分化에 대한 硏究」『嶺南考古學』20, 27~46쪽.

본고에서는 <표 1>을 통해 개별 무덤의 형식과 규모, 출토 유물(금속기), 편년 등에 대해 살펴보고자 한다.

표 1. 옥전고분 발굴조사 현황

구분	규모<cm>(길이×폭)	금속기		편년	위계
		무기, 마구, 관 부속구 등	장신구		
M3호분(수혈식석곽묘)	1060×270(석곽)	**유자이기**, 투구(2점), 경갑(4벌), 찰갑(2벌), 대도(13점, 용봉문 · 단봉문 등), 대검 1, 소도, 철촉, 성시구, 철모와 물미(준), 사지창, 청동합, 마갑, 안장, 재갈, 등자, 마령, 철부, 기간 등	금제이식(7쌍)	5세기 4/4분기	다라국(多羅國)의 수장(지배자)
M4호분(수혈식석곽묘)	950×145(석곽)	**유자이기**, 단봉문환두대도, 소도, 철촉, 성시구, 철착, 행엽, 주조철부, 물미, 은제장식품, 교구 등	금제이식(2쌍), 금제 곡옥모, 경식(곡옥, 반구형 제품)	6세기 1/4분기 전반	다라국의 왕
5호분(대형 목곽묘)	400×110(목곽)	**유자이기**, 찰갑, 대도, 도자, 철촉, 성시구, 철모, 철부, 등자, 운주, 기간, 철착, 교구, 꺾쇠 등	금제이식	5세기 3/4분기	상위 지배계층
M6호분(수혈식석곽묘)	575×125(석곽)	**유자이기**, 단봉문환두대도, 철모, 철촉, 도자, 안장, 재갈, 행엽, 운주, 교구, 꺾쇠 등	은제보관, 금동제보관(2점), 금제이식, 경식(곡옥, 관옥), 팔찌	6세기 2/4분기	
M7호분(수혈식석곽묘)	970×230(석곽)	찰갑, 대도식금구, 대도형 철기, 철모와 물미, 철촉, 등자, 교구, 혁금구, 주조철부, 철착, 철환 등		6세기 1/4분기	
7호분(대형 목곽묘)	455×200(주곽) 268×135(목곽)	**유자이기**, 도자, 재갈, 교구, 꺾쇠, 방추차 등	금제이식	5세기 4/4분기 ~6세기 1/4분기	상위 지배계층
M10호분(횡구식석실묘)	465×195(현실)	**유자이기**, 도지, 집게, 관정, 꺾쇠 등		6세기 2/4분기	
M11호분(횡혈식석실묘)	370×190(현실) 220×100(연도)	**유자이기**, 대도, 도자, 철모, 안교편, 운주, 연판장식(전면 금판), 근동제 관정 등	금제이식, 금동식리, 과대교구	6세기 3/4분기	상위 지배계층 이상

구분	규모<cm>(길이×폭)	금속기		편년	위계
		무기, 마구, 관 부속구 등	장신구		
12호분 (대형 목곽묘) ※ 20호분과 부부묘 추정	535×305 (묘광)	장식도자(금판 사용). 도자, 말안장, 재갈, 행엽, 운주, 교구, 꺾쇠 등	금제이식, 경식(유리구슬)	5세기 3/4분기	상위 지배계층 (여성 추정)
20호분 (대형 목곽묘)	685×335 (묘광)	**유자이기**, 투구, 경갑, 대도, 철모, 철부, 철촉, 성시구, 마갑, 말안장, 등자, 재갈, 교구, 꺾쇠, 방추차 등	금제이식	5세기 3/4분기	상위 지배계층 (남성 추정)
23호분 (대형 목곽묘)	530×180 (목곽)	금동투구, 경갑, 대검, 환두대도, 철착, 철모와 준, 철촉, 성시구, 마갑, 안장, 등자, 재갈, 교구, 기간, 꺾쇠 등	금동관모, 금제이식	5세기 전반	다라국의 최고 지배자 (王)
24호분 (대형 목곽묘)	650×329 (묘광)	**유자이기**, 도자, 철모, 철촉, 성시구, 등자, 재갈, 운주부속품, 철제환, 교구, 꺾쇠 등	금제이식, 지환, 경식(곡옥, 환옥, 유리구슬)	5세기 4/4분기	상위 지배계층
28호분 (대형 목곽묘)	445×140 (목곽)	횡장방판정결판갑, 찰갑, 투구, 대검, 대도(6점), 철모와 준, 도자, 철촉, 단조철부, 성시구, 마갑, 말안장, 등자, 재갈, 기간, 꺾쇠, 숫돌 등	금제이식, 경식 (비취곡옥, 유리구슬), 청동 팔찌, 금제지환(3점)	5세기 3/4분기	상위 지배계층
35호분 (대형 목곽묘)	약 300×130 (목곽)	**유자이기**, 투구, 찰갑, 비갑, 대도(3점), 대검, 도자, 철촉, 성시구, 철모, 재갈, 안장, 등자, 행엽, 교구, 마갑, 기간, 꺾쇠 등	금제이식(2쌍)	5세기 3/4분기	상위 지배계층
67-A호분 (대형 목곽묘)	485×170 (목곽)	**유자이기**, 투구, 환두대도, 도자, 철모, 철부, 재갈, 말안장, 등자, 운주, 교구, 장방형 금구, 꺾쇠 등	금환(金棒), 유리구슬	5세기 전반	상위 지배계층
67-B호분 (대형 목곽묘)	440×150 (목곽)	투구, 찰갑, 대검, 철촉, 성시구, 철모, 철부, 재갈, 등자, 운주, 교구, 꺾쇠 등	금환(金棒)	5세기 3/4분기	상위 지배계층
73호분 (수혈식석곽묘)	265×72 (석곽)	**유자이기**, 기간, 꺾쇠 등	금환	5세기 4/4분기	하위 계층
74호분 (수혈식석곽묘)	378×97 (석곽)	철촉, 철모, 말안장, 등자, 운주, 교구, 꺾쇠 등	금제이식	6세기 2/4분기	상위 지배계층 (여성 추정)

구분	규모<cm> (길이×폭)	금속기		편년	위계
		무기, 마구, 관 부속구 등	장신구		
75호분 (수혈식석곽묘)	475×103 (석곽)	**유자이기**, 환두대도(2점), 소도, 도자, 철촉, 성시구, 철모, 말안장, 교구, 호등, 운주, 꺾쇠, 방추차 등	금제이식, 경식 (곡옥, 관옥, 환옥)	6세기 1/4분기	상위 지배계층
76호분 (수혈식석곽묘)	345×108 (석곽)	**유자이기**, 철모, 재갈, 등자, 교구, 꺾쇠형 철기 등		6세기 1/4분기	하위 계층
85호분 (수혈식석곽묘)	310×80 (석곽)	**유자이기**, 도자, 재갈, 교구, 불명철기, 꺾쇠 등	금동제이식	6세기 1/4분기	일반인과 같은 현실적 위치에 있었던 왕족 혹은 근시자
86호분 (수혈식석곽묘)	565×80 (석곽)	**유자이기**, 대도, 도자, 철모, 철부, 운주, 교구 등	금동제이식	6세기 2/4분기	왕족 혹은 근시자 내에서 하위 계층

위의 표와 함께 앞에서 살핀 유자이기의 성격을 검토해 보면 몇 가지 점에서 불일치함을 엿볼 수 있다. 그리고 이러한 현상이 어느 단기간에 끝나는 것이 아닌 장기간에 걸쳐 나타나고 있음도 확인할 수 있다. 이는 달리 말하면 기존의 유자이기 성격 외에 또 다른 기능성이 내포되었을 것이라는 가능성을 암시해 주고 있다. 옥전고분군을 통해 엿볼 수 있는 유자이기의 이면을 여러 사례를 통해 검토해 보도록 하겠다.

첫째, 5세기 전반기에 조영된 것으로 추정되는 23호분[15](대형 목곽묘, 그림 2)[16]의 문제이다. 이는 M3호분(수혈식석곽묘) 및 M4호분(수혈식석곽묘) 등과 마찬가지로 다라국(多羅國) 최고 지배자(왕)의 무덤으로 추정되고 있다.

이 무덤은 3회에 걸쳐 도굴이 이루어졌기에 유구와 유물의 잔존 상태가 대체로 양호하지 못하다. 묘광은 풍화암반층을 수직으로 굴광하여 조성하였는데 규

15) 유구와 출토 유물, 그림 일체는 慶尙大學校博物館, 1997, 『陜川玉田古墳群 23 · 28號墳』 VI 참조.

16) 慶尙大學校博物館, 1997, 『陜川玉田古墳群 23 · 28號墳』 VI, 11쪽 도면 5.

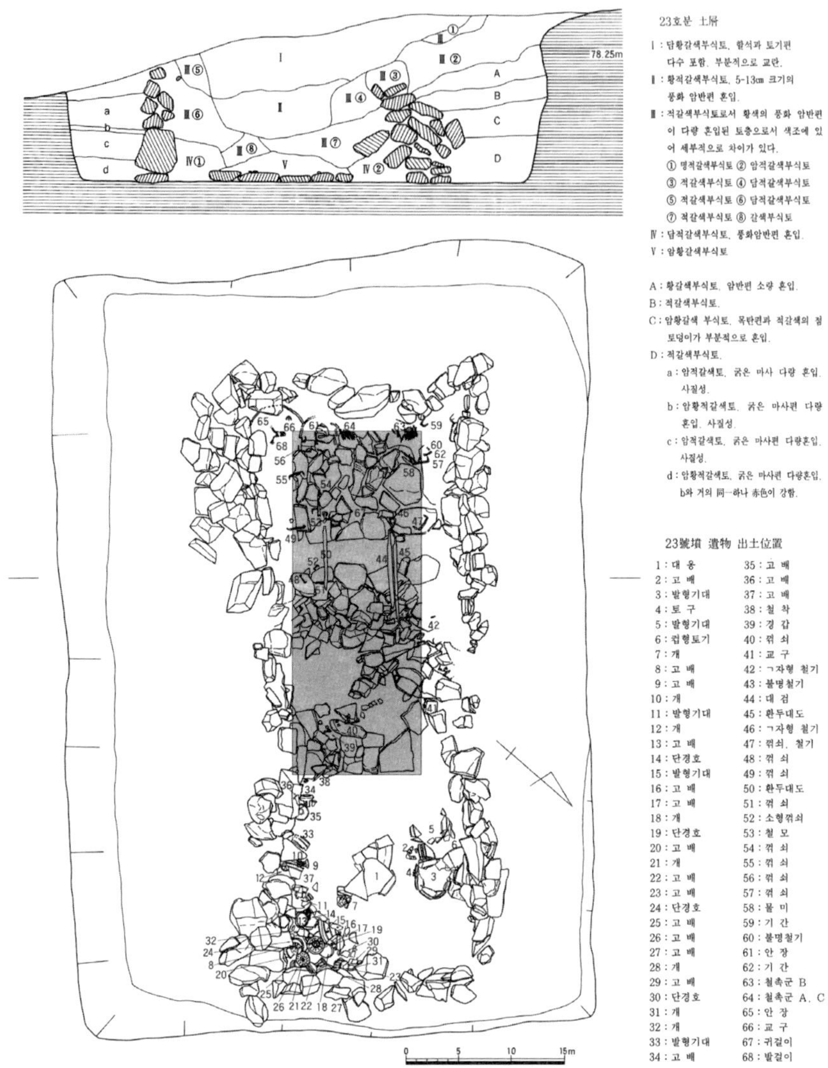

그림 2. 합천 옥전고분 23호분의 평 · 단면도 및 유물 출토 위치도

모는 길이 6.85m, 폭 4.5m, 현 깊이 0.78~1.3m이다. 목곽의 안치를 위해 먼저 1열의 돌을 목곽에 붙여 쌓고, 석렬과 묘광 사이는 흙을 이용해 판축하였다. 목곽의 규모는 길이 5.3m, 폭 1.8m, 높이 0.84~1.2m이다. 목관의 존재는 목곽 내부의 꺾쇠 배치를 통해 유추해 볼 수 있다. 목관 내부에서는 금동장관모와 이식, 환

두대도, 대검 등이 수습되었고, 나머지 유물들은 목관과 목곽 사이에 부장되었을 것으로 추정되었다. 출토 유물로 보아 두향은 남쪽에 가까운 남동향으로 파악되었다. 목관의 길이는 2.25m, 폭 1.15m이다.

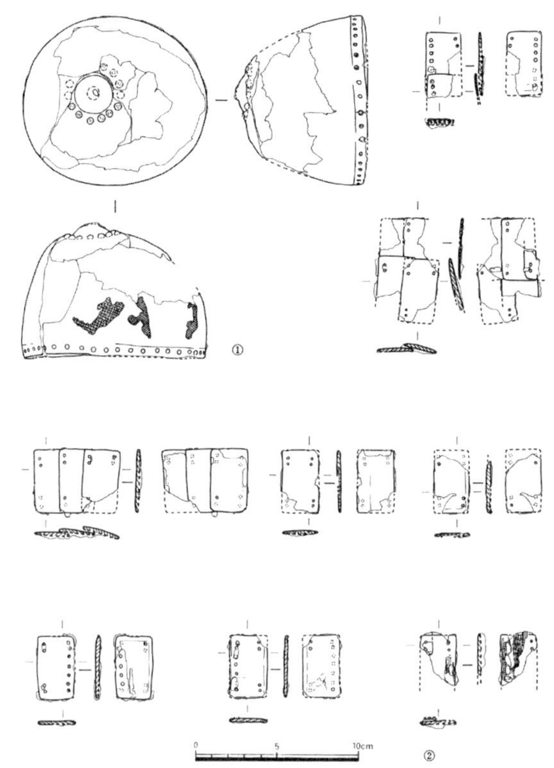

그림 3. 합천 옥전고분 23호분 출토 금동장투구

23호분에서는 최고 지배자(왕)의 신분에 맞게 다양한 토기와 무기, 마구, 장신구 등이 수습되었다. 토기로는 고배류(무개고배, 유개고배)가 다수를 차지하고 있고, 이외 고배개, 단경호류, 양이부호, 장경호, 발형기대류, 컵형토기, 이형토기 등이 있다. 그리고 무기 · 무구로는 금동장투구(그림 3)[17]와 경갑, 대검(전장 73.9cm), 환두대도(2점: 전장 98.1cm, 74.8cm, 이상 그림 4),[18] 철모, 물미, 철착, 성시구, 철촉 등이 부장되었고, 마구로는 말투구(그림 5),[19] 말안장, 등자, 재갈, 운주, 교구 등이 있다. 이들 외에도 기간과 꺾쇠, 'ㄱ'자형 철기, 금동판, 불명철기 등이 수습되었다. 끝으로 23호분 묘주의 신분을 엿볼 수 있는 금동제 관모

17) 慶尙大學校博物館, 1997, 『陜川玉田古墳群 23 · 28號墳』 VI, 47쪽 도면 21.

18) 慶尙大學校博物館, 1997, 『陜川玉田古墳群 23 · 28號墳』 VI, 53쪽 도면 25.

19) 慶尙大學校博物館, 1997, 『陜川玉田古墳群 23 · 28號墳』 VI, 64쪽 도면 31.

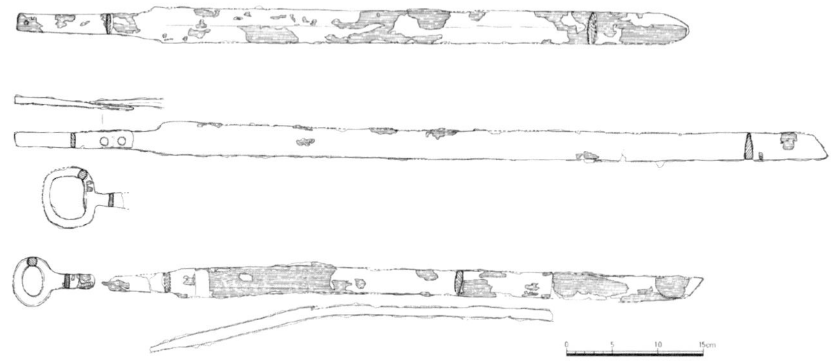

그림 4. 합천 옥전고분 23호분 출토 대검(상)과 대도

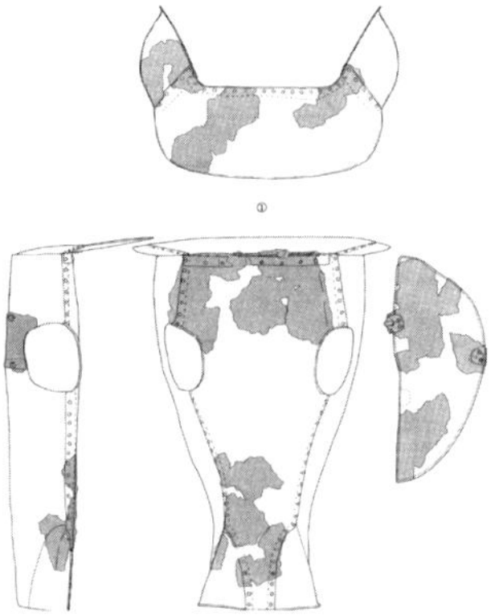

그림 5. 합천 옥전고분 23호분 출토 말 투구 추정 복원도

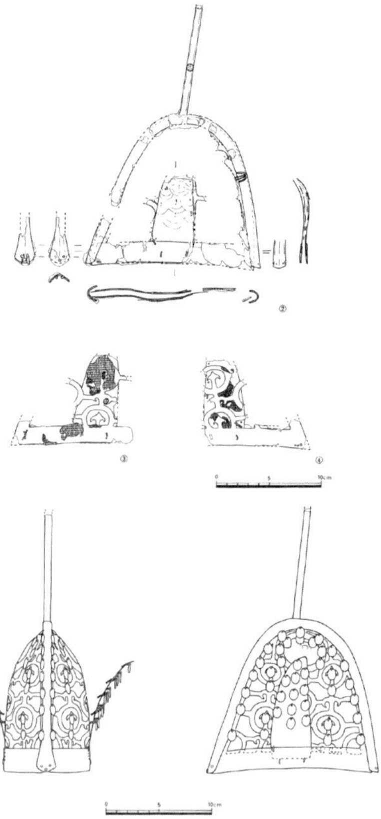

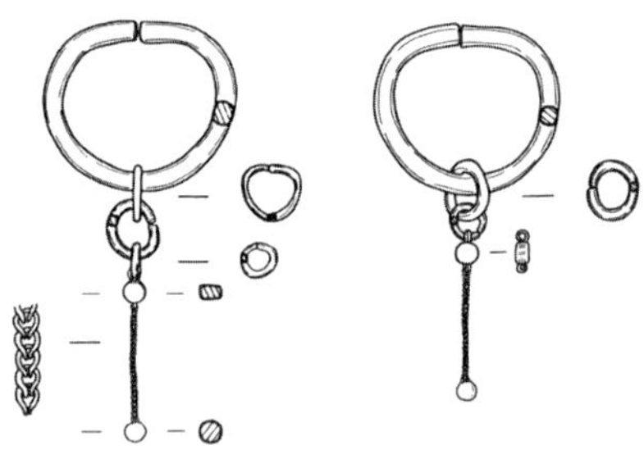

그림 6. 합천 옥전고분 23호분 출토 금동제관모(상)와 복원도(하)

그림 7. 합천 옥전고분 23호분 출토 금제이식

(그림 6)[20]와 금제이식(그림 7)[21] 등의 장신구도 부장되었다.

앞에서 살펴본 바와 같이 23호분에서는 다라국 최고 지배자의 무덤에 걸맞게 다양한 유물이 수습되었다. 그런데 문제는 이 무덤에서 유자이기가 단 한 점도 검출되지 않았다는 사실이다. 그러나 동 시기(5세기 전반)에 축조된 것으로 추정되는 67-A호분(그림 8)[22]의 경우는 이와 차이를 보여 소개해 보고자 한다. 이 무덤은 23호분과 같은 목곽묘이나 묘광이나 목곽, 목관의 규모 등에서 약간 작음을 보여주고 있다. 즉 묘광의 경우 길이 5.3m, 폭 2.25m, 현 깊이 0.75m 정도이고, 목곽은 길이 4.85m, 폭 1.7m이다. 그리고 목관의 규모는 길이 2.5m, 폭 0.9m 정도이다.

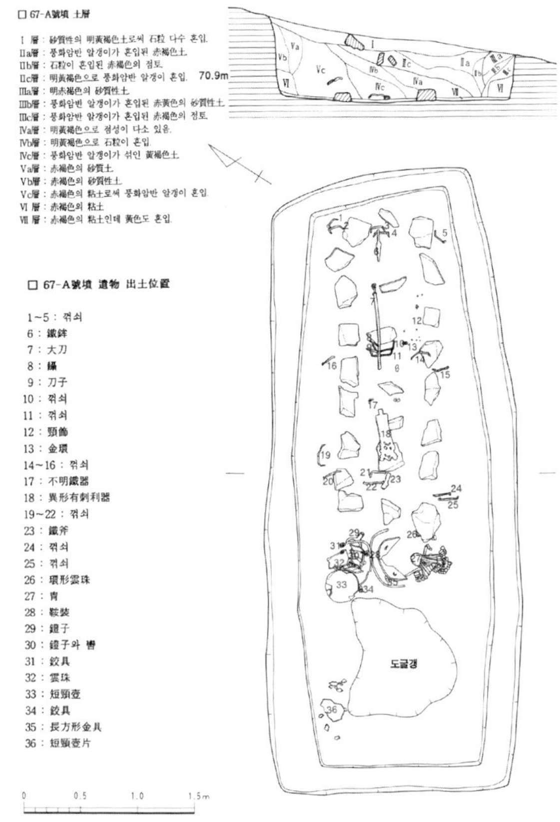

그림 8. 합천 옥전고분 67-A호분의 평 · 단면도 및 유물 출토 위치도

67-A호분에서는 토기(단경호)를 비롯해 무기 · 무구(투구<그림 9>,[23] 환두대도<그림

20) 慶尙大學校博物館, 1997, 『陜川玉田古墳群 23 · 28號墳』 VI, 77쪽 도면 37 및 78쪽 도면 38.

21) 慶尙大學校博物館, 1997, 『陜川玉田古墳群 23 · 28號墳』 VI, 75쪽 도면 36-105.

22) 慶尙大學校博物館, 2000, 『陜川玉田古墳群 67-A · B, 73~76號墳』 IX, 9쪽 도면 4.

23) 慶尙大學校博物館, 2000, 『陜川玉田古墳群 67-A · B, 73~76號墳』 IX, 12쪽 도면 6.

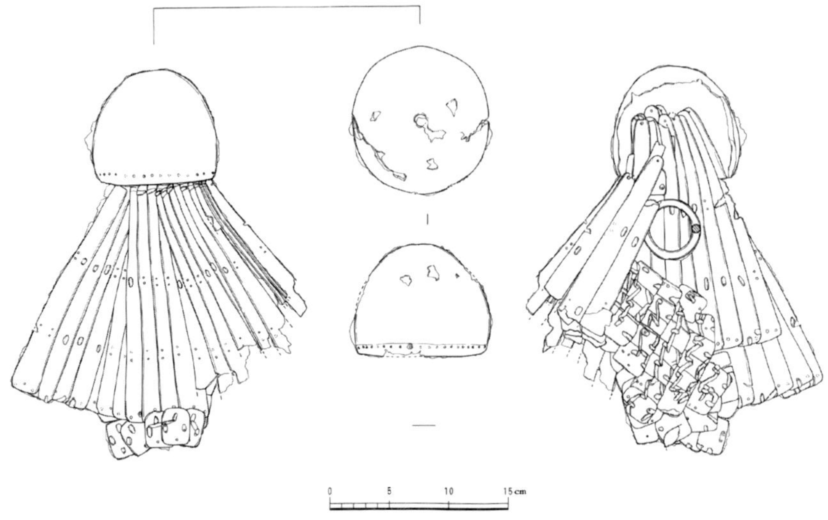

그림 9. 합천 옥전고분 67-A호분 출토 투구

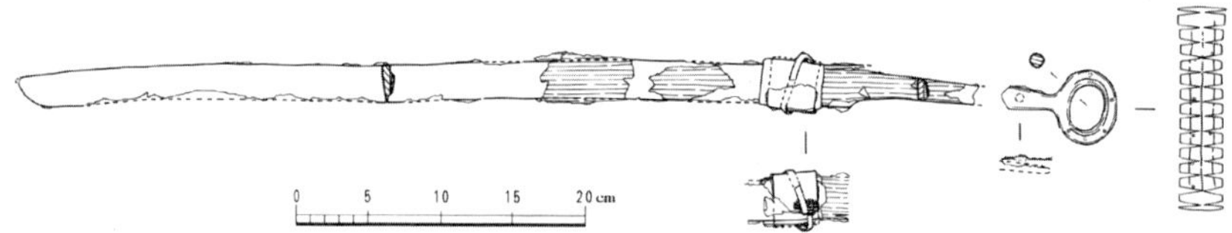

그림 10. 합천 옥전고분 67-A호분 출토 환두대도

10>,[24] 도자, 철모, 철부 등), 마구(재갈, 말안장, 등자, 운주, 교구, 장방형금구 등), 꺾쇠, 장신구(금환, 유리구슬), 유자이기 등이 수습되었다. 전술한 23호분에 비해 유물의 출토 양상이 상당히 빈약함을 볼 수 있는데 이는 목관 내부의 도굴갱과 무관치 않을 것으로 생각된다.

특히 67-A호분에서는 1점의 유자이기(그림 11)[25]가 수습되어 주목되고 있다. 이는 0.002m의 철판을 사용하였고, 가운데에 부정형 투창, 전면에는 22개의 소공이 뚫려 있다. 그리고 선단부에는 2마리의 새 모양 철물이 서로 반대 방향을

24) 慶尙大學校博物館, 2000, 『陜川玉田古墳群 67-A · B, 73~76號墳』 IX, 14쪽 도면 7-3.

25) 慶尙大學校博物館, 2000, 『陜川玉田古墳群 67-A · B, 73~76號墳』 IX, 10쪽 도면 5-14.

하고 있다. 유자이기의 신부 양단에는 새의 부리를 연상시키는 돌출부가 확인된다. 이를 통해 볼 때 신부의 오른쪽에 4마리, 왼쪽에 3마리의 조형물이 부착되었음을 알 수 있다. 공부는 장방형 철판의 하단부를 잘라서 단면 삼각형이 되도록 하였고, 내면에서는 이물질이 검출되었다. 유자이기의 길이는 0.468m, 폭 0.109m이고, 공부의 지름은 0.043×0.029m이다. 67-A호분 묘주의 신분은 상위 지배계층으로 추정되있다.

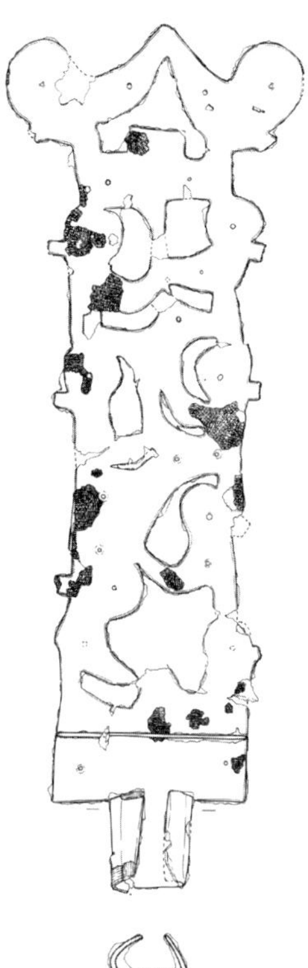

그림 11. 합천 옥전고분 67-A호분 출토 유자이기

옥전고분군의 23호분이나 67-A호분은 모두 5세기 전반에 축조된 것으로 보고되었다. 이는 두 묘주의 생활 반경이나 활동 시기가 어느 정도 일치함을 살필 수 있다. 아울러 두 무덤이 같은 고분군에 자리 잡고 있는 점, 매장 시기가 같다는 점에서 같은 문화와 상징 체계를 공유하였을 것으로 생각된다. 또한 23호분의 묘주 신분은 최고 지배자(왕), 67-A호분은 상위 지배계층으로 파악되고 있다. 이런 측면에서 유자이기가 신앙이나 사상을 매개로 한 상징물이거나 의례와 관련된 의물(儀物)이었다면 왕보다 지위가 낮은 상위 지배계층의 67-A호분에만 부장되고, 23호분과 같은 최고 지배자(왕)의 무덤에서 출토되지 않은 이유가 무엇인지 궁금하다. 이것은 유자이기의 성격이 현재 학계의 연구 성과와 달리 어느 정도 차이가 있음을 의미하는 것이 아닌가 생각된다.

이러한 의문점은 한편으로 5세기 3/4분기에 축조된 28호분과 35호분, 67-B호분 등의 대형 목곽묘에서도 찾아볼 수 있다. 28호분[26]은 묘광과 목곽의 규모가

26) 유구와 출토 유물, 그림 등은 慶尙大學校博物館, 1997, 『陜川玉田古墳群 23 · 28號墳』 VI 참조.

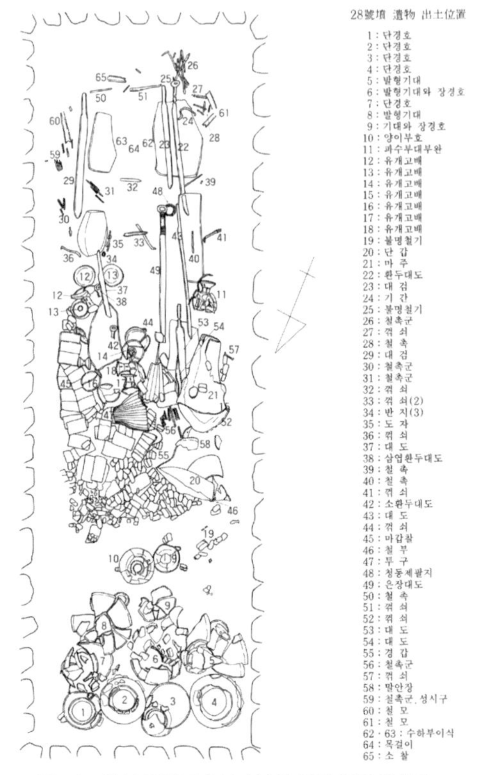

그림 12. 합천 옥전고분 28호분의 유물 출토 위치도

각각 5.90×3.0m, 4.45×1.40×1.10m이고, 목관은 추정 2.10×0.80m의 크기를 보이고 있다(그림 12).[27] 이 무덤에서는 고배(무개고배, 유개고배)를 비롯한 단경호, 양이부호, 기대, 파수부대부완 등의 토기류와 함께 다양한 금속기가 출토되었다. 이 중 무기·무구로는 횡장방판정결판갑(橫長方板釘結板甲, 그림 13),[28] 찰갑, 투구(그림 14),[29] 대검(4점), 대도(6점, 이상 그림 15),[30] 도자(4점), 철모(4점), 철부(3점), 성시구(2점), 철촉 등이 수습되었고, 마구로는 말투구(그림 16),[31] 말갑옷, 말안장, 등자, 재갈, 운주 등이 출토되었다. 이 외에도 기간(2점)과 꺾쇠와 같은 철물, 이식(그림 17),[32] 목걸이(유리구슬 중앙에 비취곡옥 장식), 팔찌, 반지 등의 장신구와 지석(2점) 등이 검출되었다. 이 무덤은 출토 유물을 통해 상위 지배계층의 것으로 파악되었으나 유자이기는 수습되지 않았다. 이러한 유자이기의 부존재 양상은 역시 상위 지배

27) 慶尙大學校博物館, 1997,『陜川玉田古墳群 23 · 28號墳』VI, 83쪽 도면 40.
28) 慶尙大學校博物館, 1997,『陜川玉田古墳群 23 · 28號墳』VI, 97쪽 도면 47.
29) 慶尙大學校博物館, 1997,『陜川玉田古墳群 23 · 28號墳』VI, 113쪽 도면 59.
30) 慶尙大學校博物館, 1997,『陜川玉田古墳群 23 · 28號墳』VI, 117쪽 도면 61.
31) 慶尙大學校博物館, 1997,『陜川玉田古墳群 23 · 28號墳』VI, 135쪽 도면 69.
32) 慶尙大學校博物館, 1997,『陜川玉田古墳群 23 · 28號墳』VI, 155쪽 도면 83-200.

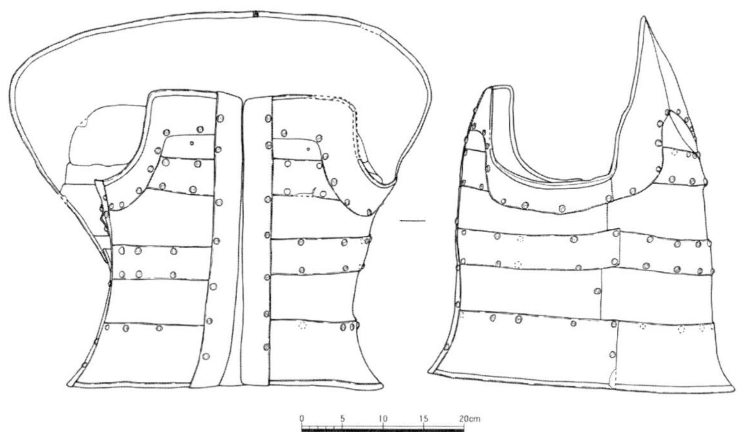

그림 13. 합천 옥전고분 28호분 출토 횡장방판정결판갑

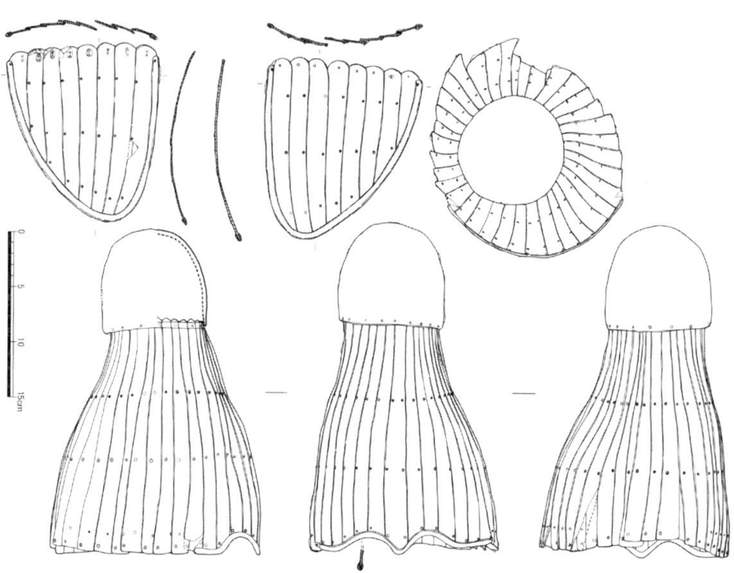

그림 14. 합천 옥전고분 28호분 출토 투구

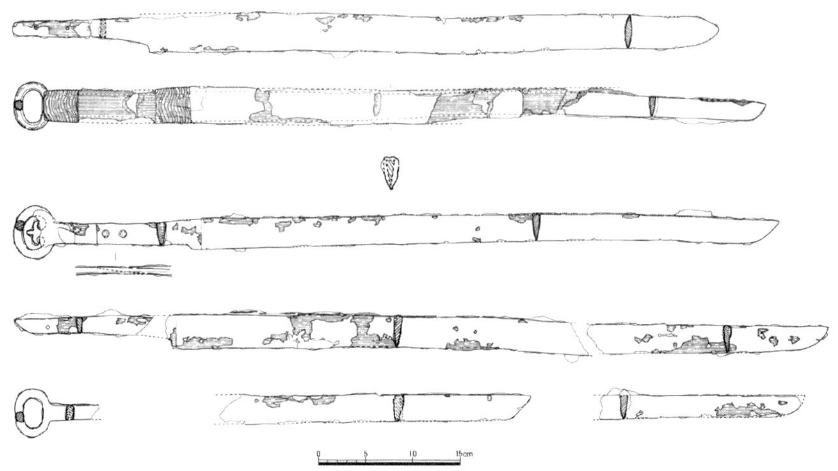

그림 15. 합천 옥전고분 28호분 출토 대검(상)과 대도

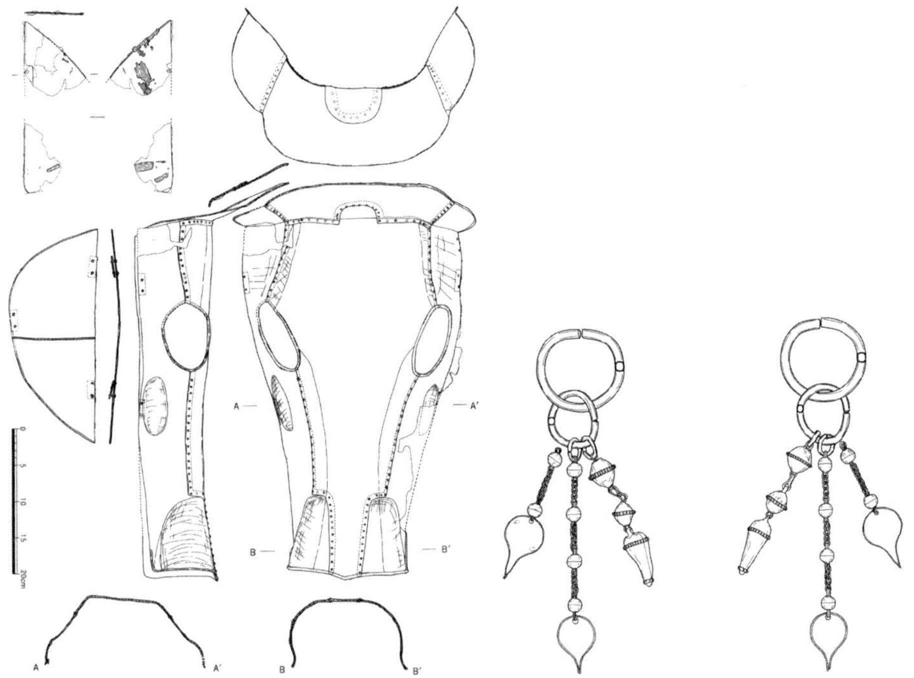

그림 16. 합천 옥전고분 28호분 출토 말투구

그림 17. 합천 옥전고분 28호분 출토 이식

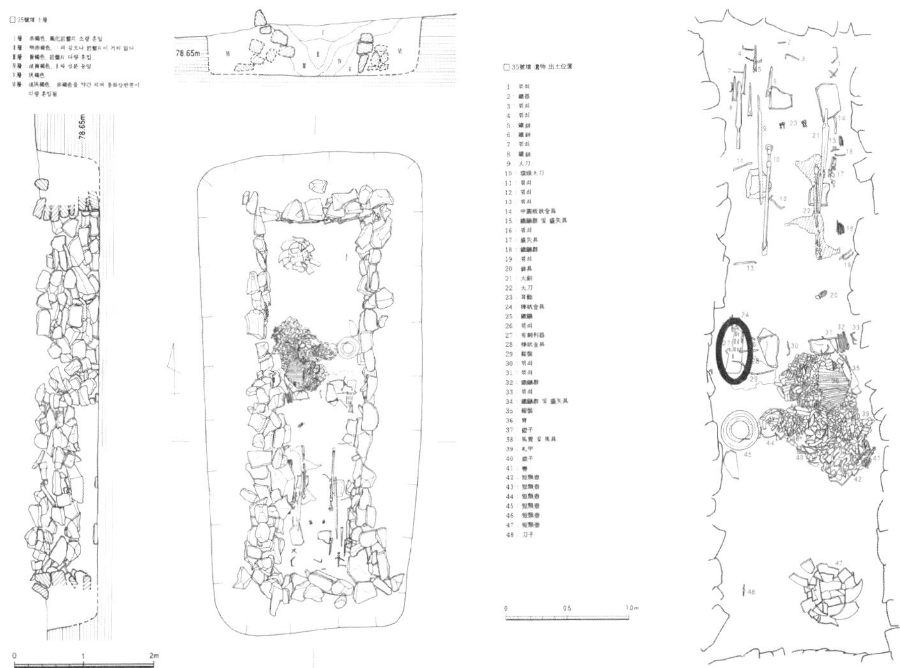

그림 18. 합천 옥전고분 35호분의 평 · 단면도(좌)와 유물 출토 위치도(○부분이 유자이기)

계층으로 추정된 67-B호분도 마찬가지이다.

이에 반해 35호분(그림 18)[33]은 다른 부장 양상을 보이고 있어 살펴보고자 한다. 이 무덤은 소형 목곽묘를 파괴하고 조성되었다. 길이 6.65m, 폭 3.8m, 깊이 0.8m의 묘광 내부에 길이 약 3.0m, 폭 1.3m의 목곽을 설치하고 목곽과 묘광 사이는 흙과 할석을 이용해 충전하였다.

무덤에서는 단경호(6점)를 비롯한 투구(그림 19),[34] 찰갑, 비갑, 대도(3점, 단봉문상감환두대도 포함), 대검(1점, 이상 그림 20),[35] 철촉과 성시구, 철모(6점) 등의 무기 · 무구

33) 慶尙大學校博物館, 1999, 『陜川玉田古墳群 5 · 7 · 35號墳』 Ⅷ, 63쪽 도면 32 및 65쪽 도면 33.

34) 慶尙大學校博物館, 1999, 『陜川玉田古墳群 5 · 7 · 35號墳』 Ⅷ, 73쪽 도면 37.

35) 慶尙大學校博物館, 1999, 『陜川玉田古墳群 5 · 7 · 35號墳』 Ⅷ, 93쪽 도면 55.

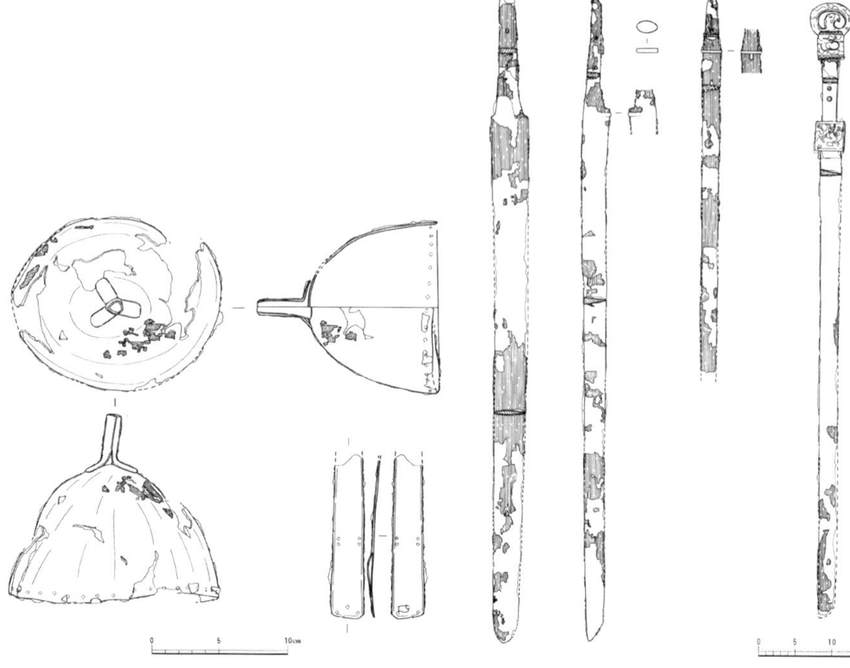

그림 19. 합천 옥전고분 35호분 출토 투구의 복발(伏鉢)과 지판(地板) 일부

그림 20. 합천 옥전고분 35호분 출토 대검(좌)과 대도

류가 수습되었다. 그리고 재갈, 말안장, 등자, 행엽, 운주, 말투구, 교구 등의 마구류와 유자이기, 기간, 꺾쇠 등의 철물, 이식(2쌍) 등의 장신구가 출토되었다. 이 외에도 도굴갱에서 고배, 개, 장경호, 단경호, 대부파수부호, 완, 기대 등의 토기류가 검출되었다.36) 유물의 출토 양상을 통해 상위 지배계층의 무덤으로 파악되었다.

35호분은 같은 시기, 동일 묘제 양식을 보이는 28호분이나 67-B호분과 달리 1점의 유자이기(그림 21)37)가 검출되었다. 두께 0.001m 정도의 철판을 장방형으

36) 유구와 출토 유물, 그림 등의 일체는 慶尙大學校博物館, 1999, 『陜川玉田古墳群 5 · 7 · 35號墳』 Ⅷ 참조.

37) 慶尙大學校博物館, 1999, 『陜川玉田古墳群 5 · 7 · 35號墳』 Ⅷ, 117쪽 도면 65.

로 자른 후 양단에 돌기형의 자(刺)를 만들고, 상단부는 톱니 형태로 제작하였다. 신부에는 삼각형, 역삼각형을 교대로 4단의 투창을 만들었다. 그리고 창과 창 사이에는 0.0015m 크기의 소공을 가로로 배치하였다. 상단부와 양단에는 새 모양의 철물을 장식해 놓았으나 일부 멸실되었다. 공부는 철판의 하단부를 양쪽으로 자른 뒤 횡타원형으로 감아 구멍을 만들었다. 내부에는 나무 자루의 목질이 세로 방향으로 나 있고, 외부에서도 가로 방향의 목질흔이 확인되었다. 유자이기의 길이는 0.341m, 폭 0.095m, 공부 지름 0.024×0.034m이다.

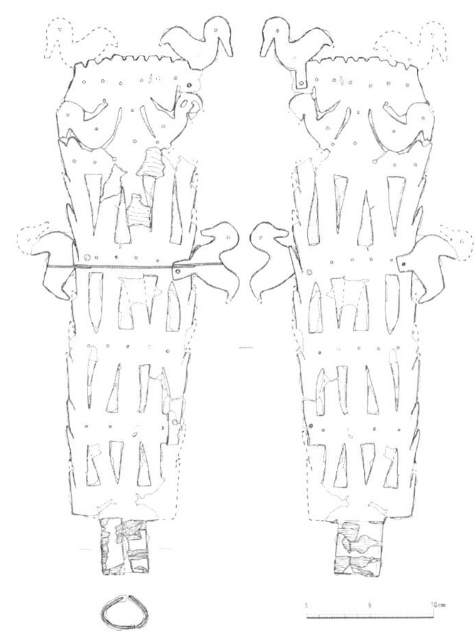

그림 21. 합천 옥전고분 35호분 출토 유자이기

전술한 바대로 3기의 무덤은 5세기 3/4분기라는 시간성, 옥전고분군이라는 공간성, 그리고 상위 지배계층이라는 계층성을 공유하고 있다. 그런데 35호분에서만 유자이기가 검출되고 28호분 및 67-B호분에서는 이것이 출토되지 않았다. 이러한 차이는 위에서 살핀 동일한 시간성, 공간성, 계층성 등의 측면에서 볼 때 쉽게 이해할 수 없는 부분이라 생각된다.

유자이기의 출토 유무에 대한 모호성은 대형 목곽묘인 12호분과 20호분[38]에서 극명하게 나타나고 있어 주목된다. 왜냐하면 이들 무덤은 5세기 3/4분기라는 시간성뿐만 아니라 부부묘로 판단되었기 때문이다. 요컨대 12호분은 부인, 20호분은 남편으로 추정되었다.

38) 이들 무덤과 관련된 유구, 출토 유물, 그림 등의 일체는 慶尙大學校博物館, 1998, 『陜川玉田古墳群 12 · 20 · 24號墳』 VII 참조.

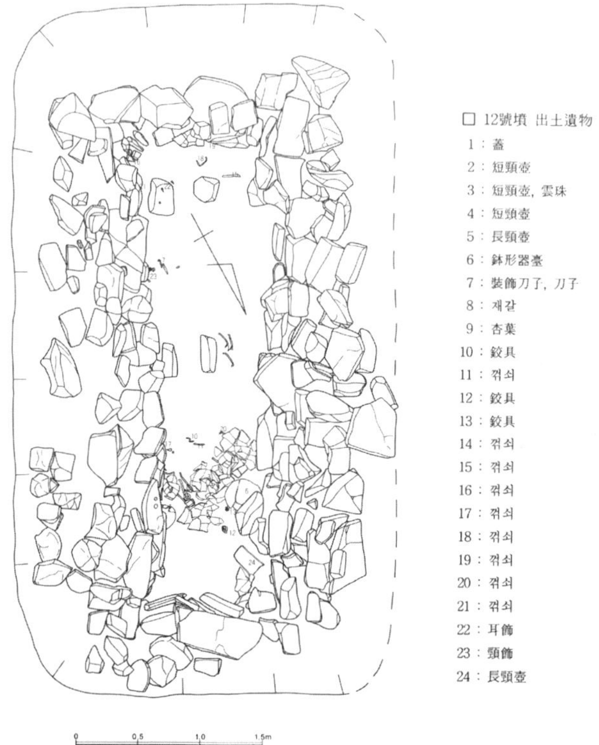

그림 22. 합천 옥전고분 12호분의 유물 출토 위치도

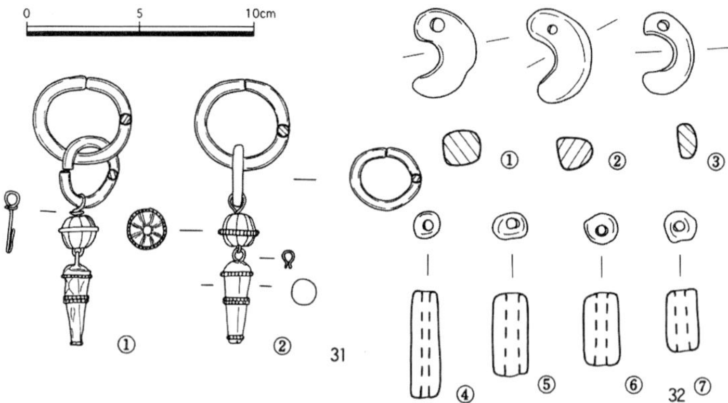

그림 23. 합천 옥전고분 12호분 출토 금제이식과 목걸이

12호분(그림 22)[39]은 15 · 46 · 47호분의 목곽묘를 파괴하고 후축된 것으로 길이 5.35m, 폭 3.05m, 깊이 0.74m의 묘광에 목곽을 설치하고 묘광과 목곽 사이는 흙과 할석으로 충전해 놓았다. 이 무덤에서는 무개고배와 개, 단경호, 장경호, 방형기대 등의 토기류와 장식도자, 도자 등의 무기 · 무구류, 말안장 · 재갈 · 행엽 · 운주 · 교구 등의 마구류가 수습되었다. 그리고 꺾쇠를 비롯한 금제이식(1쌍), 목걸이(관옥, 곡옥, 이상 그림 23)[40] 등도 함께 출토되었다. 무덤의 묘주는 유물을 통해 상위 지배계층으로 추정되었으며, 내부에서 유자이기는 수습되지 않았다.

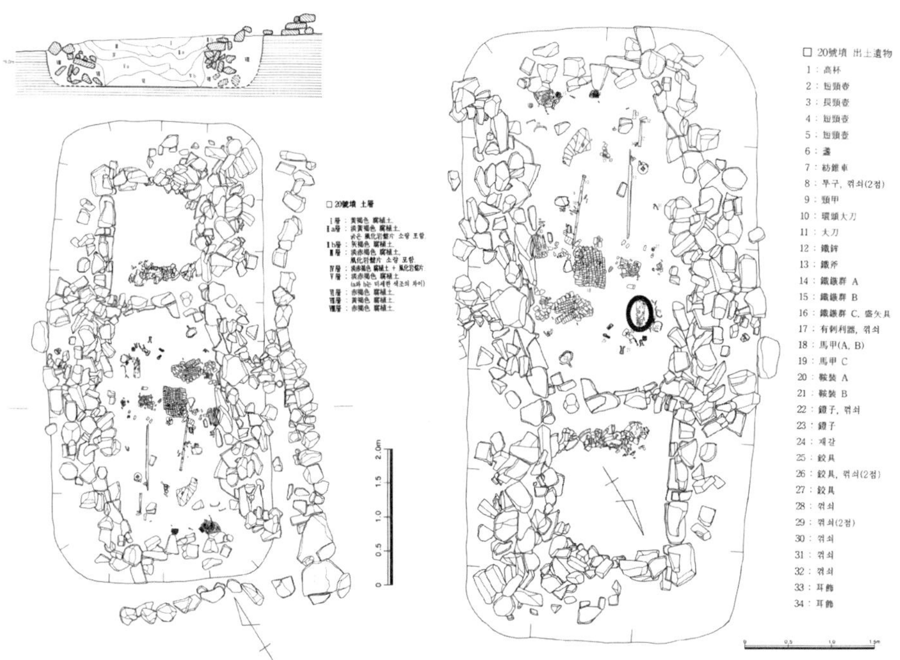

그림 24. 합천 옥전고분 20호분의 평 · 단면도(좌) 및 유물 출토 위치도 (◯부분이 유자이기)

39) 慶尙大學校博物館, 1998, 『陜川玉田古墳群 12 · 20 · 24號墳』 VII, 11쪽 도면 6.

40) 慶尙大學校博物館, 1998, 『陜川玉田古墳群 12 · 20 · 24號墳』 VII, 23쪽 도면 12-31 · 32.

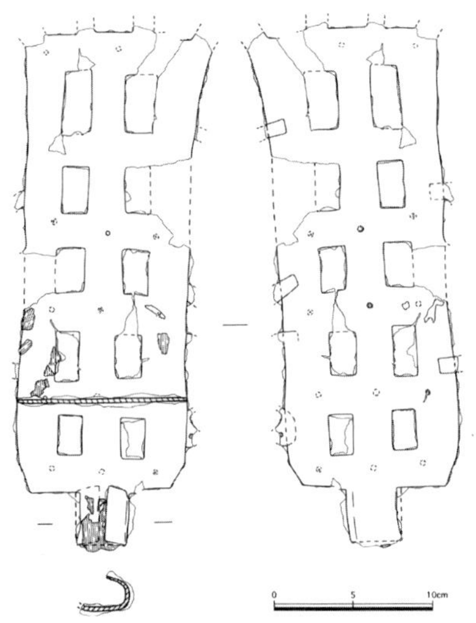

그림 25. 합천 옥전고분 20호분 출토 유자이기

이에 반해 남편의 무덤으로 추정된 20호분(그림 24)[41]에서는 고개, 개, 단경호, 장경호, 발형기대, 잔, 방추차 등의 토기류와 함께 투구, 경갑, 대도(2점, 은장환두대도 포함), 철모(2점), 철부, 철촉, 성시구 등의 무기·무구류가 출토되었다. 그리고 마갑을 비롯한 말안장, 등자, 재갈, 교구 등의 마구류와 꺾쇠, 금제이식 등이 수습되었다. 특히 묘주의 왼쪽 발치에서 마구들과 함께 발견된 유자이기(그림 25)[42]가 눈에 띈다. 이는 신부에서 새 모양의 철물이 확인되지는 않지만 장방형의 투창이 5단으로 뚫려 있음을 볼 수 있다. 그리고 투창과 투창 사이에서 3개의 소형 원공이 일정한 간격으로 배치된 것도 살필 수 있다. 공부는 반파되었으나 내부에서 나무 자루의 목질흔이 확인되었다. 유자이기의 길이는 0.315m, 폭 0.105m, 공부 지름 0.025×0.035m이다.

앞에서 언급한 대로 12호분과 20호분은 대형 목곽묘로서 서로 인접해 있고 5세기 3/4분기에 축조되었다. 그리고 출토 유물을 통해 전자는 부인, 후자는 남편으로 추정되었다. 그런데 부인 무덤으로 추정된 12호분에서는 유자이기가 출토되지 않은 반면, 남편 무덤인 20호분에서는 이것이 검출되었다. 물론 이 2기의 무덤을 절대적으로 부부묘로 파악하는 것은 아니다. 하지만 유자이기를 장송의례와 같은 의물이나 상징물로 파악한다면 이것이 부장되지 않은 12호분을 과연 어떻게 이해하여야 할까?

---

41) 慶尙大學校博物館, 1998, 『陝川玉田古墳群 12·20·24號墳』 Ⅶ, 27쪽 도면 14 및 29쪽 도면 15.

42) 慶尙大學校博物館, 1998, 『陝川玉田古墳群 12·20·24號墳』 Ⅶ, 52쪽 도면 28.

한편, 이러한 의문점은 목곽묘 외 수혈식석곽묘에서도 찾아볼 수 있다. 즉 6세기 2/4분기로 편년된 M6호분과 74호분, 86호분의 사례 등을 통해 유자이기의 출토 차이를 확연하게 살필 수 있다.

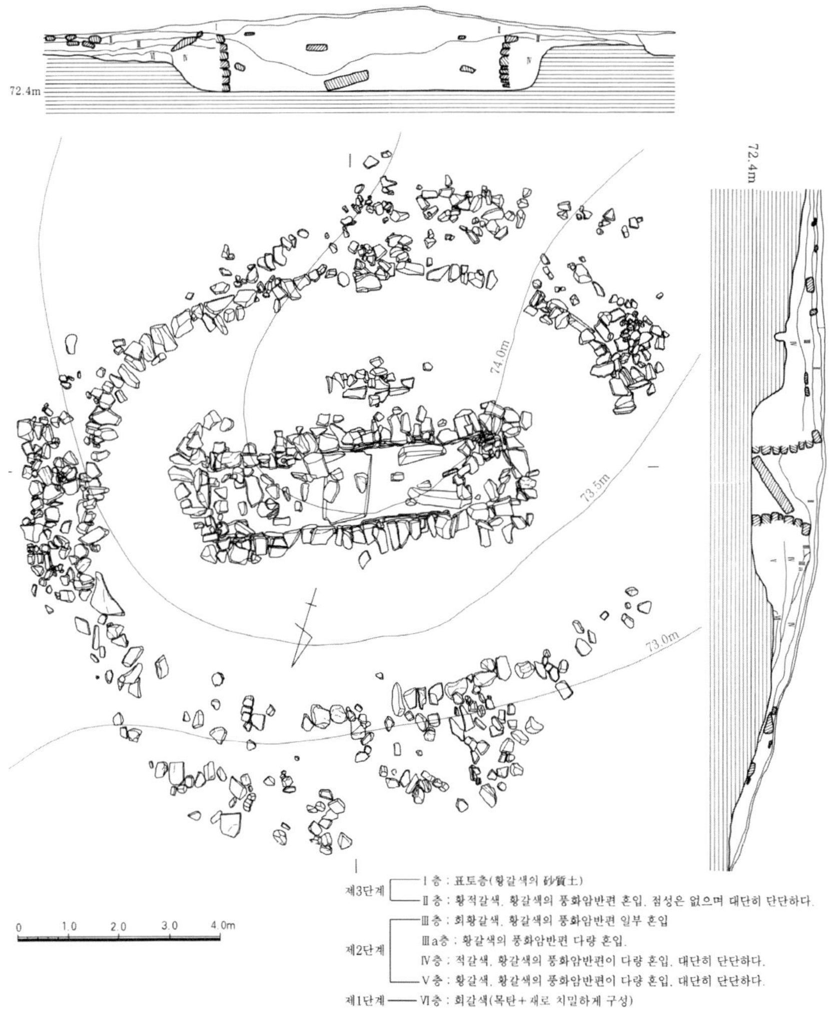

그림 26. 합천 옥전고분 M6호분의 평면도 및 토층도

M6호분(그림 26)[43]은 고총고분으로 봉분의 지름이 동서 10.8m, 남북 9.1m로 평면 타원형을 이루고 있다. 석곽은 반지상식의 수혈식이고, 묘광은 장방형으로 길이 7.4m, 폭 5.3m, 깊이 0.7m 정도이다. 석곽의 뚜껑은 돌을 사용하지 않고 목재를 이용하여 덮은 다음 그 위에 대형의 판석과 할석을 축석해 놓았다. 석곽의 길이는 5.75m, 폭 1.25m, 높이 1.25m이다. 출토 유물로는 고배, 개배, 개, 발형기대, 장경호, 단경호, 손잡이잔, 대호 등의 토기류를 비롯해 은제 보관, 금동제 보관 A · B, 단봉문환두대도, 도자, 철모, 철촉 등의 무기 · 무구류, 재갈, 운주, 교구 등의 마구류, 금제이식, 목걸이, 팔찌 등의 장신구 등이 있다. 이외 꺽쇠, 불명철기, 방추차 등도 수습되었다. 특히 묘주의 다리 오른편에서 유자이기(그림 27)[44] 1점이 출토되어 주목된다.

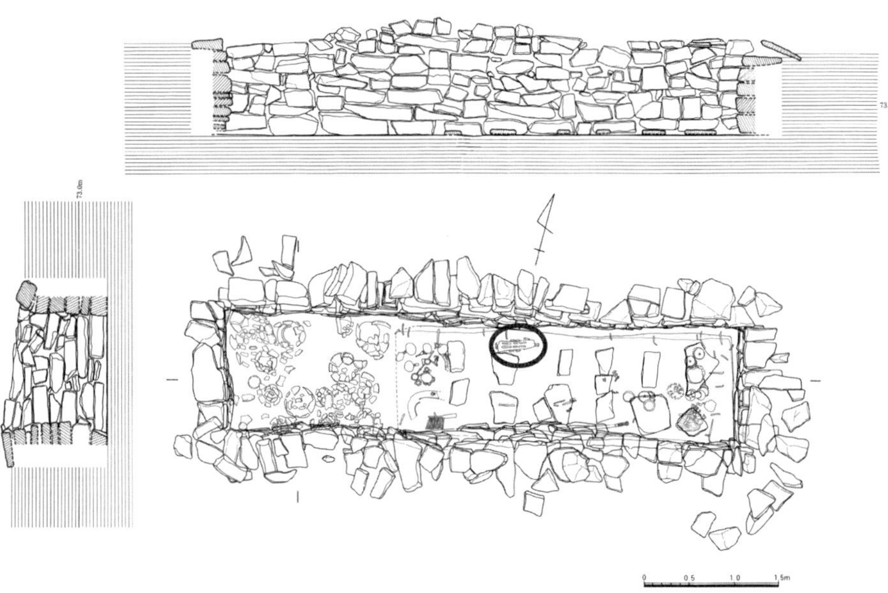

그림 27. 합천 옥전고분 M6호분의 유자이기 위치도(○ 내부)

43) 慶尙大學校博物館, 1993, 『陜川玉田古墳群 M4 · M6 · M7號墳』 IV, 67쪽 그림 45.

44) 慶尙大學校博物館, 1993, 『陜川玉田古墳群 M4 · M6 · M7號墳』 IV, 69쪽 그림 47.

유자이기(그림 28)45)는 0.002m 두께의 철판을 장방형으로 잘라 신부와 공부를 제작하였다. 신부는 위가 넓은 사다리꼴 형태로 상단부와 양단에 새 모양의 철물이 각각 1개, 4개씩 부착되어 있다. 신부의 가운데에는 세장방형으로 투창(0.02×0.12m)이 마련되어 있고, 이들 외곽으로 직경 0.003m의 소형 원공 11개가 뚫려 있다. 표면에는 부분적으로 베(布)와 가죽의 잔흔이 남아 있고, 일부에서 옻칠흔이 관찰된다. 공부 내부에서도 나무 자루와 관련된 목질흔이 확인되었다. 유자이기의 길이는 0.5m, 폭 0.085~0.143m, 공부 직경 0.021×0.038m이다.

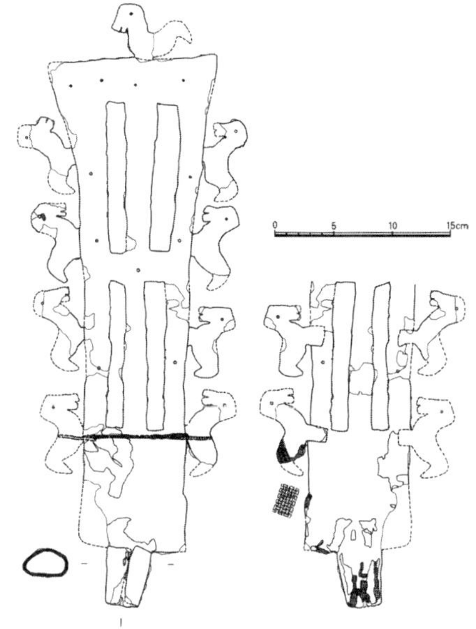

그림 28. 합천 옥전고분 M6호분 출토 유자이기

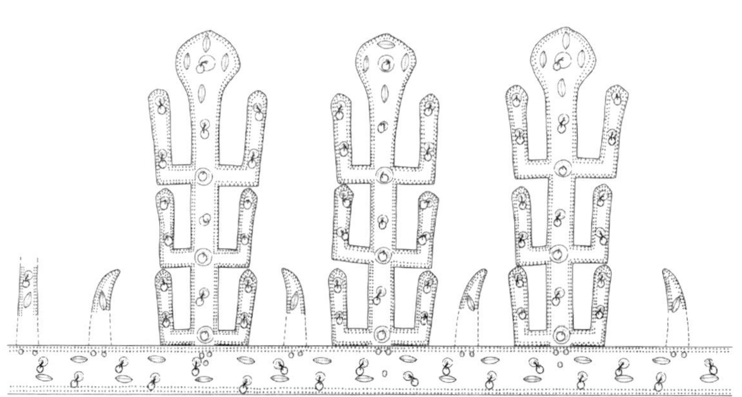
그림 29. 합천 옥전고분 M6호분 출토 금동관 B

45) 慶尙大學校博物館, 1993, 『陜川玉田古墳群 M4 · M6 · M7號墳』 IV, 91쪽 그림 57.

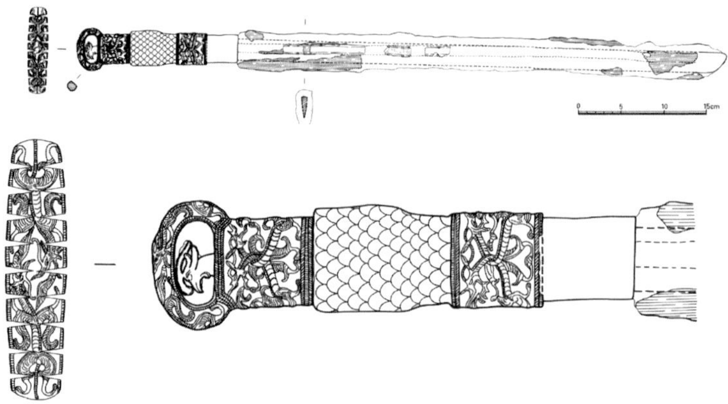

그림 30. 합천 옥전고분 M6호분 출토 단봉문환두대도

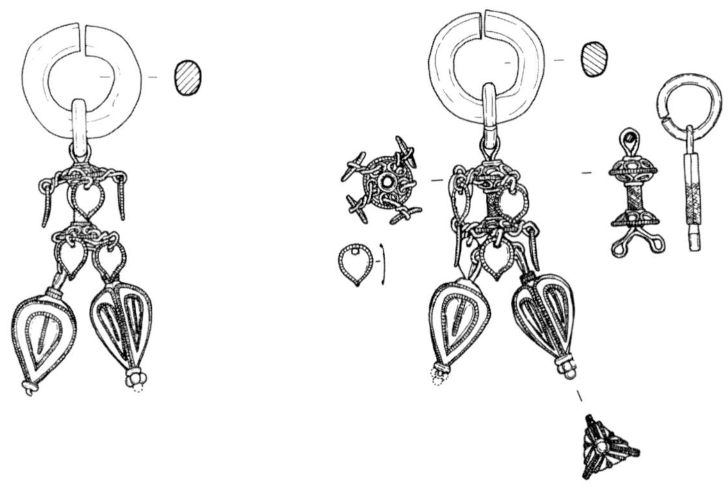

그림 31. 합천 옥전고분 M6호분 출토 금제이식

M6호분은 은제 보관과 금동제 보관 A · B(그림 29),[46] 단봉문환두대도(그림 30),[47] 금제이식(그림 31)[48] 등을 통해 묘주가 상위 지배계층 이상의 신분으로 추

46) 慶尙大學校博物館, 1993, 『陜川玉田古墳群 M4 · M6 · M7號墳』 IV, 85쪽 그림 55.
47) 慶尙大學校博物館, 1993, 『陜川玉田古墳群 M4 · M6 · M7號墳』 IV, 91쪽 그림 57-165.
48) 慶尙大學校博物館, 1993, 『陜川玉田古墳群 M4 · M6 · M7號墳』 IV, 102쪽 그림 63.

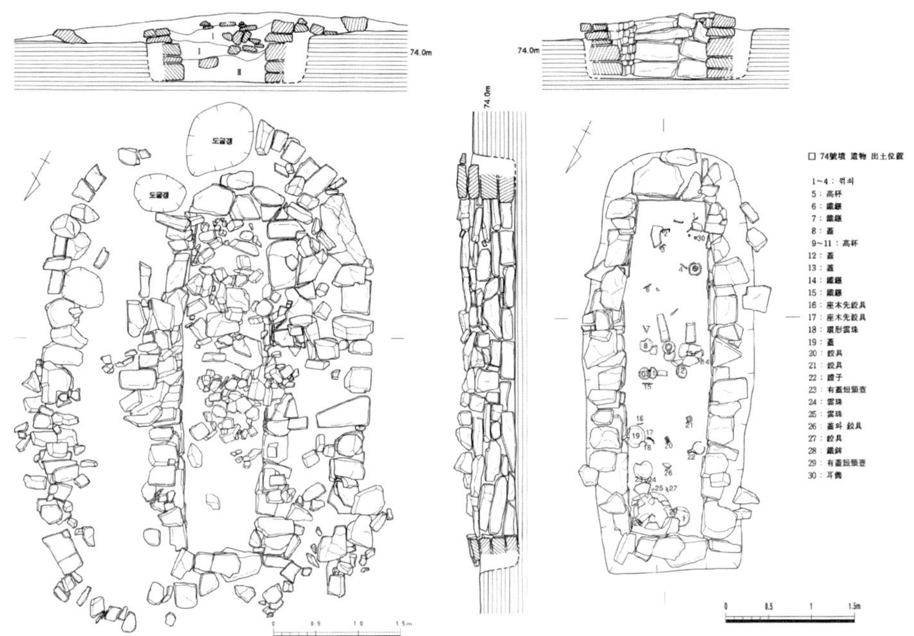

그림 32. 합천 옥전고분 74호분의 평 · 단면도 및 출토 유물 위치도

정해 볼 수 있다.

74호분(그림 32)49)은 호석을 돌린 중형의 수혈식석곽묘로 층위상 석곽 위에 목개(木蓋)를 덮고, 그 위에 다량의 할석을 축석해 놓은 것으로 추정되었다. 묘광은 길이 4.72m, 폭 1.95m, 깊이 0.55m이고, 석곽은 길이, 폭, 높이가 각각 3.78m, 0.97m, 0.75m이다. 출토 유물로는 고배, 개, 유개단경호 등의 토기류와 철촉, 철모 등의 무기류, 말안장, 등자, 운주, 교구 등의 마구류, 꺽쇠, 이식 등이 있다. 74호분의 묘주는 상위 지배계층에 속하면서 성별은 여성일 것으로 추정되었다. 다만 전술한 M6호분과 달리 유자이기는 부장되지 않았다.

86호분(그림 33)50)은 85호분과 더불어 M7호분의 주변 유적으로 바닥에서 할

49) 慶尙大學校博物館, 2000, 『陜川玉田古墳群 67-A · B, 73~76號墳』 IX, 64쪽 도면 30 및 65쪽 도면 31.

50) 慶尙大學校博物館, 1993, 『陜川玉田古墳群 M4 · M6 · M7號墳』 IV, 157쪽 그림 96.

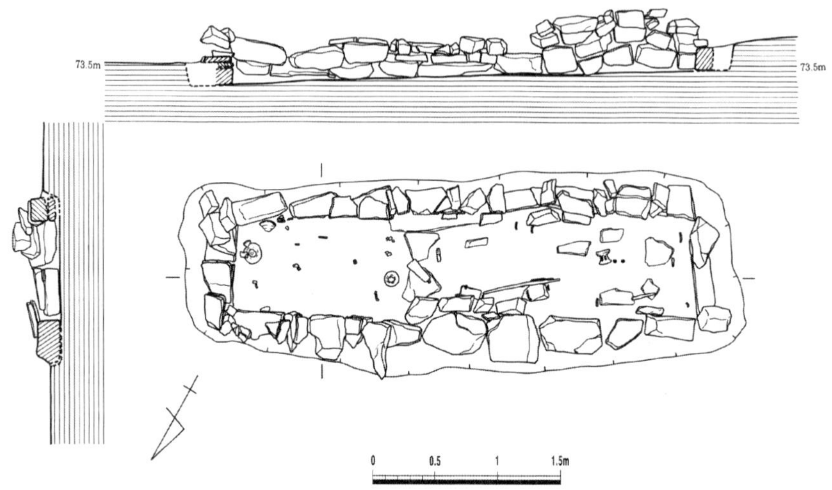

그림 33. 합천 옥전고분 86호분의 평 · 단면도

석으로 조성한 관대가 확인되었다. 다만 측벽의 잔존 상태가 2~3단 정도만 남아 있아 후대에 많은 멸실이 이루어졌음을 짐작할 수 있다. 토기의 부장 위치와 대도의 방향을 통해 두향은 서쪽으로 추정되었다. 석곽의 규모는 길이 5.65m, 폭 0.8m이고 목관의 크기는 길이 2.3m, 폭 9.65m이다.

석곽 내부에서는 유자이기를 비롯한 대도(63.3cm), 도자, 철모, 철부, 운주, 교구 등의 무기 · 마구류와 장신구인 금동제 이식이 수습되었다. 유자이기(그림 34)[51]는 묘주의 발치 쪽 관대 위에서 반파된 상태로 수습되었다. 두께 0.002m 정도의 철판으로 제작되었고, 신부에서 자(刺)나 새 모양의 철물 등은 확인되지 않았다. 공부의 내부에서는 나무 자루의 목질흔이 검출되었다. 잔존 길이 0.105m, 신부 폭 0.062m, 공부 길이 0.037m, 공부 지름 0.018×0.03m이다. 무덤의 묘주는 왕족 혹은 근시자 내에서의 하위 계층으로 추정되었다.

이렇게 볼 때 같은 시기의 수혈식석곽묘라 할지라도 유자이기는 상위 지배계

51) 慶尙大學校博物館, 1993, 『陜川玉田古墳群 M4 · M6 · M7號墳』 IV, 159쪽 그림 98-329.

층 상호간의 차이를 보이고 있고, 74호분처럼 상위 지배계층의 무덤이지만 유자이기가 부장되지 않은 것도 살필 수 있다. 반면 하위 계층으로 추정된 86호분에서는 유자이기가 검출되어 기존의 연구 성과와는 큰 차이가 있음을 확인할 수 있다.

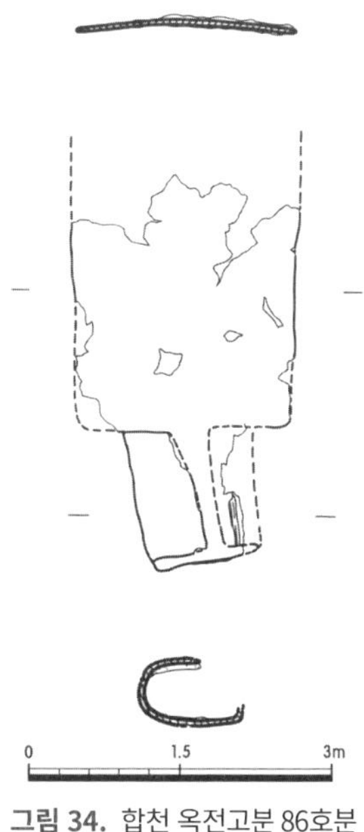

그림 34. 합천 옥전고분 86호분 출토 유자이기

이상의 옥전고분을 통해 적어도 5세기 이후 6세기 전반에 이르기까지 유자이기가 반드시 최고 지배자(왕)나 상위 지배계층의 무덤에만 부장되는 유물이 아니었음을 판단할 수 있다. 이는 단적으로 유자이기의 성격을 장송의례와 관련된 의기(의물)로 파악하는데 있어 여러 의문점을 안겨주기에 충분하다고 생각된다.

한편, 옥전고분과 함께 가야고분을 대표하는 김해지역의 양동리고분과 대성리고분에서도 유자이기의 존재 유무는 확연하게 차이나고 있다. 즉 4~5세기 전반대의 대성동고분군 최상위 지배계층묘에서 유자이기가 출토되지 않는 반면 양동리고분군의 최상위 지배계층묘에서는 유자이기(그림 35)[52]가 수습되고 있다.[53] 같은 시기 고분문화를 공유하였지만 출토 유물에서 현격한 차이가 있음을 보여주는 단적인 자료가 아닌가 생각된다.

이처럼 유자이기는 가야문화에서 지역마다 혹은 같은 지역에서조차도 출토 양상이 각기 다르게 나타나고 있다. 이는 유자이기가 장송의례와 같은 의기의 성격과는 다소 거리가 있음을 판단케 한다. 그런 점에서 이의 성격에 대한 재검

---

52) 東義大学校博物館, 2000, 『金海良洞里古墳文化』, 13쪽.

53) 양동리고분군에서 유자이기가 출토된 고분은 37호, 78호, 248호, 260호, 271호, 275호 등이다.
심재용, 2012, 「良洞里古墳群의 墓制 變遷과 意味」 『양동리, 가야를 보다』, 국립김해박물관, 162쪽 및 164쪽 도면 7.

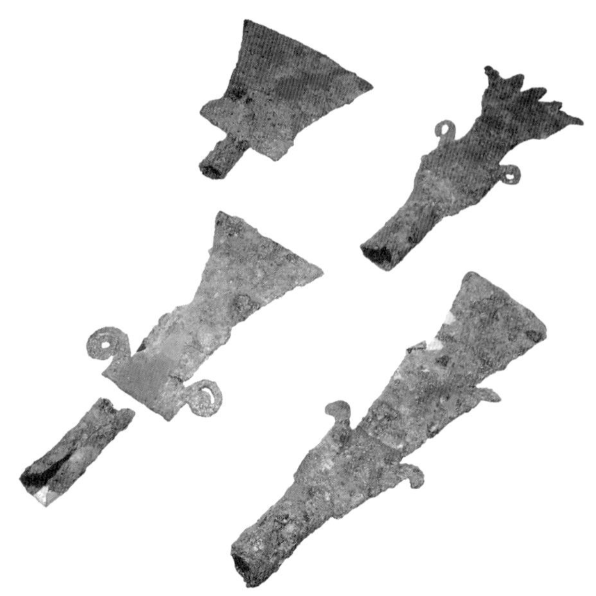

그림 35. 김해 양동리고분군 출토 유자이기(상좌 13.6cm)

토가 현 시점에서 반드시 필요하다고 생각된다.

2. 경주 황남대총[54)]

남분과 북분으로 이루어진 신라의 적석목곽묘이다(그림 36).[55)] 남분을 먼저 조성하고, 이의 북쪽 봉토에 덧대어 북분을 축조하였다. 남분의 주곽(그림 37 · 38)[56)]은 2중 목곽으로 외곽 크기는 동서 길이 6.5m, 남북 폭 4.1m, 높이 3.7m이다. 외곽 내부에 내곽을 설치하였는데 동서 길이 4.7m, 남북 폭 2.3m, 높이 1.8m

54) 文化財管理局文化財硏究所, 1985, 『皇南大塚(北墳) 發掘調査報告書』.
________________, 1993, 『皇南大塚(南墳) 發掘調査報告書』.
국립중앙박물관, 2010, 『황금의 나라 신라의 왕릉 황남대총』.

55) 필자 사진.

56) 文化財管理局 文化財硏究所, 1993, 『皇南大塚 南墳發掘調査報告書(圖版 · 圖面)』, 도면 11 및 도판 7.

그림 36. 경주 황남대총의 남분과 북분

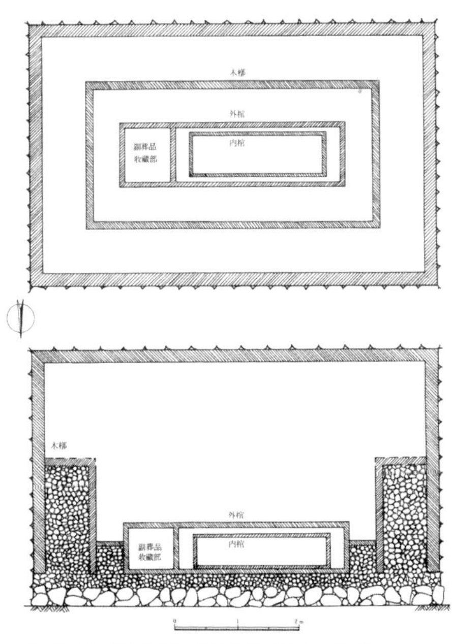

그림 37. 황남대총 남분 주곽의 평 · 단면도

그림 38. 황남대총 남분 주곽 내 유물 출토 상태

그림 39. 황남대총 남분 주곽 출토 금관

그림 40. 황남대총 남분 주곽 출토 은관

이상이다. 내곽 내부에는 내외 2중의 목관이 안치되어 있다. 부곽은 주곽 서쪽 3.4m의 거리를 두고 조성되었으며, 남북 길이 5.2m, 동서 폭 3.8m, 높이 1.3m 이다.

남분의 축조 시기는 4세기 말~5세기 초 혹은 5세기 중반으로 추정되고 있다. 묘주는 내물마립간이나 눌지마립간으로 파악되고 있다. 남분은 왕릉에 걸맞게 주 · 부곽에서 진귀한 유물이 다량 출토되었다. 남분의 주곽에서는 금관(높이 27.3cm, 그림 39)[57]을 비롯한 금동관, 은관(그림 40),[58] 은제관모, 금동제관모, 금 ·

57) 국립중앙박물관, 2010, 『황금의 나라 신라의 왕릉 황남대총』, 21쪽.

58) 文化財管理局 文化財研究所, 1993, 『皇南大塚 南墳發掘調査報告書(圖版 · 圖面)』, 도판 12.

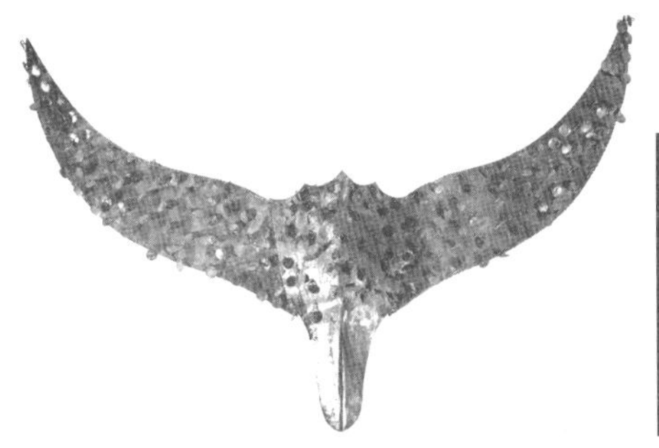

그림 41. 황남대총 남분 주곽 출토 금제조익형장식

그림 42. 황남대총 남분 주곽 출토 금반지

은제 조익형관식(그림 41),[59] 금반지(그림 42),[60] 금제관수식, 금제누조장식, 금제경식, 유리구슬 경 · 흉식(그림 43),[61] 금제태환이식, 금 · 은제과대(그림 44),[62] 금동제식리(그림 45),[63] 청동경, 금은장환두대도(그림 46),[64] 금동제 · 은제경갑(그림 47),[65] 금제완(그림 48),[66] 금 · 은 · 금동제소합(그림 49),[67] 은제국자, 청동정(그림 50),[68] 청

59) 文化財管理局 文化財研究所, 1993, 『皇南大塚 南墳發掘調査報告書(圖版 · 圖面)』, 도판 14-1.

60) 국립중앙박물관, 2010, 『황금의 나라 신라의 왕릉 황남대총』, 142쪽 도판 177.

61) 국립중앙박물관, 2010, 『황금의 나라 신라의 왕릉 황남대총』, 121쪽 도판 125.

62) 文化財管理局 文化財研究所, 1993, 『皇南大塚 南墳發掘調査報告書(圖版 · 圖面)』, 도판 20.

63) 文化財管理局 文化財研究所, 1993, 『皇南大塚 南墳發掘調査報告書(圖版 · 圖面)』, 도판 21-2.

64) 文化財管理局 文化財研究所, 1993, 『皇南大塚 南墳發掘調査報告書(圖版 · 圖面)』, 도판 23-1.

65) 文化財管理局 文化財研究所, 1993, 『皇南大塚 南墳發掘調査報告書(圖版 · 圖面)』, 도판 22.

66) 文化財管理局 文化財研究所, 1993, 『皇南大塚 南墳發掘調査報告書(圖版 · 圖面)』, 도판 24-1.

67) 文化財管理局 文化財研究所, 1993, 『皇南大塚 南墳發掘調査報告書(圖版 · 圖面)』, 도판 25-1.

68) 文化財管理局 文化財研究所, 1993, 『皇南大塚 南墳發掘調査報告書(圖版 · 圖面)』, 도면 70-①.

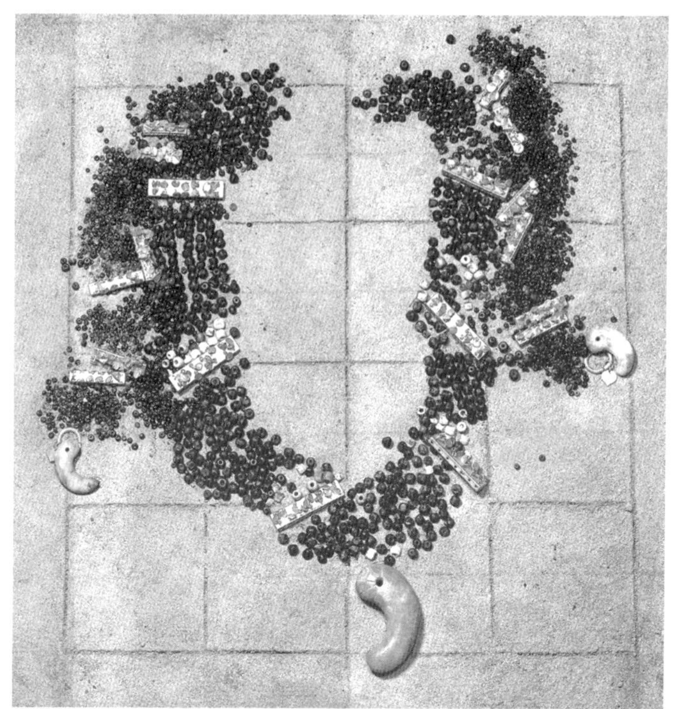

그림 43. 황남대총 남분 주곽 출토 흉식

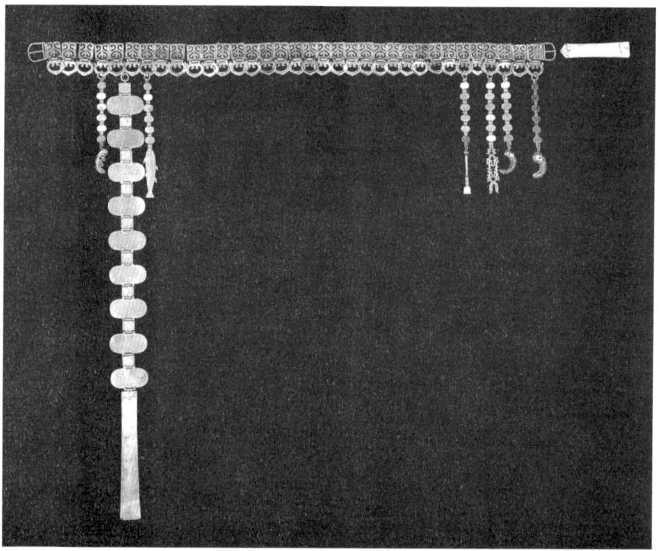

그림 44. 황남대총 남분 주곽 출토 금제과대

그림 45. 황남대총 남분 주곽 출토 금동제식리

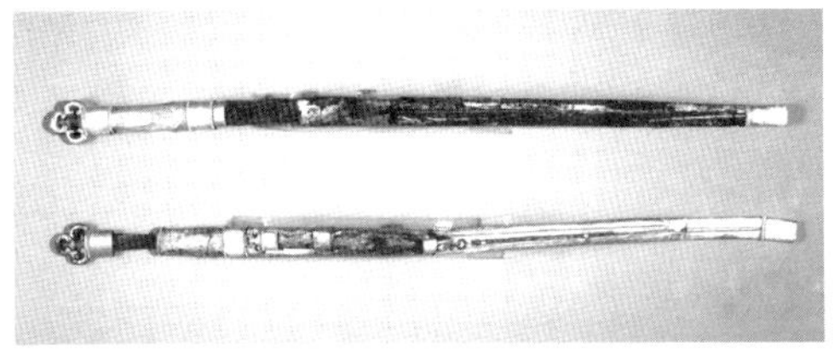

그림 46. 황남대총 남분 주곽 출토 금은장환두대도

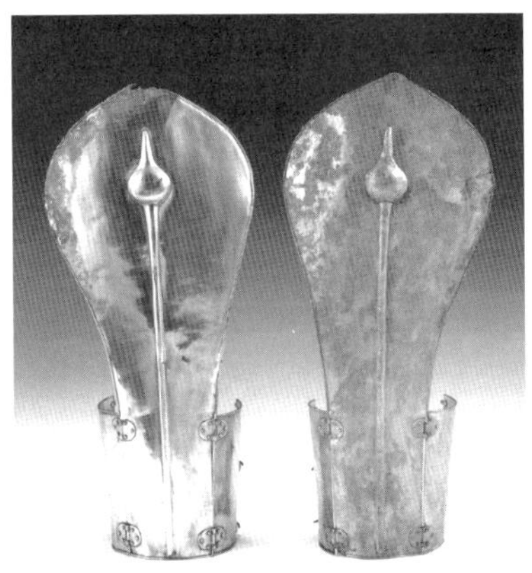

그림 47. 황남대총 남분 주곽 출토 은제경갑

그림 48. 황남대총 남분 주곽 출토 금제완

그림 49. 황남대총 남분 주곽 출토 은제소합

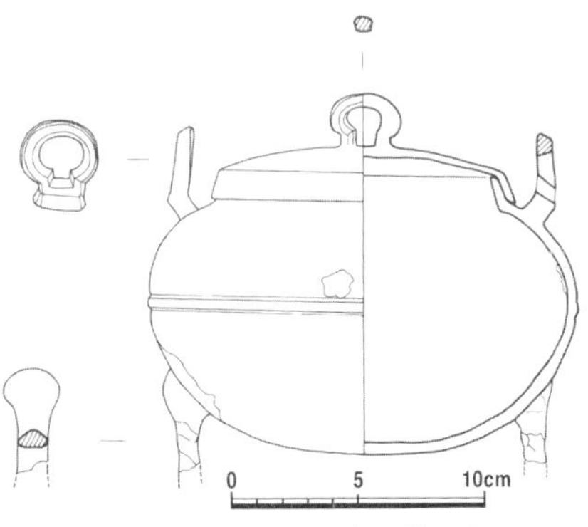

그림 50. 황남대총 남분 주곽 출토 청동정

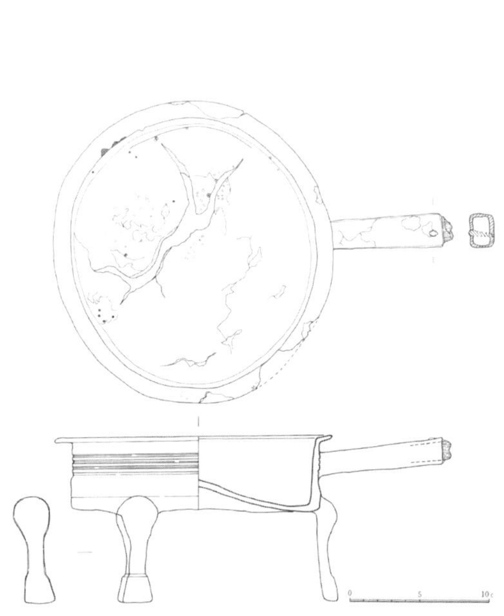

그림 51. 황남대총 남분 주곽 출토 청동초두

그림 52. 황남대총 남분 주곽 출토 봉수형 유리병

동초두(그림 51),[69] 청동제호, 다리미, 각종 칠기, 봉수형 유리병(그림 52)[70] 등이 출토되었다. 아울러 부곽에서는 유자이기(그림 53)[71]를 비롯한 환두대도, 유자철모(그림 54),[72] 대 · 소형철모, 물미, 대 · 중 · 소형 단조철부, 주조철부, 도자, 쇠스랑,

69) 文化財管理局 文化財研究所, 1993, 『皇南大塚 南墳發掘調查報告書(圖版 · 圖面)』, 도면 68-①.

70) 文化財管理局 文化財研究所, 1993, 『皇南大塚 南墳發掘調查報告書(圖版 · 圖面)』, 도판 27.

71) 文化財管理局文化財研究所, 1993, 『皇南大塚(南墳) 發掘調查報告書』, 圖面 100 중.

72) 文化財管理局 文化財研究所, 1993, 『皇南大塚 南墳發掘調查報告書(圖版 · 圖面)』, 도면 89.

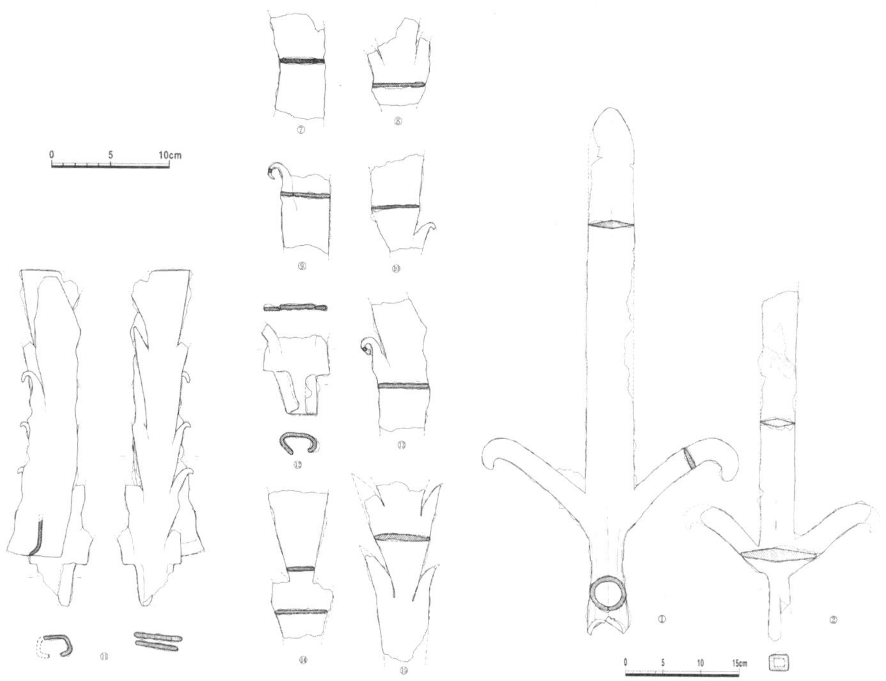

그림 53. 황남대총 남분 부곽 출토 유자이기

그림 54. 황남대총 남분 부곽 출토 유자(궐수형)철모

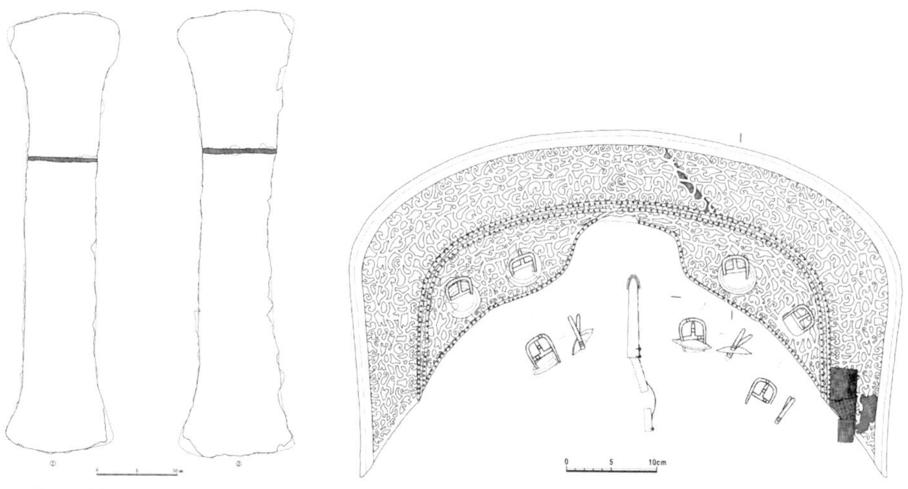

그림 55. 황남대총 남분 부곽 출토 철정

그림 56. 황남대총 남분 부곽 출토 투조은판피안교후륜

철정(그림 55),[73] 등자, 재갈, 금동제경판, 안교전 · 후륜(그림 56),[74] 금동제행엽, 복발형금동구, 금동제운주, 금동제교구 등이 수습되었다.

북분(그림 57)[75]은 남분 묘주의 부인릉으로 보고 있으며, 부곽이 없이 주곽

그림 57. 황남대총 북분 목곽부 평 · 단면도

73) 文化財管理局 文化財硏究所, 1993, 『皇南大塚 南墳發掘調査報告書(圖版 · 圖面)』, 도면 104.

74) 文化財管理局 文化財硏究所, 1993, 『皇南大塚 南墳發掘調査報告書(圖版 · 圖面)』, 도면 111.

75) 文化財管理局 文化財硏究所, 1985, 『皇南大塚 北墳發掘調査報告書』, 도면 6.

단독곽으로 축조되었다. 목곽 크기는 동서 길이 6.8m, 남북 폭 4.6m, 높이 약 4.0m이다. 목곽 내부에는 동서로 긴 내외 2중의 목관이 설치되어 있다. 북분의 조성 시기는 5세기 전반 내지는 후반으로 추정되었다.

주곽 내부에서는 금관(그림 58)[76]을 비롯한 금제과대(그림 59),[77] 금팔찌(지름 7.5cm, 그림 60),[78] 금반지(지름 1.9cm, 그림 61),[79] 경식과 흉식(그림 62),[80] 금제고배(그

그림 58. 황남대총 북분 출토 금관

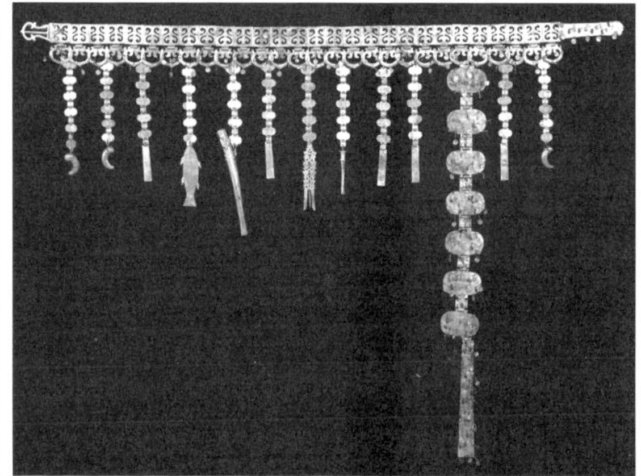

그림 59. 황남대총 북분 출토 금제과대

76) 文化財管理局 文化財硏究所, 1985,『皇南大塚 北墳發掘調査報告書』, 도판 6.

77) 文化財管理局 文化財硏究所, 1985,『皇南大塚 北墳發掘調査報告書』, 도판 9.

78) 국립중앙박물관, 2010,『황금의 나라 신라의 왕릉 황남대총』, 105쪽.

79) 국립중앙박물관, 2010,『황금의 나라 신라의 왕릉 황남대총』, 144쪽 도판 182.

80) 국립중앙박물관, 2010,『황금의 나라 신라의 왕릉 황남대총』, 123쪽 도판 126.

그림 60. 황남대총 북분 출토 금팔찌

그림 61. 황남대총 북분 출토 금반지

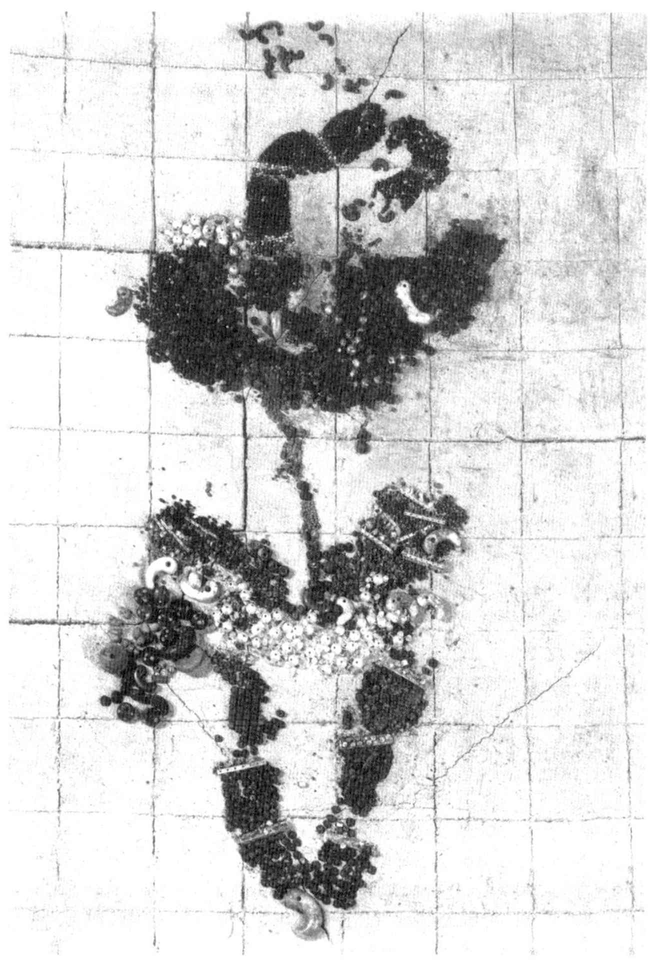

그림 62. 황남대총 북분 출토 흉식

그림 63. 황남대총 북분 출토 금제고배

그림 64. 황남대총 북분 출토 유리배 및 대부유리배

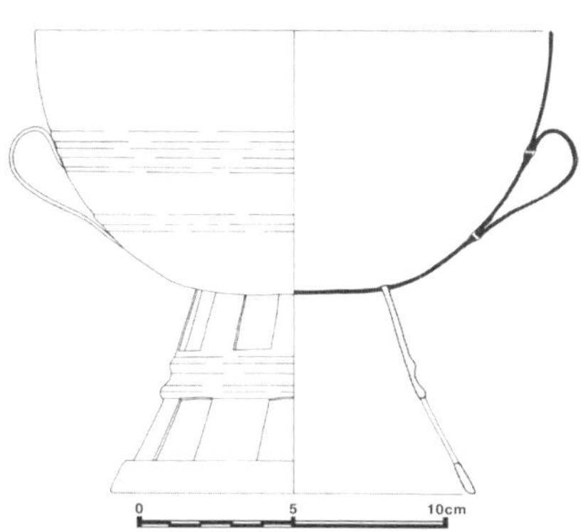

그림 65. 황남대총 북분 출토 금동제세손잡이 고배

그림 66. 황남대총 북분 출토 은잔

림 63),[81] 유리배, 대부유리배(이상 그림 64),[82] 금동제세손잡이 고배(그림 65),[83] 흑갈유소병, 금제완, 은잔(그림 66),[84] 은제고배, 금동식리, 금동장환두대도, 청동정(그

81) 文化財管理局 文化財硏究所, 1985,『皇南大塚 北墳發掘調査報告書』, 도판 15-2.

82) 文化財管理局 文化財硏究所, 1985,『皇南大塚 北墳發掘調査報告書』, 도판 13-1 및 14-2.

83) 文化財管理局 文化財硏究所, 1985,『皇南大塚 北墳發掘調査報告書』, 도면 25.

84) 국립중앙박물관, 2010,『황금의 나라 신라의 왕릉 황남대총』, 102쪽 도판 97.

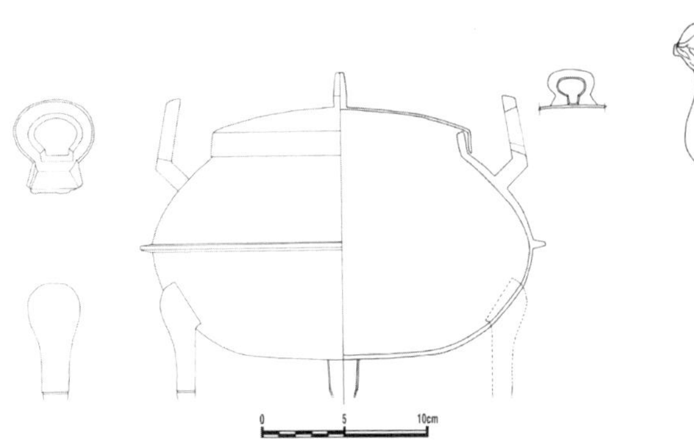

그림 67. 황남대총 북분 출토 청동정

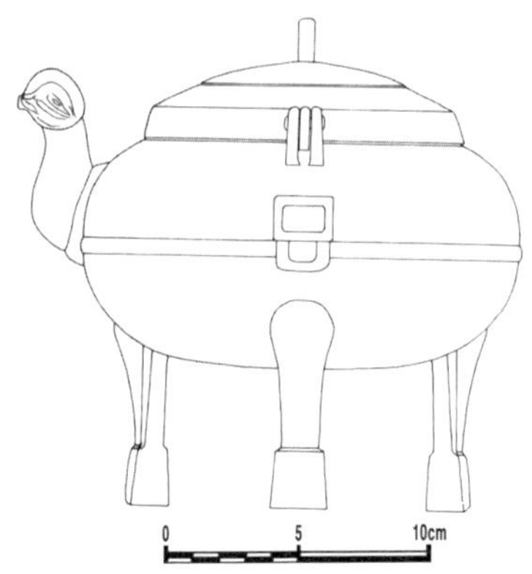

그림 68. 황남대총 북분 출토 청동초두

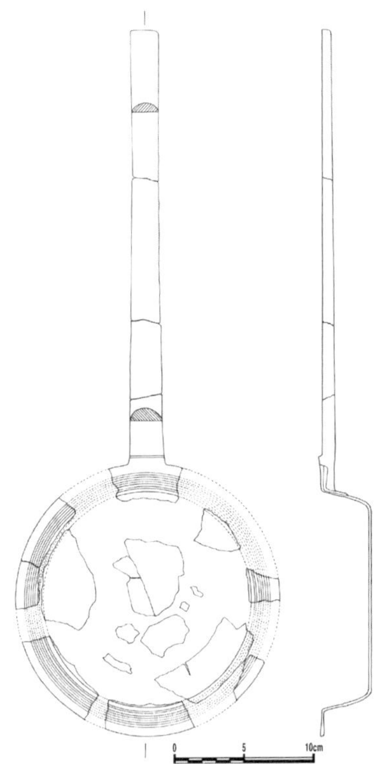

그림 69. 황남대총 북분 출토 청동다리미

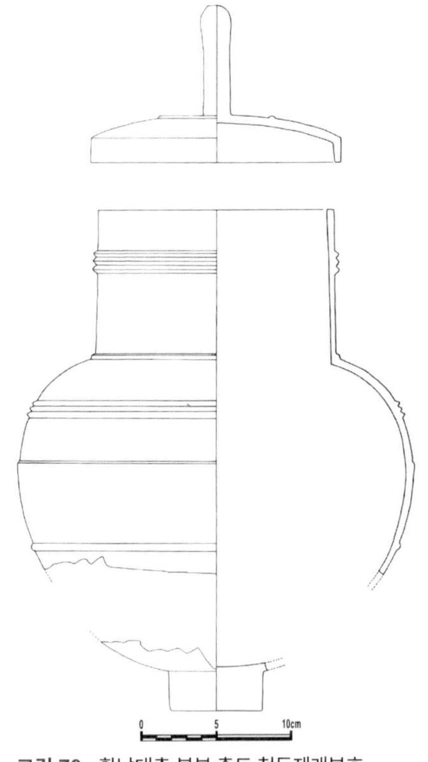

그림 70. 황남대총 북분 출토 청동제개부호

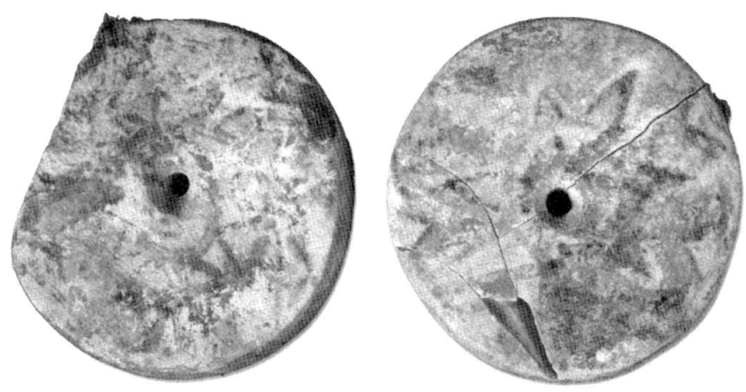

그림 71. 황남대총 북분 출토 채색 방추차형 석기

그림 72. 황남대총 북분 출토 칠기

림 67),**85)** 청동초두(그림 68),**86)** 청동다리미(그림 69),**87)** 청동제개부호(그림 70),**88)** 채색 방추차형 석기(그림 71),**89)** 철도자, 철모, 삼지창, 철촉, 철부, 철겸, 철제집게, 철정, 등자, 청동제마탁, 금동제행엽, 금동제재갈멈치, 금동제운주, 각종 칠기(그림

85) 文化財管理局 文化財硏究所, 1985, 『皇南大塚 北墳發掘調査報告書』, 도면 28.
86) 文化財管理局 文化財硏究所, 1985, 『皇南大塚 北墳發掘調査報告書』, 도면 29.
87) 文化財管理局 文化財硏究所, 1985, 『皇南大塚 北墳發掘調査報告書』, 도면 32.
88) 文化財管理局 文化財硏究所, 1985, 『皇南大塚 北墳發掘調査報告書』, 도면 33.
89) 국립중앙박물관, 2010, 『황금의 나라 신라의 왕릉 황남대총』, 55쪽 도판 23.

72)[90] 및 기반과 고배, 토기 등이 출토되었다.

그런데 여기서 주목되는 것은 바로 유자이기의 부존재이다. 남분 부곽에서 9점이 출토된 반면 북분에서는 단 한 점도 검출되지 않았다. 적어도 이 무덤의 묘주가 남분 피장자의 왕비로 추정되었음을 볼 때 언뜻 이해하기 어렵다. 특히 시기적으로 약 50년 정도밖에 차이가 나지 않는 이 기간에 사상이나 장제 등이 과연 혁신적으로 신라 사회에서 변화할 수 있었는지 상황 설명이 필요하다.

3. 경주 천마총과 금령총

황남동 155호분인 천마총은 백화수피 장니에 그려진 천마로 인해 이름이 붙여지게 되었다. 지름 47m, 높이 12.7m의 반구형 봉토분으로 발굴조사 결과 적석목곽묘(그림 73)[91]로 확인되었다. 무덤의 축조는 먼저 지반을 정지한 후 황갈색 점토를 두껍게 성토하고 이의 외곽으로 지름 47m의 석렬을 돌렸다. 고분 중심부에 자리한 목곽은 바닥 점토층을 동서 길이 7.6m, 남북 너비 5.6m, 깊이 0.4m로 되파기한 후 내부에 강돌을 채우고 그 위에 축조하였다.[92] 목곽의 규모는 동서 길이 6.6m, 남북 폭 4.2m, 높이 2.1m로 추정되었고, 천장의 개구부는 천장 중앙의 일부로 파악되었다. 목관은 목판 위에 놓였는데 규모는 길이 2.15m, 폭 0.8m였다. 목관 내면은 붉게 채색되었고, 주변은 강돌과 잔자갈을 이용한 석단으로 둘렀다. 목관의 동쪽에는 석단에 붙여 목판으로 만든 부장품 수장궤를 조성하였고, 이의 규모는 남북 길이 1.8m, 동서 폭 1.0m, 높이 0.8m이다.

---

90) 文化財管理局 文化財硏究所, 1985, 『皇南大塚 北墳發掘調査報告書』, 도판 17-2 및 18-2.

91) 국립경주문화재연구소, 2019, 『천마총 발굴조사의 기록』, 125쪽.

92) 이는 목조건축물에서 볼 수 있는 일종의 축기부로 판단된다. 즉 하중이 많이 나가는 유구에 한해 성토대지를 되파기하고 그 내부에 흙이나 돌을 채우는 기법으로 흔히 사지의 금당지나 탑지 등에서 살필 수 있다. 적석목곽묘 중 목곽의 하부에만 축기부가 조성되었다는 점에서 이는 목곽과 관련된 시설의 하중을 지탱하기 위한 기초부로 파악된다.

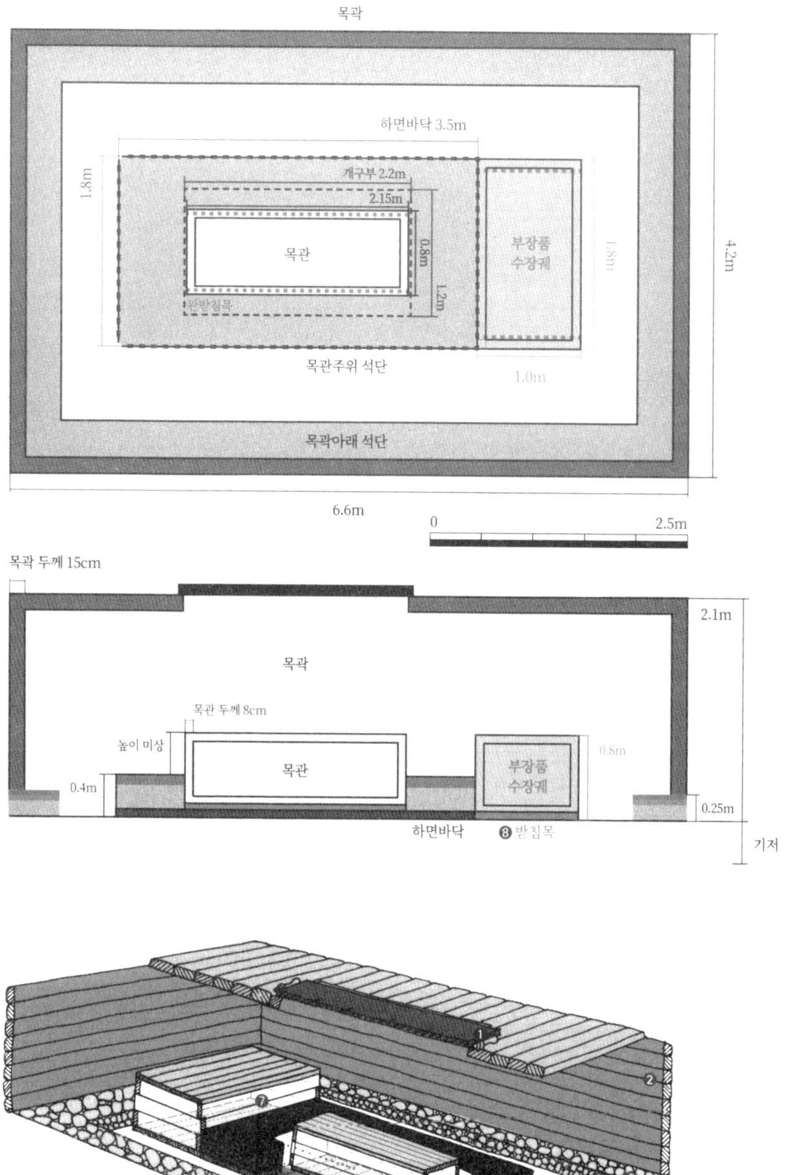

목곽
하면바닥 3.5m
1.8m
개구부 2.2m
2.15m
목관
0.8m
1.2m
관받침목
부장품
수장궤
1.8m
4.2m
목관주위 석단
1.0m
목곽아래 석단
6.6m
0
2.5m

목곽 두께 15cm
2.1m
목곽
목관 두께 8cm
높이 미상
목관
부장품
수장궤
0.8m
0.4m
0.25m
하면바닥
❽ 받침목
기저

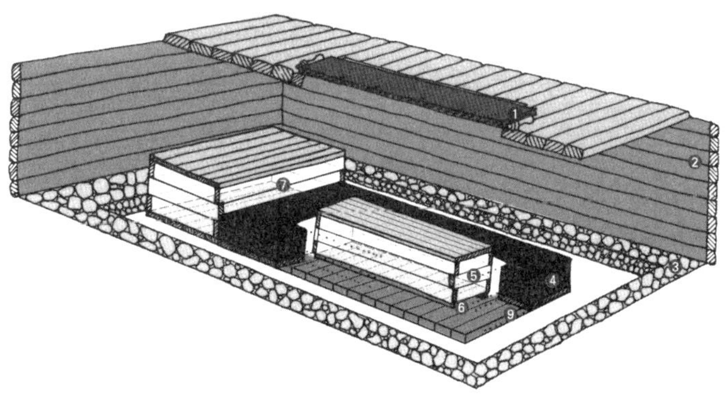

그림 73. 경주 천마총의 고분 구조

그림 74. 천마총 출토 금관

그림 75. 천마총 출토 금제이식

목관 내부 묘주의 머리는 동쪽을 향하였고 금관(그림 74),[93] 금제이식(그림 75),[94] 경 · 흉식(그림 76),[95] 금제팔찌(그림 77)[96]와 반지, 금제과대(그림 78)[97] 등의 장신구를 착용하였다. 그리고 목관 밖 석단 동남쪽 모서리 부분에서는 투조문 금제관모(그림 79)[98]와 백화수피제 관모가 수습되었고, 부장품 수장궤 뚜껑 위에

93) 국립경주박물관, 2015, 『국립경주박물관』, 70쪽.

94) 국립경주박물관, 2015, 『경주의 황금문화재』, 52쪽 사진 67.

95) 국립경주박물관, 2015, 『경주의 황금문화재』, 95쪽 사진 183.

96) 국립경주박물관, 2015, 『경주의 황금문화재』, 100쪽 사진 189.

97) 국립경주박물관, 2015, 『경주의 황금문화재』, 114쪽 사진 212.

98) 국립경주박물관, 2015, 『경주의 황금문화재』, 38쪽 사진 22.

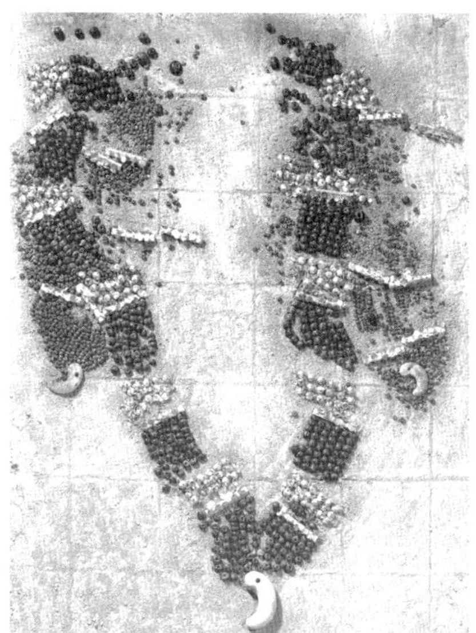

그림 76. 천마총 출토 흉식

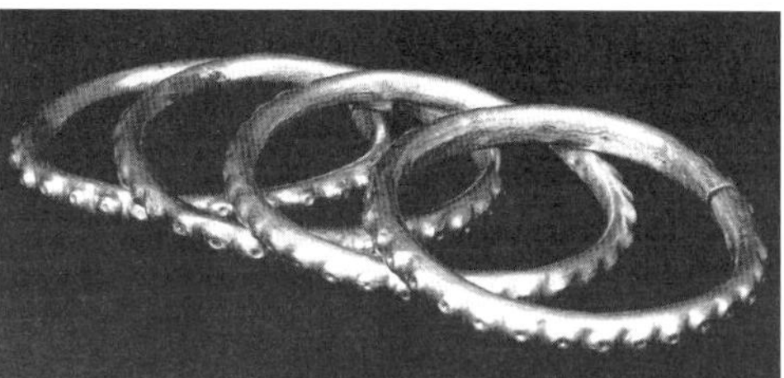

그림 77. 천마총 출토 금제팔찌

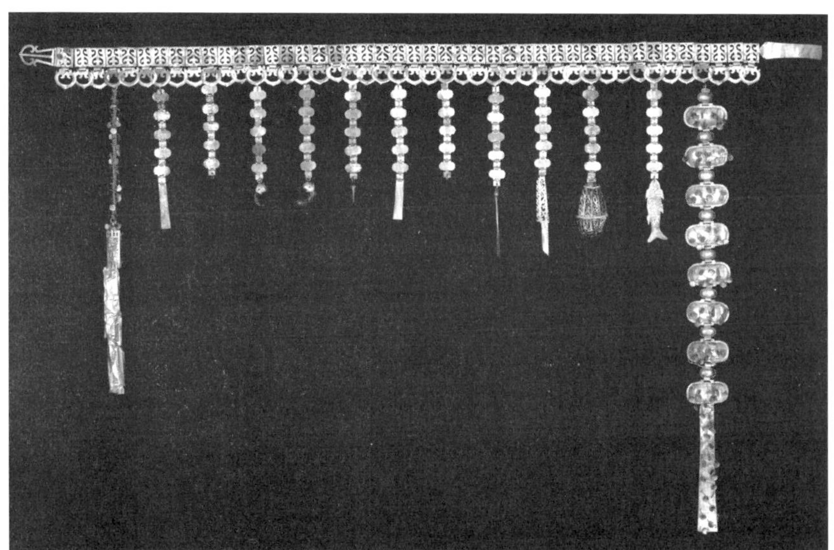

그림 78. 천마총 출토 금제과대

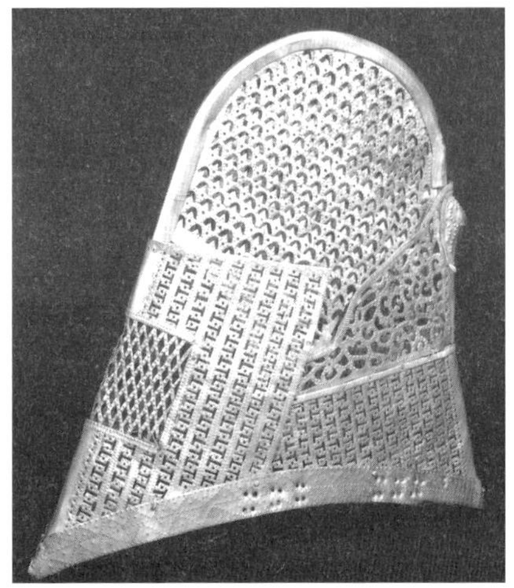

그림 79. 천마총 출토 투조문 금제관모

그림 80. 천마총 출토 금제조익형장식

서도 금제조익형관식(그림 80)[99]과 조형 관식 등이 놓여 있었다. 또한 목관 주위 석단 상면에서는 은제과대와 요패 등의 장신구와 각종 철기 등이 출토되었다. 이 외에 단봉환두대도 1점도 수습되어 피장자는 남성으로 파악되었다.

부장품 수장궤 내부에는 대략 3층으로 부장품이 담겨 있었는데 하층 바닥에 철솥 4개와 토기를 배치하였고, 철솥 위로는 서조도와 기마인물도를 그린 백화수피 채화판이 올려있었다. 중간층에는 청동초두, 세발솥, '十'자형 손잡이대합, 다리미, 은제대합, 금동제고배(그림 81)[100] 및 합(그림 82)[101] 등의 금속 용기와 잔, 새모양잔, 오리모양잔, 뿔모양잔, 고배, 뚜껑 등의 칠기가 놓여 있었다. 이 외에도 2점의 유리용기가 수습되었으며, 이들 중간층의 용기들은 각종 무늬가 있는 천으로 포장되어 있었다. 상층에는 마구류를 배치하였는데 먼저 칠판장니를 깔

99) 국립경주박물관, 2015, 『경주의 황금문화재』, 43쪽 사진 27.

100) 국립경주박물관, 2015, 『경주의 황금문화재』, 154쪽 사진 298쪽.

101) 국립경주박물관, 2015, 『경주의 황금문화재』, 156쪽 사진 301.

그림 81. 천마총 출토 금동제고배

그림 82. 천마총 출토 금동제합

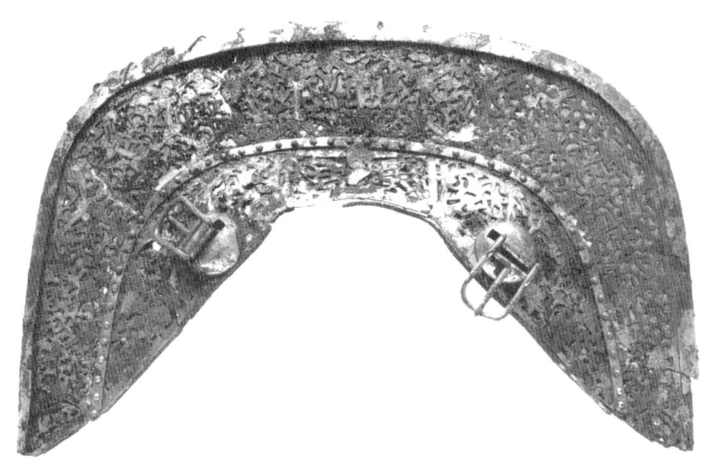

그림 83. 천마총 출토 금동제안교

고 그 위에 금동제안교(그림 83)[102] 3구, 은제안교 1구를 펴 두고, 그 사이에 금동제등자와 재갈, 말방울, 행엽, 운주 등을 배치하였다. 그리고 그 위로는 안욕을

102) 국립경주박물관, 2015, 『경주의 황금문화재』, 170쪽 사진 325.

그림 84. 천마총 출토 죽제천마문금동장니

덮고 백화수피제장니 2짝과 죽제천마문금동장니(그림 84)[103] 2짝을 겹쳐 놓았다.

한편, 유물은 목곽 상부 및 봉토 정상부에서도 출토되고 있어 고분 축조 과정마다 제의와 유물 매납이 진행되었음을 확인할 수 있었다. 무덤의 축조 시기는 5세기 후엽경으로 추정되었다.[104]

이처럼 천마총은 당시 대표적 묘제였던 적석목곽묘로 조성되었고, 내부에서 금제품, 은제품을 비롯한 다량의 철기와 토기 등이 수습되었다. 그런데 유자이기는 황남대총 북분과 마찬가지로 단 1점도 검출되지 않았다. 이는 유자이기의 성격이 의례와 관련되었을 것이라는 판단을 재검토하게 하는 중요한 자료 중 하나로 생각된다. 반면 금령총은 천마총에 비해 규모는 작으나 여기에서 몇 점의 유자이기가 수습되어 기술해 보고자 한다.

---

103) 국립경주박물관, 2015, 『경주의 황금문화재』, 180쪽 사진 340.

104) 최병현, 2009, 『韓國考古學專門事典 古墳篇』, 國立文化財硏究院, 1261쪽.

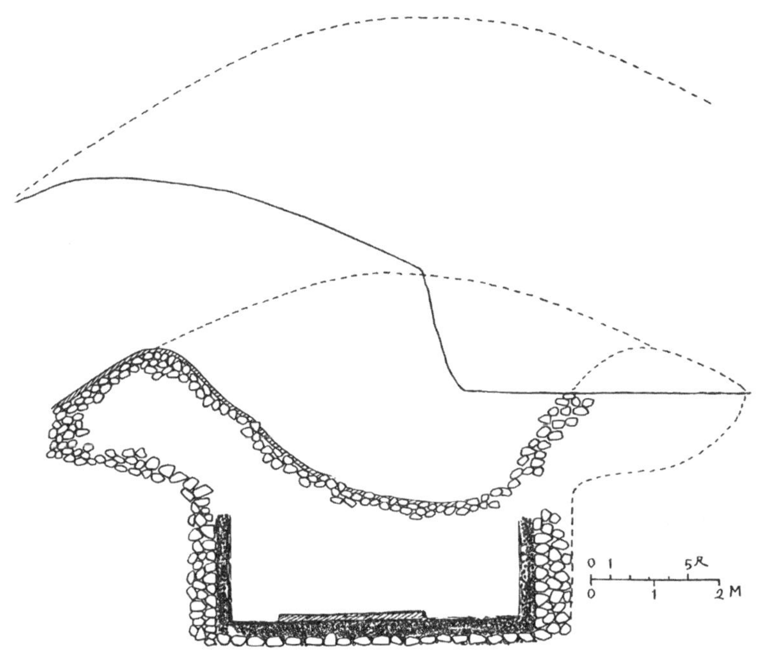

그림 85. 일제강점기 당시의 경주 금령총 실측도

금령총(그림 85)[105]은 경주 노동동에 위치한 적석목곽묘로 일제강점기인 1924년에 발굴조사 되었다. 봉분은 자갈과 점토질의 적갈색 흙으로 조성되었고, 지름은 약 18m, 높이 약 4.5m로 추정되었다. 목곽은 지하에 토광을 파고 그 내부에 냇돌과 자갈을 채운 후 그 위에 축조하였다. 목곽은 길이 약 4.8m, 폭 약 3.5m, 높이 약 1.5m로 완전 지하에 위치하였고 발굴 당시 지표면에서 목곽 바닥 면까지의 깊이는 약 3m였다. 목곽은 꺾쇠를 사용해 결구하였으며, 천장은 축금구를 사용해 폐쇄하였다.

목관은 목곽 중앙에서 약간 서쪽으로 치우쳤으며, 길이 1.5m, 폭 0.6m로 추정되었다. 목관 내부의 묘주는 머리를 동쪽으로 두었으며, 금제세환이식, 금제

---

105) 梅原末治, 1931, 「慶州金鈴塚飾履塚發掘調査報告」『大正十三年度古蹟調査報告』 第1冊, 도판 제20-하단.

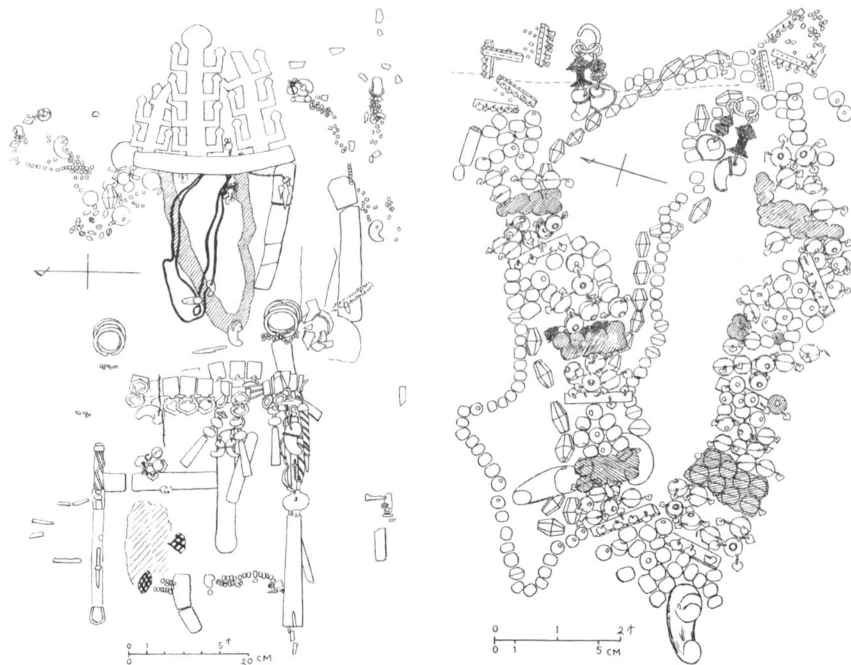

그림 86. 금령총 목관 내 출토 유물 1

그림 87. 금령총 목관 내 출토 유물 2

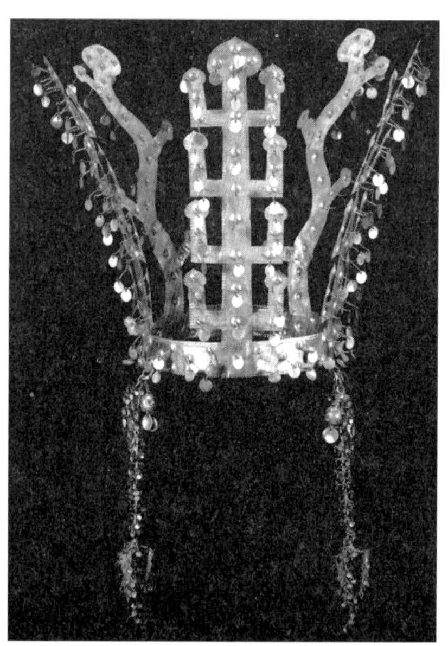

그림 88. 금령총 출토 금관

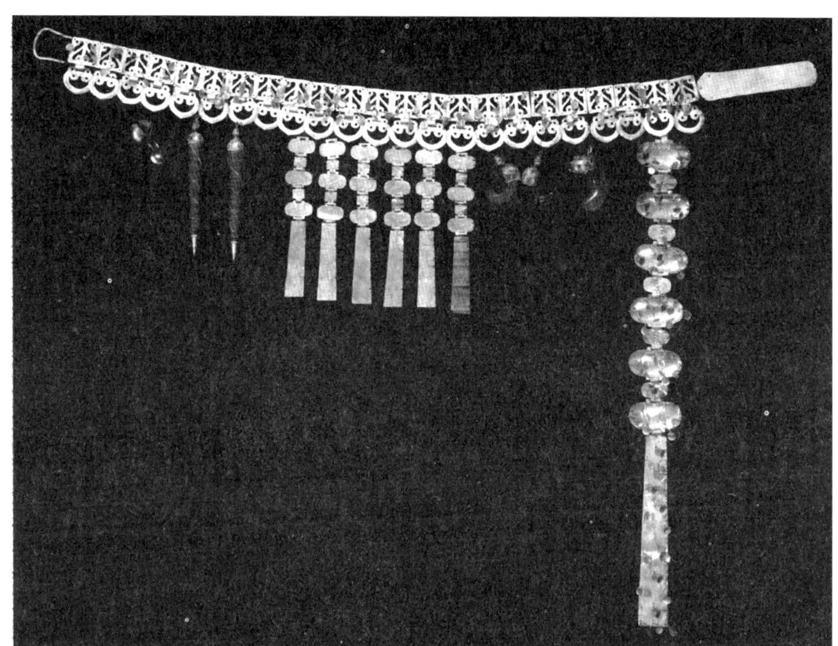

그림 89. 금령총 출토 금제과대

태환이식, 구슬경 · 흉식(그림 86 · 87),[106] 금제팔찌, 구슬팔찌, 금제반지, 금관(그림 88),[107] 금제과대(그림 89)[108] 등의 장신구를 착용하였다. 그리고 묘주(墓主)의 왼쪽에서 대형 요패와 함께 금동제 환두대도와 금은제도자(그림 90)[109]가 수습되어 그의 성별은 남성으로 추정되었다. 요패 아래에서는 무덤의 이름이 된 금령(금방울)이 발견되었다.

목관 동쪽에서는 길이 1.8m, 동서 폭 0.8m 규모의 부장품 구역이 확인되었

106) 梅原末治, 1931, 「慶州金鈴塚飾履塚發掘調査報告」『大正十三年度古蹟調査報告』第1冊, 도판 제23과 제26.

107) 국립경주박물관, 2015, 『경주의 황금문화재』, 24쪽.

108) 국립경주박물관, 2015, 『경주의 황금문화재』, 116쪽 사진 213.

109) 梅原末治, 1931, 「慶州金鈴塚飾履塚發掘調査報告」『大正十三年度古蹟調査報告』第1冊, 도판 제102.

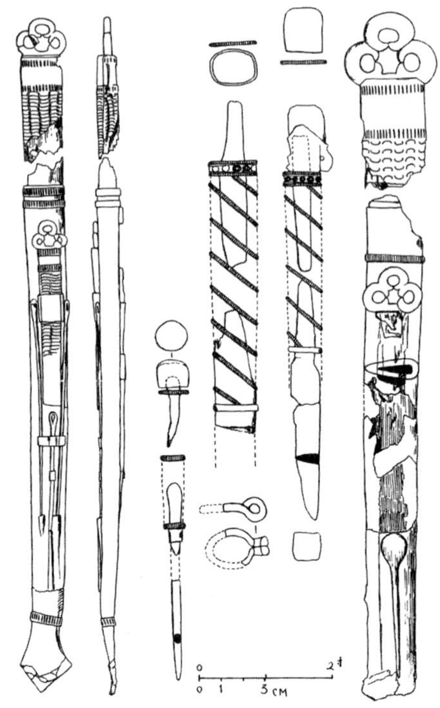

그림 90. 금령총 출토 금동제환두대도와 금은제도자

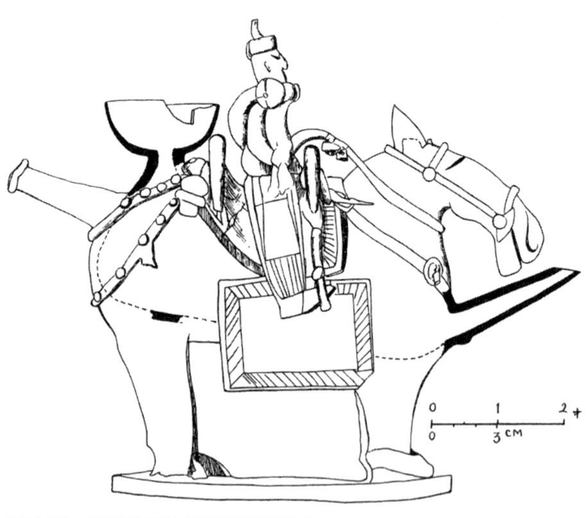

그림 91. 금령총 출토 기마인물형토기

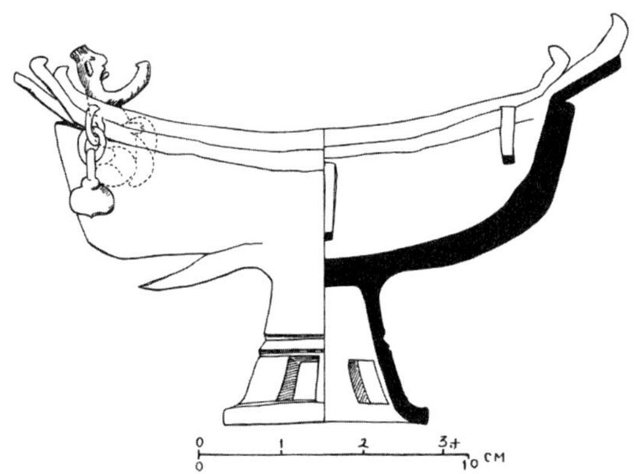

그림 92. 금령총 출토 대족부배모양토기

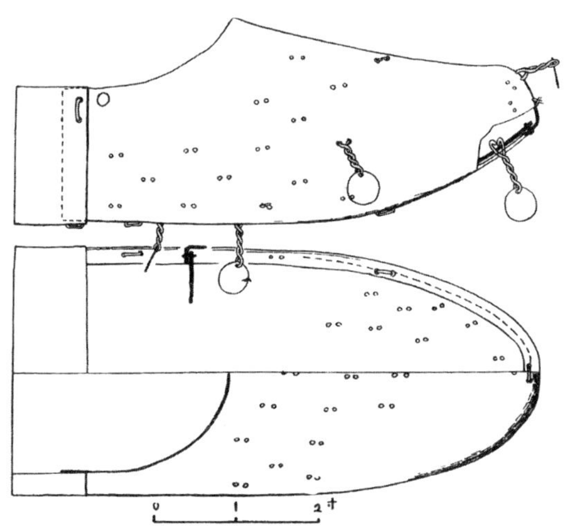

그림 93. 금령총 출토 금동신발

다. 유물이 층층이 쌓인 상태에서 발견되어 천마총과 같은 목궤가 사용되었을 것으로 추정되었다. 아래층에는 쇠솥과 토기(등잔형토기, 기마인물형토기<그림 91>, 대족부배모양토기<그림 92>**110)** 등) 등을 배치하였고, 그 위에는 금속용기, 칠기, 유리그릇,

110) 이상 梅原末治, 1931, 「慶州金鈴塚飾履塚發掘調査報告」『大正十三年度古蹟調査

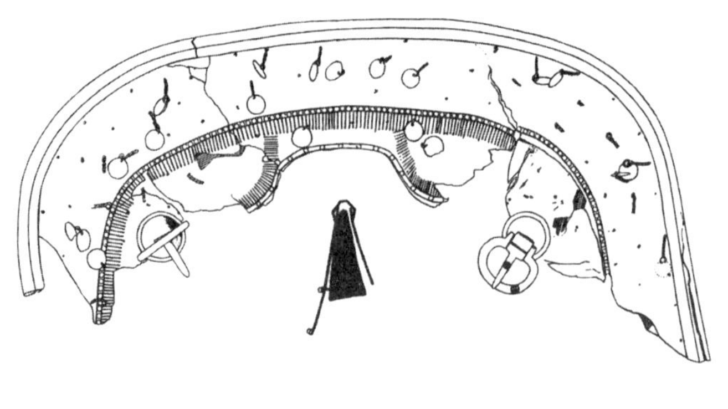

輪　前　定　推（上）

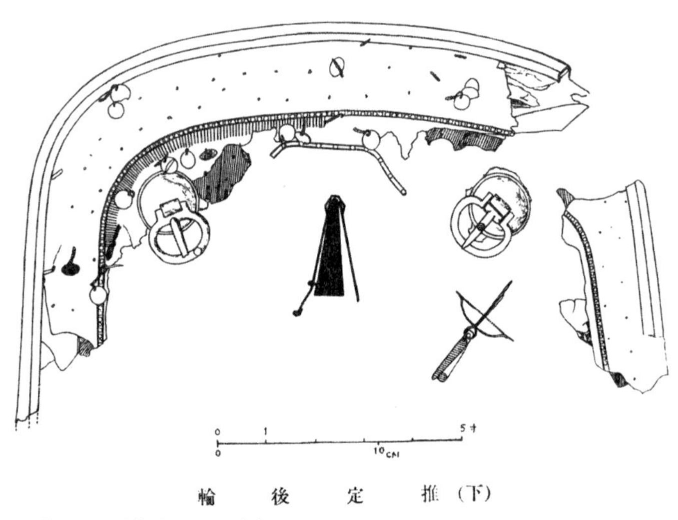

輪　後　定　推（下）

그림 94. 금령총 출토 금동제안교

장신구(백화수피 관모, 채화판, 금동신발<그림 93>**111)** 등) 등을 놓았다. 그리고 맨 위인 상

報告』 第1冊, 도판 제86과 제88.

111) 梅原末治, 1931, 「慶州金鈴塚飾履塚發掘調査報告」 『大正十三年度古蹟調査報告』 第1冊, 도판 제71-1.

층에는 마구(금동제안교<그림 94>,[112] 죽심금동장장니, 재갈, 등자 등)와 장신구(백화수피관모, 금동과대, 금동신발, 금동장도자, 청동거울, 환두대도) 등을 배치하였다. 그리고 목곽 상부에도 천마총과 마찬가지로 이식 등의 장신구와 토기 등을 부장하였다. 무덤의 축조 시기는 천마총보다 늦은 5세기 말~6세기 초로 추정되었다.[113]

한편, 금령총에서는 2점의 유자이기(그림 95)[114]가 수습되어 전술한 천마총과 비교해 전혀 다른 유물 부장 양상을 보여주고 있다. 이를 통해 유자이기가 당시 신라 사회의 의례행위와 직접적인 관련성이 없는 유물이었음을 추정케 하고 있다.

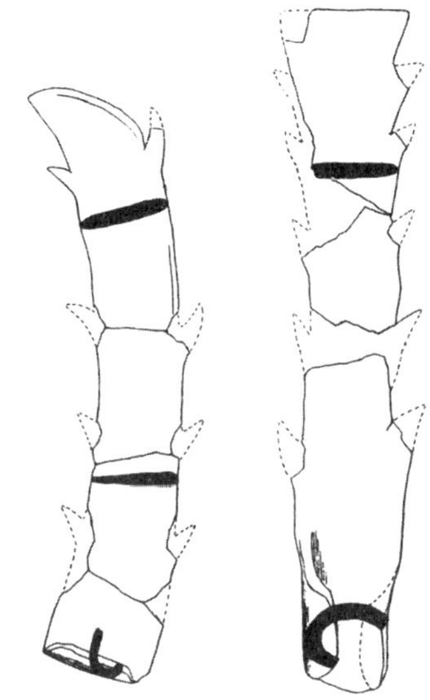

그림 95. 금령총 출토 유자이기

4. 영천 화남리 신라묘군[115]

유적은 신녕-영천1 국도확포장공사 구간 내에서 발굴되었다. 이곳에서는 5세기 2/4분기~6세기 후반에 해당하는 170여 기 이상의 석곽묘가 조사되었다. 유자이기는 12-1호, 25-1 · 3호, 35-1호, 42-1호, 79호, 89-1호, 136호, 147호 등의 석곽묘에서 수습되었다. 여기에서는 42-1호 및 89-1호묘, 그리고 유자이기가 출토되

112) 梅原末治, 1931, 「慶州金鈴塚飾履塚發掘調査報告」『大正十三年度古蹟調査報告』 第1冊, 도판 제115.

113) 이상 최병현, 2009, 『韓國考古學專門事典 古墳篇』, 國立文化財硏究所, 143~144쪽 및 1258~1261쪽.

114) 박천수 외, 2011, 『東아시아 古墳 歷年代 資料集』, 326쪽 중.

115) 聖林文化財硏究院 · 부산지방국토관리청, 2015, 『永川華南里新羅墓群』 III.

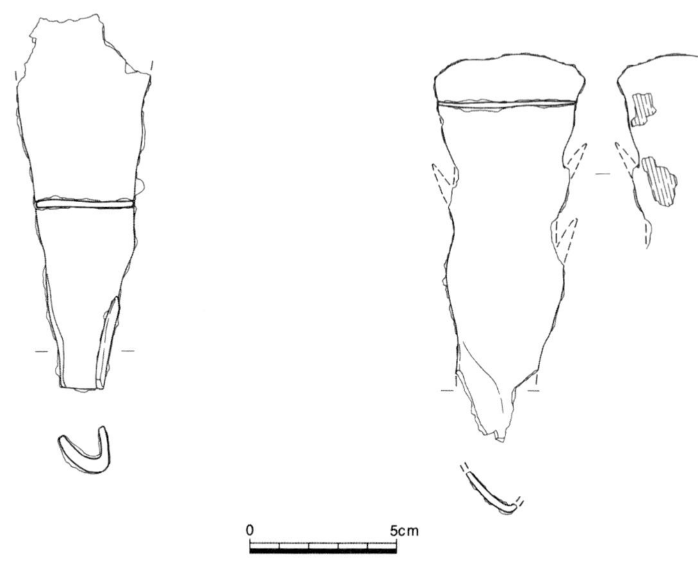

그림 96. 영천 화남리 42-1호 석곽묘 출토 판상철기와 유자이기(우)

지 않은 26-1호를 중심으로 검토해 보고자 한다.

42-1호묘의 경우 서단벽 근처에서 소도자 1점, 철겸 1점, 판상철기 1점 등과 함께 유자이기 1점(그림 96)[116]이 출토되었다. 석곽은 길이 3.55m, 폭 0.6m, 깊이 0.3m이다. 철기 외 출토 유물로는 고배 1점, 장경호 1점, 대부호 1점 등 대체로 소략한 부장 양상을 보여주고 있다. 89-1호묘의 바닥 중앙에서도 소도자 1점, 도자 1점과 함께 유자이기 1점이 검출되었다. 89-1호묘의 석곽 길이는 3.6m, 폭 0.6m, 깊이 0.7m이다. 출토된 토기는 개 2점, 고배 2점, 유개고배 3점, 옹 2점, 단경호 1점, 장경호 2점, 대부장경호 2점 등이다. 시기는 5세기 4/4분기로 편년되었다.

그런데 89-1호묘와 동일 시기로 편년된 26-1호 석곽묘에서는 유자이기가 전

116) 聖林文化財硏究院 · 부산지방국토관리청, 2015, 『永川華南里新羅墓群』 III, 366쪽 도면 229.

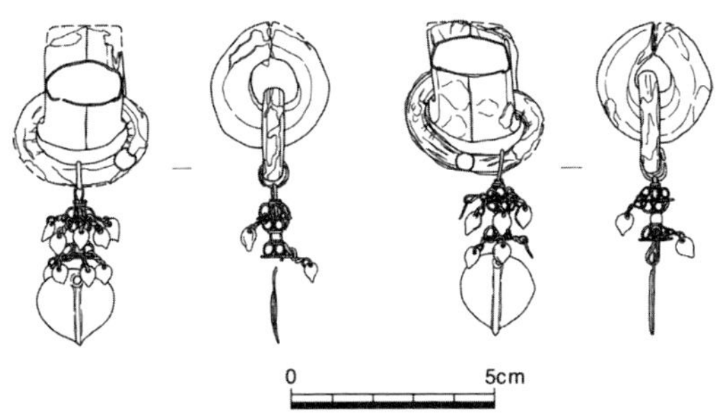

그림 97. 영천 화남리 26-1호 석곽묘 출토 태환이식

혀 검출되지 않아 소개해 보고자 한다.[117] 석곽은 길이 3.18m, 폭 0.6m, 깊이 0.63m로 양 단벽과 인접해 유물이 부장되었다. 출토된 토기는 파수부배 1점, 배 2점, 고배 4점, 대부완 1점, 옹 2점, 단경호 5점, 대부장경호 1점, 대부호 1점, 파수부호 1점 등이다. 그리고 금속물로는 도자 1점, 불명 철기 1점 및 태환이식 1쌍(그림 97)[118] 등이 있다. 이식은 좌우 길이가 각각 0.0765m, 0.0755m로서 주환과 유환, 중간식, 수하식 등으로 이루어져 있다. 주환은 지름 0.029~0.031m로 중공의 금판 3매를 연접하여 제작하였다. 중간식은 원통형의 구체간식을 중심으로 상위가 소환연접구체이고, 하위는 소환연접반구체이다. 구체에는 각목대를 두르고, 금사를 꼬아 영락을 매달아 놓았다. 수하식은 민판의 심엽형으로 제작되어 있다. 또한, 26-1호묘에서는 22개의 감청색 유리제 환옥과 50개의 담청색 유리제 환옥, 18개의 적색 유리제 환옥, 1개의 자색 유리제 환옥으로 이루어진 경식도 함께 수습되었다.

한편, 5세기 3/4분기로 편년된 38호 석곽묘의 경우도 유자이기가 수습된 42-1호 및 89-1호묘보다 유물 출토 수량이 오히려 풍부하지만 유자이기는 검출되지

---

117) 보고자의 경우 89-1호묘를 석곽 단계인 5세기 4/4분기로 편년하였다. 聖林文化財研究院 · 부산지방국토관리청, 2015, 『永川華南里新羅墓群』 III, 442쪽.

118) 聖林文化財研究院 · 부산지방국토관리청, 2015, 『永川華南里新羅墓群』 III, 261쪽 도면 161-729.

않았다. 즉 여기에서는 파수부배 1점, 파수대부배 1점, 고배 8점, 유개삼이부호 1점, 대부장경호 1점 등의 토기류와 도자 1점, 철겸 1점, 철촉 27점, 안교금구 2점, 철도 1점, 철모 1점, 재갈 2점, 교구 2점, 행엽 1점, 식금구 5점, 철환 3점 등의 철기류가 수습되었다. 특히, 주환과 유환 중간식 및 수하식이 갖추어진 세환이식 1쌍과 청동이식 1쌍은 38호묘가 42-1호 및 89-1호묘보다 상대적으로 상위 계층의 무덤이었음을 확연하게 보여주고 있다.

5. 대구 가천동 신라묘[119)]

모두 47기의 석곽묘가 발굴조사되었다. 유자이기는 이들 무덤 중 7-1호, 14호, 24호, 25호, 32호, 44호 등 6기에서만 발견되었다. 이 중 7-1호나 32호와 같이 유물 부장면에서 풍부한 것이 있는 반면 14호(개 1, 대부호 1, 유자이기 1[120)])나 25호(개 1, 고배 1, 대부완 1, 유자이기 1)와 같이 그렇지 않은 것도 살필 수 있다. 이는 유자이기가 수습되진 않았지만, 금동이식이 출토된 42-1호묘[121)](개 2, 고배 2, 유개고배 1, 대부완 1, 연질단경호 1)와 비교해 유물 부장면에서 확실히 부실함을 보여주고 있다.

이상의 내용으로 볼 때 유자이기를 상장례와 관련된 의기나 묘주의 신분을 상징하는 의물(儀物)로 볼 수 있을지 의문스럽다. 아울러 6세기 무렵 금(金)이 그 어떤 금속보다도 희소성이 있는 물질이었음을 볼 때 이를 소유한 묘주 역시도 상위 지배계층이었음은 부인하기 어려울 것이다.

가천동 신라묘군은 유구 및 유물의 편년을 통해 6세기 중반에 무덤이 집중적으로 조성된 것으로 보았다.[122)] 이는 짧은 시간에 무덤 대부분이 축조되었음을 의미하는 것이라 할 수 있다.

---

119) 聖林文化財研究院, 2011, 『大邱 佳川洞 新羅墓群』.

120) 聖林文化財研究院, 2011, 『大邱 佳川洞 新羅墓群』, 89쪽 도면 33.

121) 聖林文化財研究院, 2011, 『大邱 佳川洞 新羅墓群』, 139쪽 도면 62.

122) 보고자는 무덤의 축조 시기를 6세기 전반 후엽~7세기 중반 후엽으로 추정하였다.

그동안 유자이기는 신라 및 가야의 고토에서 대부분이 출토되었다. 물론 순천 운평리 M2호분의 석실과 봉토에서도 유자이기가 수습된 바 있으나 이것이 옥전형임을 볼 때 대가야와의 관련 속에서 이해하는 것이 타당할 것으로 생각한다.[123)]

유자이기는 지금까지의 연구 결과 무기나 의기, 상징물 등으로 이해되어 왔다. 그러나 신라의 황남대총 북분이나 천마총, 그리고 가야의 옥전 23호분과 같은 당대 최상위 계층의 무덤에서 한 점의 유자이기도 발견되지 않았다는 사실은 많은 의문점을 갖기에 충분하다. 아울러 유자이기가 상대적으로 많이 출토된 경주와 포항, 울산 등지의 목곽묘와 적석목곽묘, 석곽묘, 석실묘 등을 김토해 보면 전체 무덤 수에 비해 유자이기의 출토량이 10%를 약간 웃돎을 살필 수 있다.[124)] 이는 그만큼 유자이기의 사용이 당대에 많지 않았음을 의미한다. 또한 이것이 왕릉이나 왕족릉, 혹은 상위 계층의 무덤에만 사용된 것이 아니라는 점은 앞에서도 개략적으로 살펴보았다.

앞의 자료 검토를 통해 필자는 유자이기가 어느 정도의 계층성을 반영한다고 생각한다. 그러나 이것이 사상이나 신앙 등을 바탕으로 한 의기나 상징적 기물이라는 점에는 약간의 이견이 있다. 적어도 의기라 한다면 이것이 출토되지 않은 당대의 무덤은 과연 어떻게 이해하여야 할지 의문스럽다. 이에 필자는 이를 거시적 관점에서 위신재로 파악하고 있다. 그리고 미시적으로는 무덤 속 묘주가 생전에 행차용[125)] 장엄구로 사용하였을 것으로 추정하고 있다. 한편, 신라 및 가야지역에는 유자이기를 제외한 행차용 장엄구가 좀 더 다양하게 존재하였을 것으로 생각된다. 이는 비단 철기뿐만 아니라 목제품도 포함되었을 것으로 판단된다. 이는 다분히 중국 위진남북조시기의 행차용 장엄구에서 그 모티브를 얻었기에 다음 장에서 이에 대한 내용을 살펴보고자 한다.

---

123) 趙榮濟, 2011, 「鳥形裝鐵板儀器考」『考古廣場』 9, 부산고고학연구회, 132쪽.

124) 金志勳, 2014, 「嶺南地域新羅墳墓出土有刺利器에 대한 研究」, 慶州大學校大學院 文化財學科 석사학위논문, 22쪽.

125) 여기에는 군대의 사열, 열병식 등도 포함할 수 있다.

III. 중국 위진남북조시기의 행차용 장엄구

중국 위진남북조시기의 행차용 장엄구는 고분벽화나 석굴사원의 조각 등을 통해 간취할 수 있다. 주로 주인공을 따르는 시자들이 곁에서 들고 있는 지물이 이에 해당한다. 여기에서는 신부의 형태에 따라 그 형식을 분류해 보고자 한다.

1. 노형(櫓形) 행차용 장엄구[126)]

이는 마치 배를 젓는 노(櫓) 형상을 하고 있으며, 신부와 파부로 구분되어 있다. 신부는 좁고 세장하며 선단부가 곡면으로 처리되어 있고, 파부는 손으로 잡고 들 수 있을 정도의 길이를 하고 있다. 신부와 파부는 사진으로 보아 하나의 목재로 치목되었음을 살필 수 있다. 노형 행차용 장엄구는 신부의 형태와 장식 여부에 따라 여러 형식으로 구분할 수 있다.

노형 행차용 장엄구 A형은 위진남북조시기의 석굴사 조각(그림 98 · 99)[127)] 및 고분벽화, 석관의 조각 등에서 확인할 수 있다. 신부의 측단 전체에 새의 깃털과 같은 술 장식이 이루어져 있다. 출토 유적의 성격은 다르지만 대부분 산개와 함께 묘사되어 있다. 신부 표면 및 깃의 세부 표현으로 보아 다양한 장식이 가미되었던 것으로 보인다. 특히 용문석굴사원 및 고윤묘(高潤墓, 그림 100)[128)] 벽화에서처럼 행차 시 2개가 주인공을 중심으로 좌우에 위치하거나 혹은 뒤쪽에 배치된 사례도 엿볼 수 있다.[129)] 또한 북주시기의 서안 강업묘(康

---

126) 중국 학계에서는 이를 儀仗(의장)으로 기술하기도 한다.
鄭岩, 2002, 『魏晋南北朝壁畵墓研究』, 文物出版社, 69쪽 図32-3.

127) 龍門文物保管所 · 北京大學 考古系, 1992, 『中國石窟龍門石窟』 二, 文物出版社, 248쪽 및 249쪽 하단 탁본.

128) 鄭岩, 2002, 『魏晋南北朝壁畵墓研究』, 118쪽 図85(磁縣高潤墓 墓室 北壁 壁畵).

129) 이는 후대이긴 하나 돈황석굴 제194굴의 帝王听法図로 보아 唐대에서도 마찬가지였던 것으로 보인다.
中國美術館 · 敦煌研究所, 2008, 『盛世和光 · 敦煌藝術』, 334쪽.

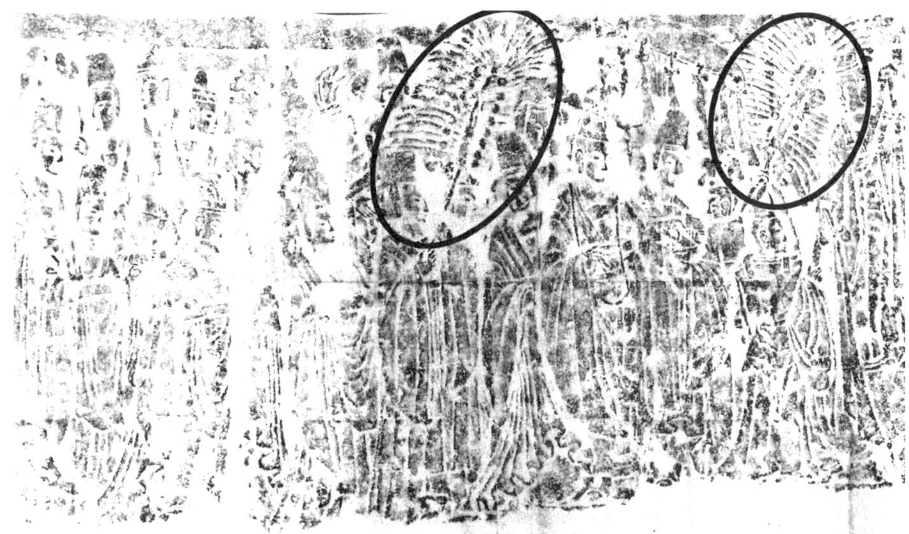

그림 98. 중국 용문석굴에 조각된 노형 행차용 장엄구 A형 1(○ 내부). 주인공을 중심으로 좌우에 배치되어 있다.

그림 99. 용문석굴에 조각된 노형 행차용 장엄구 A형 2(○ 내부). 주인공의 뒤에 2개가 한꺼번에 배치되어 있다.

그림 100. 중국 고윤묘 묘실 북벽에 표현된 노형 행차용 장엄구. 주인공을 중심으로 산개와 함께 좌우에 배치되어 있다.

그림 101. 중국 서안 강업묘의 석관

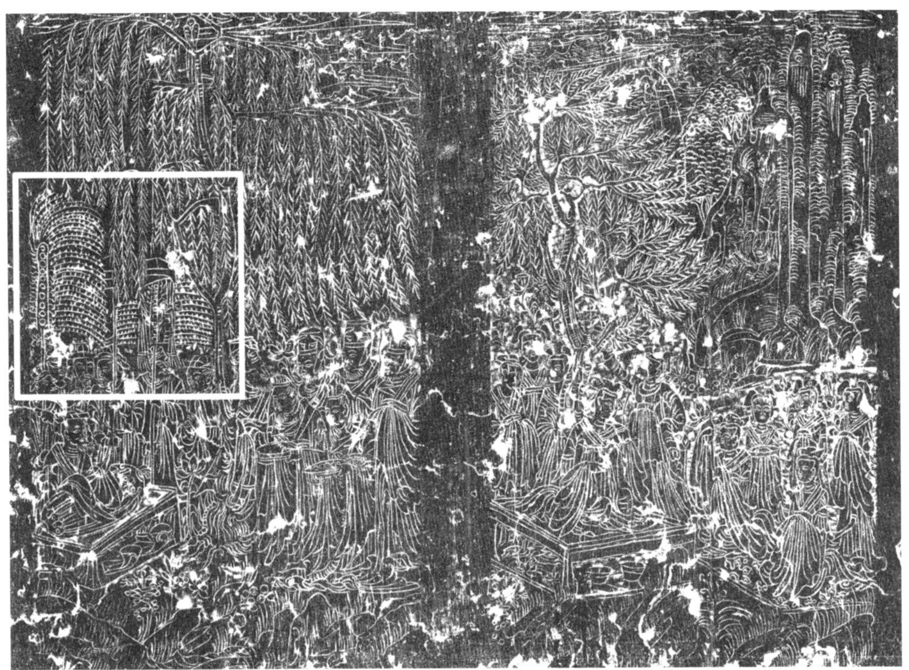

그림 102. 서안 강업묘 석관에 조각된 노형 행차용 장엄구(□ 내부)

業墓) 석관(그림 101 · 102)[130]처럼 묘주의 행차 과정에서 3개가 동시에 표현된 것도 살필 수 있다.

노형 행차용 장엄구 B · C형은 신부에 장식이 없어 순수 노(櫓)처럼 보이고 있다. 이는 신부 하단의 치목 형태에 따라 세분한 것이다. 노형 행차용 장엄구 B형(그림 103)[131]은 A형과 비교해 신부가 짧고 넓게 제작되어 있다. 특히 신부 하단을 안쪽으로 오려내어 호형으로 처리한 특징을 보인다. 이에 비해 C형(그림 104)[132]

---

130) 國家文物局, 2005, 『2004 中國重要考古發現』, 文物出版社, 124쪽 및 128쪽.

131) 공현석굴 제1굴 남벽 서측 상옥의 예불도에 조각되어 있다.
河南省文物研究所, 1989, 『中國石窟鞏縣石窟寺』, 文物出版社, 도판 4.

132) 용문석굴 북벽 큰 감실 하부 공양인군상에 조각되어 있다.
龍門文物保管所 · 北京大學考古系, 1991, 『中國石窟龍門石窟』 一, 文物出版社,

그림 103. 중국 공현석굴에 조각된 노형 행차용 장엄구 B형

그림 104. 용문석굴에 조각된 노형 행차용 장엄구 C형(○ 내부)

그림 105. 중국 신강위구르자치구 나포박시 소하묘지의 노형 목제품

은 상 · 하단부 모두를 둥글게 치목하여 마치 스케이트보드를 연상시키는 한편, 표면에는 단순한 문양을 장식해 놓았다.

그런데 이러한 노형 장엄구는 중국의 경우 청동기시대에 해당하는 나포박시의 소하묘지(小河墓地)에서 일찍이 검출된 바 있어 주목된다. 노형 목제품은 죽은 남성의 목관 후면에 하나씩 박힌 상태로 발견되었다(그림 105).[133] 물론 청동기시대의 노형 목제품과 위진남북조시기의 그것이 동일한 성격으로 제작 · 사용되었다고는 말하기 어렵다. 하지만 동일 형태의 목제품이 오랜 기간 중국 고토에서

248쪽 插圖 七.

133) 필자 사진.
발굴된 미라 및 출토 유물은 우루무치 시내에 있는 신강위구르박물관에 전시되어 있다. 노형 목제품과 관련된 자료는 아래의 논고를 참조.
國家文物局, 2006, 「新疆羅浦泊小河墓地發掘收穫」『2005 中國重要考古發現』, 文物出版社.

사용된 것만은 부인할 수 없다. 그리고 위진남북조시기의 고분벽화나 석굴사원의 사례로 보아 노형 목제품이 주인공 생존 시에 사용되었음도 확인할 수 있다. 아울러 소하묘지의 경우처럼 주인공이 사망하면 그의 무덤 주변에 꽂아 두었을 가능성도 배제할 수 없다. 이러한 가능성은 한편으로 백제 및 일본의 고대사회에서도 엿볼 수 있다. 즉, 백제 한성기 석촌동 즙석봉토분에서 검출된 노형 목제품은 잔존 상태가 불량한 상황에서 한 점이 수습되었다. 확언할 수는 없지만 봉토 주변에서 발견되었기 때문에 무덤 주변에 꽂아 두었던 것이 아닌가 생각된다.

반면, 일본의 경우는 노형 목제품 대부분이 전방후원분의 주구에서 발견되어 잔존 상태가 비교적 양호한 편에 속한다. 이러한 고분시대의 장엄구는 주인공의 장송의례에 사용되었을 것으로 추정되지만 한편으로는 중국 위진남북조시기의 사례처럼 그의 생존 시에 행차용 장엄구로 이용되었을 가능성도 얼마든지 있다. 아울러 돈황석굴 제409굴 회골왕예불도(回鶻王禮佛図, 서하시기)처럼 노형 목제품의 신부에 주인공을 상징적으로 표현하는 도안(그림 106)[134]이 채색 혹은 조각되었을 가능성도 충분히 고려할 수 있다.

그림 106. 중국 돈황석굴 제409굴 회골왕예불도의 노형 행차용 장엄구(서하)

134) 中國美術館 · 敦煌硏究所, 2008, 『盛世和光 · 敦煌藝術』, 373쪽.

2. 월형(月形) 행차용 장엄구

노형과 마찬가지로 신부와 파부로 이루어져 있으나 신부가 원형을 띠고 있다. 이 장엄구는 신부 표면의 시문 양상에 따라 좀 더 다양하게 세분할 수 있다. 먼저 a형(그림 107)[135]은 신부에 종방향으로 '丨'문양이 장식되어 있고, b형(그림 108)[136]은 '⊥'문양, c형(그림 109)[137]은 '王'문양이 장식되어 있다. 그리고 d형(그림

그림 107. 용문석굴 황보공굴의 월형 행차용 장엄구 a형(○ 내부)

그림 108. 공현석굴의 월형 행차용 장엄구 b형(○ 내부)

135) 중국 용문석굴 황보공굴(皇甫公窟) 북벽의 석가다보상감기부(釋迦多寶像龕基部) 예불도에 조각되어 있다.
龍門文物保管所 · 北京大學考古系, 1991, 『中國石窟龍門石窟』 一, 文物出版社, 원색노판 195.

136) 공현석굴 제1굴 남벽 서측 상 · 중옥의 예불도 및 제3굴 남벽 서측 예불도 및 제4굴 남벽 서측 하옥 예불도 등에서 살필 수 있다.
河南省文物硏究所, 1989, 『中國石窟鞏縣石窟寺』, 文物出版社, 도판 4.

137) 鄭岩, 2002, 『魏晋南北朝壁畵墓硏究』, 73쪽 図36.

그림 109. 중국 常州 田舍村墓畫像磚의 월형 행차용 장엄구 c형(○ 내부)

그림 110. 중국 青州 傳家畫像石 제5석의 월형 행차용 장엄구 d형(○ 내부)

그림 111. 중국 鄧縣 學庄墓步輦畫像磚의 월형 행차용 장엄구 d형(○ 내부)

110 · 111)[138]에는 신부의 측단 및 중앙에 궐수문이 대칭되게 표현되어 있다.

아울러 당대 초기(642년 전후) 돈황석굴 제220굴에 그려진 제왕도(帝王圖, 그림

---

138) 鄭岩, 2002,『魏晋南北朝壁畫墓研究』, 242쪽 図169 및 82쪽 図45.

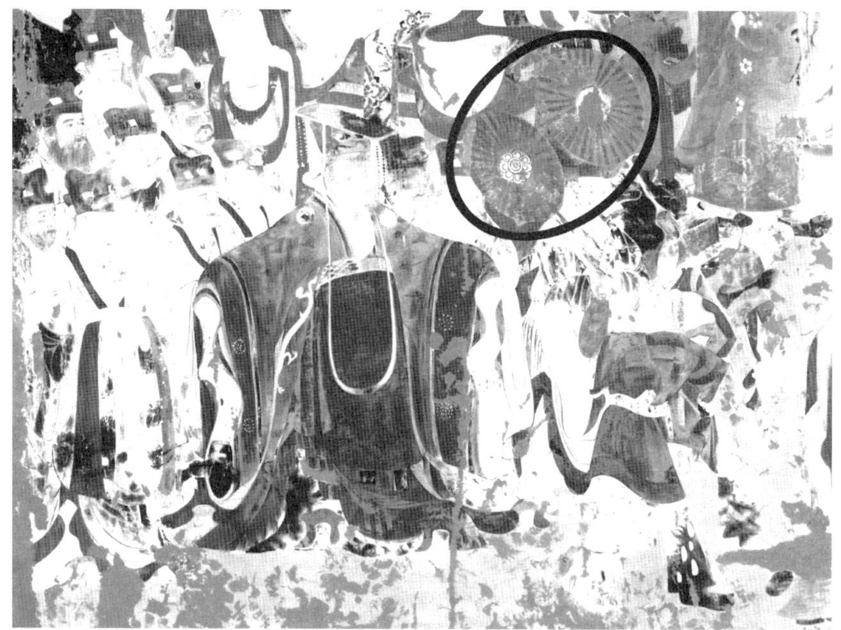

그림 112. 돈황석굴 제220굴 제왕도에 표현된 월형 행차용 장엄구(당 초기, ○ 내부)

112)[139]를 보면 대신을 거느린 황제가 행차함에 있어 월형의 행차용 장엄구를 든 시자 2인이 앞에서 걸어가는 모습을 볼 수 있다.[140] 이곳에는 중앙의 화문을 중심으로 선문이 마치 해처럼 뻗어 나가고 있다. 이러한 사례는 월형 장엄구에 궐수문을 비롯한 다양한 문양들이 위진남북조시기에 표현되었음을 보여주는 중요한 자료라 할 수 있다.

3. 타원형 행차용 장엄구

신부가 타원형으로 이루어져 있으며, 신부 표면의 장식에 따라 여러 종류로

---

139) 中國美術館 · 敦煌研究所, 2008, 『盛世和光 · 敦煌藝術』, 300쪽.

140) 반면에 돈황석굴 제103굴의 제왕은법도를 보면 행자용 장엄구를 든 시자가 황제의 뒤에 배치되어 있다.

그림 113. 중국 臨淄 曹望憘造像座畵像의 타원형 행차용 장엄구(궐수문+王자문, ○ 내부)

세분할 수 있다. 가장 쉽게 눈에 띄는 것은 바로 궐수문 장식이다. 이는 '왕(王)'자문(그림 113)[141] 혹은 '丄'문(그림 114)[142]과 함께 표현되어 있으며, 좌우 대칭을 이루고 있다.

141) 臨淄曹望憘造像座畵像에 있다.
鄭岩, 2002, 『魏晋南北朝壁畵墓研究』, 191쪽 図140.

142) 중국 낙양 石棺床 위의 墓主畵像에 있다.
鄭岩, 2002, 『魏晋南北朝壁畵墓研究』, 253쪽 図179.

그림 114. 중국 낙양 석관상 위의 묘주화상에 묘사된 타원형 행차용 장엄구(궐수문 +⊥문, ○ 내부)

4. 선형(扇形) 행차용 장엄구

장엄구가 대형 부채 모양(그림 115)[143]을 하고 있다. 그림을 보면 시녀가 오른쪽 어깨 방향으로 선형 장엄구를 들고 있고, 이의 옆으로도 산개 및 타원형의 장엄구가 함께 동반하고 있다. 소형 부채는 주인공이 직접 들고 다니는 것이 일반적인데 위진남북조시기에는 이것이 대형화되면서 시자들이 주인공의 장엄용으로 가지고 다녔음을 살필 수 있다.

143) 磁縣閭叱地連墓墓室 북벽 벽화에 있다.
鄭岩, 2002,『魏晋南北朝壁畫墓硏究』, 111쪽 図74.

그림 115. 중국 磁縣 閭叱地連墓 묘실 북벽 벽화의 선형 행차용 장엄구(○ 내부)

5. 번형(幡形) 행차용 장엄구

남성으로 보이는 인물들이 두 손을 가슴 앞에 모아 번형 장엄구를 들고 있다. 신부는 세장방형으로 지팡이 형태의 파부 상단에 부착되어 있다(그림 116).[144] 파부의 하단이 아닌 중간 부위를 잡고 있어 특징을 보인다.

그림 116. 중국 昭通 霍承嗣墓 동벽 하층 화상의 번형 행차용 장엄구

144) 昭通霍承嗣墓東壁下層畵像에 있다.
鄭岩, 2002, 『魏晋南北朝壁畵墓硏究』, 91쪽 図62.

그림 117. 중국 臨淄 曹望憘造像座畵像의 도형 행차용 장엄구

6. 도형(桃形) 행차용 장엄구

타원형 장엄구와 함께 묘사되어 있으며, 파부에 비해 신부가 작다. 신부는 마치 복숭아를 연상시키며, 신부와 파부 사이에 1단의 돌대가 마련되어 있다(그림 117).[145]

7. 월(鉞)

월이 표현된 사례로는 한대의 화상석과 북위시기의 용문석굴 조각을 들 수 있다. 전자의 경우는 사천성 성도시 교외품과 출토지 미상품이 있는데 두 점 모두 현재 사천성박물관에 소장되어 있다. 화상석의 내용은 말을 타고 출행하는 관리의 모습을 담고 있다.

성도시 교외에서 출토된 화상석(그림 118)[146]은 0.40×0.47m의 크기로 한 마리의 말이 끄는 수레 후미에 대형의 월이 세워져 있다. 월 아래 병부의 상단에는 천과 같은 장식이 휘날리고 있다. 수레에는 두 사람이 타고 있고, 복장은 무사복이

145) 臨淄曹望憘造像座畵像에 있다.
鄭岩, 2002, 『魏晋南北朝壁畵墓研究』, 191쪽 図140.

146) 高文, 1987, 『四川漢代畵像磚』, 75쪽.

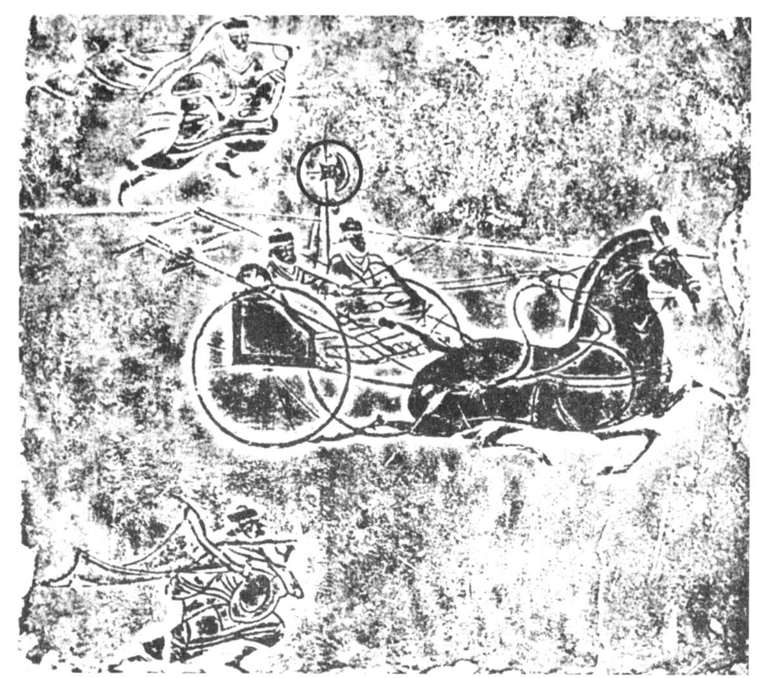

그림 118. 중국 사천성 성도시 교외 출토 한대 화상석(○ 내부가 월)

그림 119. 사천성박물관 소장 화상석(○ 내부가 월)

아닌 평상복을 하고 있다. 수레 좌우로는 악공이 공후인으로 보이는 현악기를 어깨에 메고 연주하고 있다. 출토지 미상품(그림 119)[147] 또한 수레 후미에 월이 세워져 있는데 마차의 형상 및 마차에 탄 사람 등의 구도가 앞의 것과 크게 다르지 않다. 다만, 후자의 경우 악기를 연주하는 사람이 없어 전술한 것과 차이를 보인다. 화상석의 크기는 0.28×0.48m이다.

용문석굴에서의 월은 연화동 남벽 중앙 하부의 예불도에서 살필 수 있다(그림 120).[148] 사유보살 앞에서 공양인이 무릎을 꿇고 예경하고 있으며, 그 뒤로 산개, 노형 장엄구, 월 등이 차례로 등장하고 있다. 월의 인부는 정면을 향하고 있으며, 시자가 머리 위로 일자로 들고 서 있다.

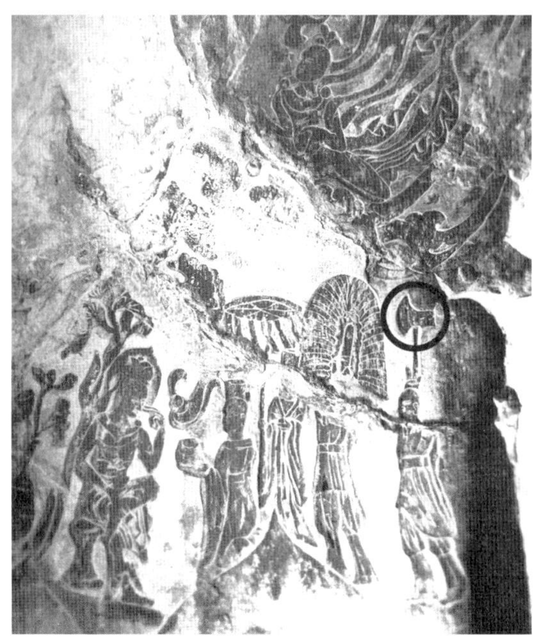

그림 120. 용문석굴 연화동의 월

147) 高文, 1987, 『四川漢代畵像磚』, 76쪽.

148) 龍門文物保管所 · 北京大學考古系, 1991, 『中國石窟龍門石窟』 一, 文物出版社, 원색도판 57.

그림 121. 경천사십층석탑 중대중석 북측 북면에 조각된 행차용 장엄구 월

그런데 이러한 행차 모습은 고려시기에 축조된 경천사십층석탑 탑신부에도 조각되어 있어 소개해 보고자 한다. 여기를 보면 당 태종이 문무대신과 시자들을 거느리고 현장을 전송하는 장면이 등장한다.[149] 전면을 향해 산개 2개와 월 2개가 함께 묘사되어 있다(그림 121).[150] 월은 부월수가 파부를 한 손으로 잡고, 어깨에 걸치고 있다. 비록 당대 초기의 모습을 표현한 것이지만 위진남북조시기의 행차와 큰 차이가 없음을 확인할 수 있다. 용문석굴 예불도와 마찬가지로 월은 무기의 성격보다 행차용 장엄구로 사용되었음을 파악할 수 있다.

8. 산개

행차용 장엄구 중 가장 일반적으로 볼 수 있다(그림 122).[151] 이는 파부의 형태

149) 신소연, 2006, 「경천사십층석탑의 기단부 도상 연구」『경천사십층석탑 Ⅱ. 연구논문』, 국립문화재연구소, 94쪽.

150) 국립문화재연구소, 2006, 『경천사십층석탑 Ⅲ. 부재별 상세자료』, 355쪽.

151) 용문석굴 황보공굴 남벽의 보살상감기부(菩薩像龕基部) 예불도에서 볼 수 있다.

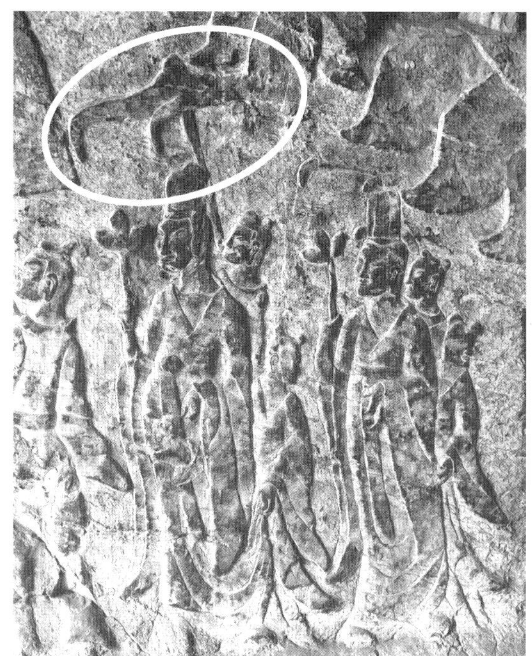

그림 122. 용문석굴 황보공굴 남벽 예불도의 산개

및 산개 뚜껑, 그리고 말단부의 띠매듭 처리 등을 통해 세분할 수 있다. 일반적으로 주인공의 머리 위에 있으며, 시자가 옆에서 들고 있다.

IV. 유자이기의 성격

이상에서처럼 중국 위진남북조시기에는 매우 다양한 행차용 장엄구가 존재하고 있었다. 이는 신부의 평면 형태뿐만 아니라 그 내부에 조각되어 있는 문양을 통해서도 확인할 수 있다. 특히, 신라 및 가야지역의 유자이기에서 관찰되는

龍門文物保管所 · 北京大學考古系, 1991, 『中國石窟龍門石窟』 一, 文物出版社, 원색도판 192.

궐수문이 월형 및 선형의 행차용 장엄구에서도 찾아지고 있어 주목된다.

중국 위진남북조시기에 다양한 장엄구가 존재하였다는 사실은 주인공의 취향(기호)에 따라 이의 취사선택이 자유롭게 이루어졌음을 짐작게 한다. 특히 하나의 장면에 산개를 비롯한 노형이나 월형의 행차용 장엄구, 월, 창 등이 함께 등장하는 것은 장엄구의 선택에 있어 행차 목적(대상)보다는 주인공의 취향이 크게 반영된 결과로 이해된다.

이러한 판단은 중국 동진(東晉)시기의 소통 곽승사묘(昭通霍承嗣墓) 북벽 화상(그림 123)152)을 통해서도 확실히 살필 수 있다. 즉 앉아있는 주인공을 중심으로 왼쪽을 보면 본고에서 살핀 행차용 장엄구의 일부가 일렬로 세워 있음을 볼 수 있다. 산개를 비롯한 월형 · 번형 · 도형 등의 장엄구가 진열되어 있고, 특히 두 개

그림 123. 중국 동진시기의 소통 곽승사묘 북벽 화상

152) 鄭岩, 2002, 『魏晋南北朝壁畵墓硏究』, 90쪽 図61.

그림 124. 소통 곽승사묘 북벽의 벽화. 묘주의 오른쪽에 '곽승사'라는 이름이 적힌 묵서명이 있다.

그림 125. 소통 곽승사묘 북벽의 각종 행차용 장엄구

의 산개는 파부의 형태가 서로 다르게 제작되어 있다. 현재 이들 벽화는 중국 운남성박물관에 필사본이 있어 각각의 방위별로 채색된 그림을 세세하게 살필 수 있다(그림 124~126).[153]

153) 필자 사진(2018년 4월 22일 촬영).

그림 126. 소통 곽승사묘 북벽 천정의 벽화. 연화문과 현무 등이 그려 있다.

그림 127. 돈황석굴 제194굴의 帝王听法図(앞에서부터 노형 · 타원형 · 월형 등의 장엄구와 산개 등을 볼 수 있다)

한편, 행차 과정에서의 다양한 장엄구는 중국 돈황석굴 제194굴의 제왕은법도(帝王听法図, 그림 127)[154]를 통해 위진남북조시기 이후 당대에도 유행하였음을 살필 수 있다.

이렇게 볼 때 신라나 가야지역에서 오랜 기간 사용된 유자이기 역시 중국 위진남북조시기에 보이는 여러 사례처럼 행차용 장엄구 중 하나로 제작된 것이 아

154) 中國美術館 · 敦煌研究所, 2008,『盛世和光 · 敦煌藝術』, 334쪽.

그림 128. 포항 옥성리고분 51 · 122 · 99호 출토 궐수문 철기

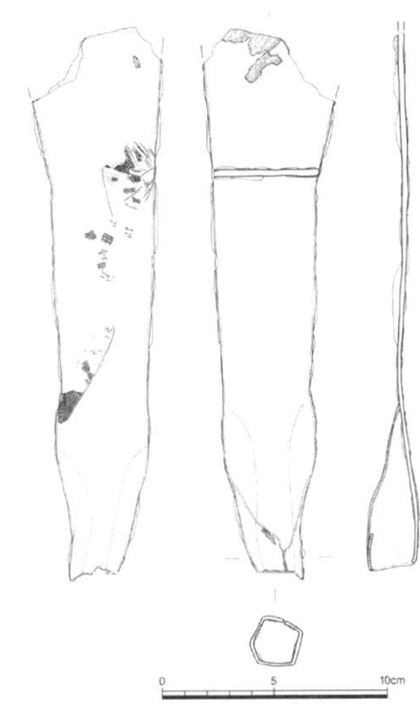

그림 129. 경주 화곡리 28호 목곽묘 출토 판상철기

닌가 생각된다. 예컨대 위진남북조시기에 등장하였던 여러 형태의 장엄구와 같이 신라나 가야지역에서도 다양한 행차용 장엄구가 존재하였을 것으로 판단된다. 이는 단언할 순 없지만 실용성보다는 장식성이 강조된 유자이기나 궐수문 철모,[155] 궐수문 철기(그림 128),[156] 판상철기(그림 129)[157] 등이 그러한 역할을 담당하였을 것으로 생각된다.

이들 유물은 실용적 측면에서 볼 때 살상을 전제로 한 무기로서의 성격은 사실상 적어 보인다. 즉 궐수문이 있는 철기의 경우 무기로 사용하기에는 다소 불

155) 황남대총 남분에서 출토되었다.
文化財管理局 文化財硏究所, 1993, 『皇南大塚 南墳發掘調査報告書(圖版 · 圖面)』, 圖面 89.

156) 포항 옥성리고분에서 수습되었다.
국립중앙박물관, 1998, 『한국 고대국가의 형성』, 131쪽 도판 188.

157) 경주 화곡리 28호 목곽묘에서 출토된 5세기 중 · 후반의 판상철기로 현 길이 23.8cm이다.
聖林文化財硏究院, 2007, 『慶州花谷里新羅墳墓群』, 160쪽 도면 69-4.

편할 수 있기 때문이다. 그리고 유자이기의 경우도 그 생김새 면에서 무기로의 가능성은 판단하기 어렵다.[158]

행차용 장엄구들은 주인공의 곁에서 평생을 같이하였기에 그의 마지막 길인 장례 행렬에도 마땅히 함께하였을 것이다.[159] 그리고 이들은 마지막으로 환두대도나 마구, 장신구 등과 마찬가지로 주인공의 무덤에 같이 부장되었을 것으로 생각된다.

따라서 유자이기는 당시의 의기나 상징물보다는 행차용 장엄구 중 하나로 생각된다. 그리고 이는 전적으로 주인공의 취향에 따라 선택되었던 것으로 판단된다. 그래서 다라국 최고 지배층 무덤으로 추정된 합천 옥전고분의 23호분이나 황남대총 북분, 천마총 등에 유자이기가 부장되지 않았던 것이다. 만약 유자이기를 기존의 견해처럼 장례나 상징 체계와 관련된 의기로 파악한다면 이것이 출토되지 않은 무덤에 대해서는 과연 어떻게 이해하여야 할까? 전술한 유적 사례는 대표적인 무덤만을 예시한 것이기에 유자이기가 출토되지 않은 신라 및 가야의 목곽묘나 적석목곽묘, 석곽묘, 석실묘 등의 존재는 얼마든지 더 찾아볼 수 있다.

유자이기는 앞에서 살펴보았듯이 적어도 3세기 후반~6세기대 신라 및 가야 지역의 목곽묘, 적석목곽묘, 석곽묘, 석실묘 등에 부장되었다. 그런데 동일 지역, 같은 고분군 내에서 그것도 동시기 혹은 시기 차가 크지 않은 무덤에서 출토 양상이 서로 다르다는 것은 결과적으로 이것을 상징물이나 의기로만 파악할 수 없다는 결론에 다다르게 한다. 특히 왕릉이나 왕족릉, 혹은 상위 지배계층의 무덤

---

158) 김훈희는 궐수형 장식이 있는 철기를 제의적 성격의 의기로 파악한 바 있다.
金訓熙, 2011, 「蕨手型有刺利器의 變遷과 意味」『韓國考古學報』 81, 65쪽.

159) 이는 일본 고분시대의 노형(그림 130~133) 및 번간형(幡竿形, 그림 134) 등 목제품을 통해 확인할 수 있으며, 이것들은 주로 무덤의 주구에서 수습되었다. 특히 번간형의 경우는 신부 측면에 자(刺)가 약하게 표현되어 신라 · 가야지역의 유자이기를 연상시키기도 한다.
奈良縣立橿原考古學硏究所附屬博物館, 2000, 『權威の象徵-古墳時代の威儀具』, 19 · 20 · 39쪽.
東京新聞, 1998, 『まぼろば展 -ヤマト王權と古墳-』, 86쪽 하단 사진.

그림 130. 勝山古墳 출토 노형 목제품

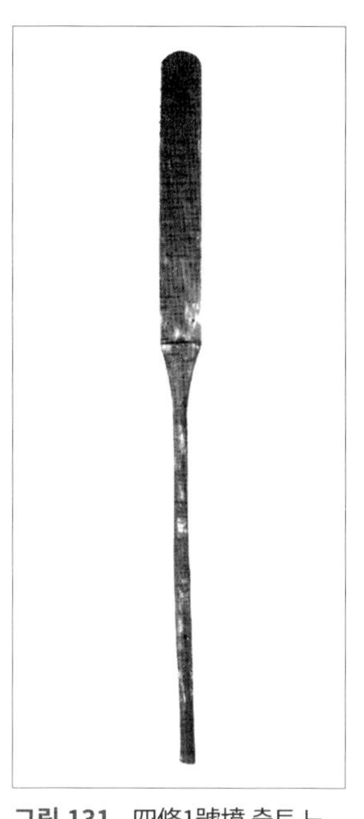

그림 131. 四條1號墳 출토 노형 목제품

그림 132. 姬原西遺蹟 출토 노형 목제품

그림 133. 四條古墳 의례장면 추정도

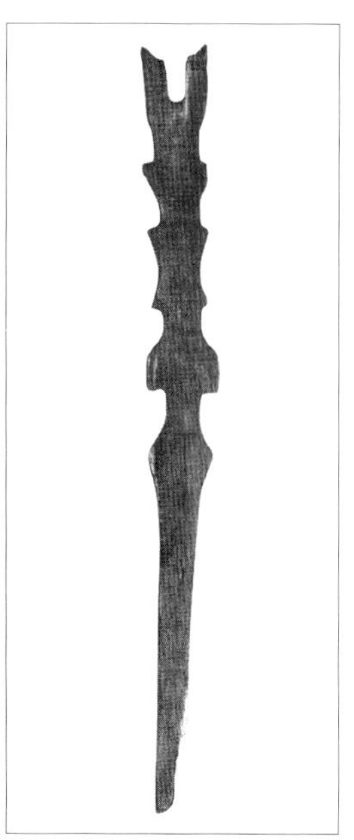

그림 134. 四條1號墳 출토 번간(幡竿)형 목제품

에서 유자이기가 출토되지 않았다는 사실은 기존의 성격 외에 또 다른 의미가 내포되어 있었음을 시사하는 것으로 이해할 수 있다.

V. 맺음말

유자이기는 가야 및 신라지역의 무덤에서 어렵지 않게 살필 수 있는 철제 유물이다. 시기적으로도 약 300년 동안 다양한 형태로 제작되었다. 그리고 유독 무덤에서만 출토되었다는 특징을 가지고 있다.

그런데 유자이기가 부장된 3세기 후반~6세기대의 무덤 중 합천 옥전 23호분이나 경주 황남대총 북분, 천마총 등에서는 이러한 유물을 살필 수 없다. 반면 황남대총 남분과 금령총, 식리총 등에서는 유자이기가 출토되었다.

이러한 유자이기의 출토 양상 차이는 한편으로 기존의 성격을 재검토할 필요성이 있다고 생각된다. 그런 점에서 필자는 이를 신라 및 가야지역의 행차용 장엄구 중 하나로 판단하게 되었다. 뿐만아니라 겸형 철기나 궐수문 철모 등도 같은 성격의 유물로 파악하였다.

중국 위진남북조시기의 경우 주인공이 행차할 때 다양한 장엄구가 등장하고 있다. 이는 고분벽화나 석굴사원의 조각을 통해 확인할 수 있는데, 대개 노형이나 월형, 타원형, 선형, 번형, 월, 창, 산개 등이 여기에 해당한다. 이들 행차용 장엄구는 그림이나 조각을 통해 표현되었기 때문에 이의 재료에 대해서는 정확히 확인할 수 없다. 다만 시자들이 들고 있는 것으로 보아 목제품이거나 두께가 얇고 가벼운 철제품이었을 것으로 생각된다. 그리고 소통 곽승사묘의 벽화에서 살필 수 있는 것처럼 행차용 장엄구는 주인공의 취향에 따라 개별적으로 선택되었음을 알 수 있다.

당시 중국과 우리나라 삼국은 여러 분야에서 문화교섭이 이루어졌다. 이는 유·무형의 문화에서 모두 찾아지고 있다. 예컨대 유자이기나 철모, 철겸 등에서 관찰되는 궐수문의 경우 중국 위진남북조시기의 행차용 장엄구에서도 똑같이 찾아지고 있다. 궐수문의 의미를 떠나 주인공과 관련된 장엄구에 표현되어 있다는 점에서 상호 친연성을 엿볼 수 있다.

중국과 마찬가지로 3세기 후반~6세기대 신라 및 가야지역에서도 주인공 행차 시 장엄구는 분명 존재하였을 것이다. 이는 아마도 산개 외에 유자이기나 궐수문 철모, 궐수문 철겸, 착형 철기 등이 이를 대신하였을 것으로 판단된다.

행차용 장엄구는 주인공의 생존 시뿐만 아니라 마지막 가는 길까지 함께 하였던 것으로 보인다. 이러한 사례는 백제 한성기 석촌동 즙석봉토분 및 일본 고분시대의 봉토 주변에서 어렵지 않게 살필 수 있다. 또한 목제품인 행차용 장엄구는 묘주의 무덤 주위에 장식하고, 철제품인 유자이기 및 겸형 철기, 궐수문 철모 등은 무덤 내에 부장하였던 것으로 생각된다.

물론 당시에는 이것들 외에도 위신재 성격의 행차용 장엄구가 더 많았을 것으로 판단되나, 이의 취사선택은 전적으로 생전 묘주(피장자)의 결정에 좌우되었던 것으로 보인다. 그렇기 때문에 행차용 장엄구로서 유자이기를 선택하지 않은 묘주의 무덤에서는 이것이 출토되지 않았던 것이다. 이러한 분위기는 7세기 이후 영남지역에 본격적으로 나타났으며, 이 시기에는 유자이기를 대신할 새로운 행차용 장엄구가 등장하였을 것으로 판단된다.

유자이기는 한 지역, 동일 시기, 같은 형식의 무덤에서도 출토 양상의 차이를 보이고 있다. 그리고 묘주의 신분적 차이와 관계없이 부장되고 있다. 아울러 유자이기가 출토되는 무덤 또한 전체 고분군 중에서 그리 많지 않음을 살필 수 있다. 이는 유자이기가 사상이나 의례를 바탕으로 한 상징물과는 다소 거리가 있음을 의미한다.

이후에도 유자이기는 계속해서 발굴될 것이다. 아울러 새로운 형태, 문양 등도 꾸준하게 등장할 것으로 생각된다. 그에 따라 이의 성격에 대한 검토 또한 끊임없이 개신될 것으로 판단된다. 이와 함께 유자이기가 사용된 시기의 행차용 장엄구에 관한 연구도 함께 진행되기를 기대해 본다.[160)]

160) 이글은 조원창, 2017, 「中國 魏晋南北朝時代 莊嚴具를 통해 본 5~6世紀代 有刺利器의 性格 再檢討」『백산학보』107의 내용을 수정 · 정리한 것이다.

제3장

고대 한일 위세품에 보이는 물고기 문양의 계통과 전파

Ⅰ. 머리말

삼국시대의 고분이나 사지 등을 발굴조사하다 보면 간혹 관식이나 관모, 장식대도, 대금구, 식리, 중국제 청자 · 백자 등이 발견되는 경우가 있다. 이들은 흔히 위세품으로 불리는 것으로, 여기에는 용봉문(龍鳳文)과 연화문, 당초문, 어(魚)문, 어린문(魚鱗文), 화문, 삼엽문 등 다양한 문양이 장식되어 있다.[1)]

이러한 여러 문양은 위세품을 소유한 인물의 권위를 높여줄뿐만 아니라 장식적 효과도 추구하고 있다. 특히 용봉문의 경우는 장식대도에 주로 시문되어 문양과 유물과의 친연성을 보여주기도 한다.[2)]

이 글은 위세품에 장식된 여러 문양 중 물고기만을 대상으로 그 계통과 전파 과정 등을 살펴보고자 한다. 백제의 물고기 도안은 공주 무령왕릉 출토 청동잔

---

1) 이는 모든 유물에 공통으로 보이는 속성이 아니다. 예컨대 공주 무령왕릉 출토 청자완과 백자완은 문양이 없는 무문이다.

2) 백제나 가야, 일본의 장식대도 등을 통해 확인할 수 있다.

이나 나주 복암리 3호분 '96횡혈식석실묘 출토 금동신발 등 그 일부에서만 찾아지고 있다. 아울러 신라 및 일본의 경우도 왕릉과 호족의 고분에서 출토된 과대나 관(冠), 대도, 금동신발, 쌍어패 등에서 주로 물고기 장식을 확인할 수 있다. 이에 반해 중국은 신석기시대에 해당하는 서안 반파유적에서 물고기 문양이 장식된 토기가 수습되고 있고, 한대 이후에도 다양한 유적과 유물에서 각양각색의 물고기 도안을 살필 수 있다.

중국에서의 경우 물고기 '어(魚, yu/2성)'와 남을 '여(餘, yu/2성)', 부유하다의 '유(裕, yu/4성)'는 발음이 같아 길상과 부유함, 좋음을 상징한다. 이는 한편으로 축복과 씨족 번성, 신령, 벽사의 의미가 있는 것으로도 해석되고 있다.[3] 또한 두 마리의 물고기는 행복한 부부를 표현한 것으로 이해되었고, 석가여래의 유적도(遺跡圖, 그림 1)[4]에도 조각되어 불교적 의미를 내포하기도 한다.[5]

그림 1. 공주 갑사 소장 석가여래 유적도의 쌍어문(○ 내부)

우리나라에서 물고기 문양을 가장 손쉽게 살필 수 있는 곳은 고려청자와 조선백자 그리고 민화이다. 특히 조선시대 민화의 경우는 내용에

3) 신석기시대 앙소문화의 대표적인 채도의 경우 물고기 문양이나 인면 문양이 장식되어 있는데 이는 씨족의 번성이란 의미를 담고 있다.
王文宝, 1991,『中國象征辭典』, 天津教育出版社, 334쪽.

4) 공주 갑사 소장. 필자 사진.

5) 李成美, 1998,「百濟時代의 書畵와 對外交涉」『百濟 美術의 對外交涉』, 藝耕, 188쪽.

그림 2. 그리스 산토리니섬 출토 토기 1
수중의 돌고래가 채색되어 있다.

그림 3. 그리스 산토리니섬 출토 토기 2

따라 어락도(魚樂圖), 어해도(魚蟹圖), 유어도(遊魚圖), 약리도(躍鯉圖) 등으로 묘사되고 있다.[6)]

우리나라에서 풀이되는 물고기의 의미도 중국과 비교해 별반 차이가 없다. 물고기는 알을 많이 낳는 생물 가운데 하나이므로 자손 번창과 같은 다산을 의미한다. 그리고 금붕어(금어)는 금이 많다(金餘)는 중국어의 발음과 같기에 금은보화를 쓰고도 남을 만큼의 풍요를 상징한다.[7)] 아울러 과거를 통한 입신출세 및 소원성취, 부부 금실 및 벽사 등의 의미도 담고 있다.[8)]

일본에서는 물고기를 호부(護符)적 의미[9)]와 자손 번창, 그리고 통치권을 상징

6) 계명대학교, 2004, 『계명대학교박물관 소장 민화』, 350쪽.
7) 장경희 외, 1994, 『한국 미술문화의 이해』, 도서출판 예경, 50쪽.
8) 계명대학교, 2004, 『계명대학교박물관 소장 민화』, 350~351쪽.
9) 국립경주문화재연구소 · 경주시, 2011, 『경주 금관총 발굴조사보고서(국역)』, 108쪽.

하는 것으로 이해되고 있다. 특히 후자의 경우는 에타후나야마고분(江田船山古墳) 출토 대도를 통해 확인할 수 있다. 여기에는 은상감된 물고기와 위의 내용을 확인케 하는 명문이 기록되어 있다.[10)]

이렇게 볼 때 중국을 비롯한 우리나라, 일본에서의 물고기 문양은 풍요로움(경제력)[11)]과 다복다산, 통치권 등을 의미하는 상징 체계로 이해할 수 있다. 특히 고대 한일에서의 물고기 문양이 지배계층이 소유하는 위세품에서만 주로 발견된다는 점에서 이 같은 추정을 가능케 하고 있다.

따라서 본고에서는 물고기가 표현되어 있는 고대 한일의 위세품에 대해 일차적으로 살펴보고 우리나라 물고기 문양의 계통을 알아보고자 한다. 아울러 백제 및 신라의 유물에서 보이는 물고기가 일본에서는 어떤 모습으로 등장하는지에 대해서도 검토해 보도록 하겠다.

II. 고대 한일 물고기 문양의 자료 검토

1. 백제

1) 공주 무령왕릉 출토 청동잔[12)](그림 4)

5개의 청동잔 중 하나에만 물고기 문양이 장식되어 있다. 물고기는 두 마리로 잔의 내부 바닥에 조각되어 있고, 머리를 같은 방향으로 하여 복부를 마주하고

---

10) 이에 대해선 다음 장에서 살펴보고자 한다.

11) 이는 동양뿐만 아니라 서양에서도 마찬가지였던 것으로 보인다. 예컨대 그리스의 산토리니섬에서 수습된 토기(그림 2 · 3)들을 보면 기외면에 물고기와 곡물이 채색되어 있음을 볼 수 있다. 이는 풍요로움을 기원하는 당시의 사회상이 토기에 반영된 것이 아닌가 생각된다.
필자 사진.

12) 충청남도 · 공주대학교 백제문화연구소, 1991, 『百濟武寧王陵』, 283쪽 그림 6-6 참조.

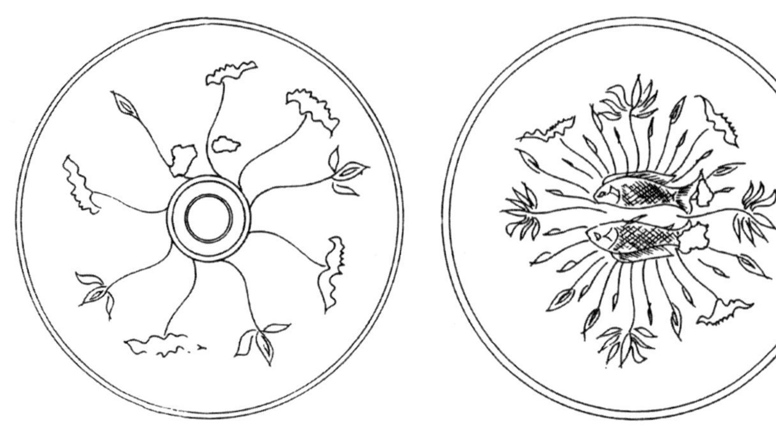

그림 4. 공주 무령왕릉 출토 청동잔

있다. 쌍어문의 외곽으로는 연화, 연실(蓮實), 연봉오리 등이 줄기와 함께 화려하게 장식되어 있다. 전체적인 문양이 선각으로 처리되었으며 연못에서 노니는 물고기를 표현한 것으로 생각된다. 쌍어문은 중국 동경에서도 흔히 볼 수 있는 것으로 당시 양(梁)과의 교류 과정에서 등장한 것으로 파악되고 있다.

2) 나주 복암리 3호분 '96횡혈식석실묘 출토 금동신발[13)]

'96횡혈식석실묘(그림 5)[14)]는 분구 남편 중앙에 자리하고 있다. 현실은 네 벽을 기울여 쌓은 네벽조임식구조이다. 단벽에 치석이 가미된 장대석 1매, 장벽에 2매를 놓고 그 위로 할석을 쌓아 올렸다. 벽석의 틈새는 할석과 회를 충전해 놓았다. 현실 평면은 장방형으로 단면은 저형을 이루고 있다. 현문은 문지방이 없이 좌우의 문선(문설주)과 문상방으로 조성되어 있다. 현실 바닥에는 전체적으로

13) 국립문화재연구소, 2001, 『羅州 伏岩里 3號墳(본문)』, 179~180쪽.
국립나주문화재연구소, 2006, 『羅州 伏岩里 三號墳』, 158~161쪽.

14) 국립나주문화재연구소, 2006, 『羅州 伏岩里 三號墳』, 111쪽.

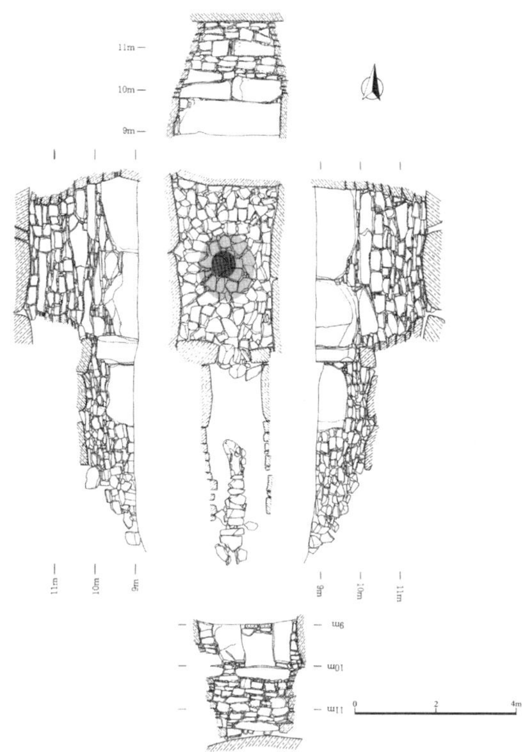

그림 5. 나주 복암리 3호분 '96횡혈식석실묘

부석이 깔려 있고, 모서리에 각기 1기씩의 옹관이 매납되어 있다. 연도는 할석을 이용해 벽석을 쌓고, 개석은 현실과 마찬가지로 대형 할석을 축석해 놓았다.

4호 옹관(그림 6 · 7)[15]은 단옹식으로 남동 모서리에 위치하고 있다. 옹관 바닥에는 길이 2.1m, 폭 0.9m 규모의 관대가 마련되어 있다. 옹관은 회청색의 경질대옹으로 동체부에 변형조족집선문이 타날되어 있고, 구연부는 남쪽을 향하고 있다. 잔존 길이 0.98m, 두께 0.018m이다.

15) 국립나주문화재연구소, 2006, 『羅州 伏岩里 三號墳』, 112쪽 및 147쪽.

그림 6. 나주 복암리 3호분 '96횡혈식석실묘 내 4호 옹관(◯ 내부)

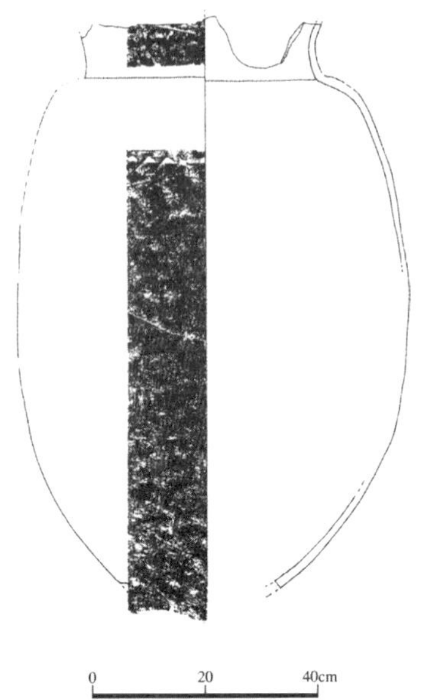

그림 7. 나주 복암리 3호분 '96횡혈식석실묘 내 4호 옹관 실측도

그림 8. 나주 복암리 3호분 '96횡혈식석실묘 내 4호 옹관 출토 광구장경호

그림 9. 나주 복암리 3호분 '96횡혈식석실묘 내 4호 옹관 출토 유공광구소호

그림 10. 나주 복암리 3호분 '96횡혈식석실묘 내 4호 옹관 출토 단경호

그림 11. 나주 복암리 3호분 '96횡혈식석실묘 내 4호 옹관 출토 평저직구소호

유물은 관대 아래에서 금동신발이 수습되었고, 옹관에서 광구장경호(높이 24cm, 그림 8),[16] 유공광구소호(높이 16cm, 그림 9),[17] 단경호(높이 15cm, 그림 10),[18] 평저직구소호(높이 9cm, 그림 11),[19] 개배, 개, 배 등이 출토되었다.

금동신발은 발등 부분이 경사를 이루고 있으며, 제작기법과 형태 등에서 익산 익점리 및 나주 신촌리 9호 출토품과 친연성을 보인다. 오른쪽 금동신발(그림 12)[20]은 현존 길이 0.27m로 바닥에서 모두 5마리의 물고기(그림 13)[21]가 확인되었다. 스파이크와의 배치 관계로 보아 본래 9마리가 장식되었던 것으로 추정된다. 물고기의 길이는 0.032m이고, 안에서 밖으로 타출한 점문을 이용하여 문양을 조각하였다.

---

16) 국립나주문화재연구소, 2006, 『羅州 伏岩里 三號墳』, 148쪽.

17) 국립나주문화재연구소, 2006, 『羅州 伏岩里 三號墳』, 149쪽.

18) 국립나주문화재연구소, 2006, 『羅州 伏岩里 三號墳』, 150쪽.

19) 국립나주문화재연구소, 2006, 『羅州 伏岩里 三號墳』, 151쪽.

20) 국립문화재연구소, 2001, 『羅州 伏岩里 3號墳(본문)』, 181쪽 도면 75.

21) 국립나주문화재연구소, 2006, 『羅州 伏岩里 三號墳』, 159쪽 하단 사진.

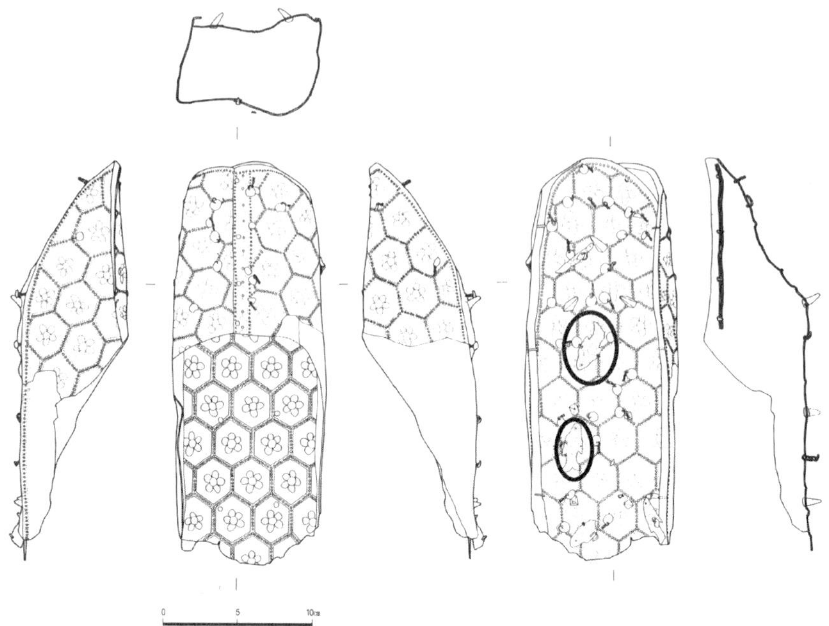

그림 12. 나주 복암리 3호분 '96횡혈식석실묘 내 4호 옹관 출토 금동신발(○ 내부에 물고기)

그림 13. 나주 복암리 3호분 '96횡혈식석실묘 내 4호 옹관 출토 금동신발의 물고기 장식 세부

한편, 물고기 문양은 왼쪽 신발의 측판에서도 확인되고 있어 오른쪽 신발의 측판에도 같은 문양이 장식되었던 것으로 추정된다.

2. 신라

1) 과대 요패

(1) 경주 황남대총(남 · 북분) 출토 금제과대 요패

황남대총은 현존하는 고신라 최대의 표형 봉토를 가진 적석목곽묘로 경주시 대릉원 내에 자리하고 있다. 물고기 문양은 남 · 북분 출토 금제과대 요패에서 확인되고 있다. 북분 출토 과대를 중심으로 살펴보고자 한다.

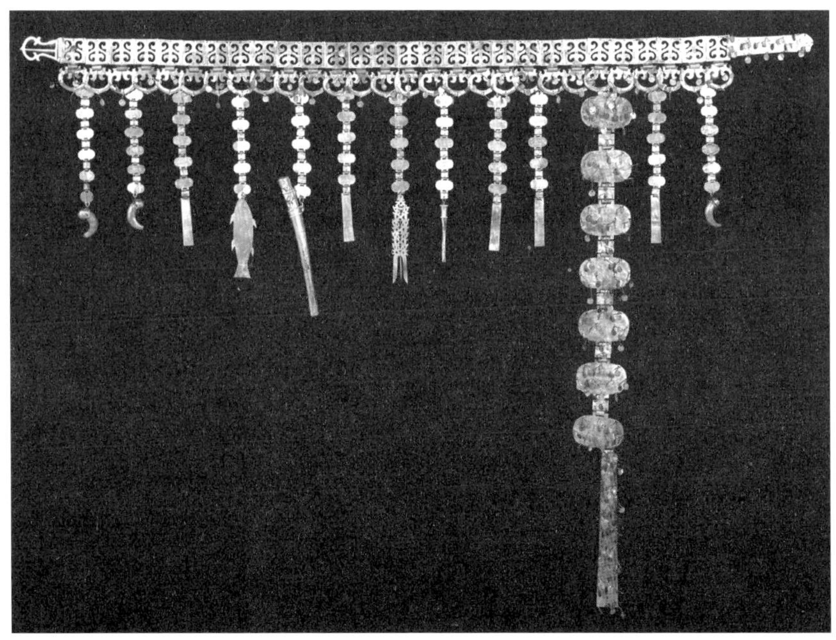

그림 14. 경주 황남대총 북분 주곽 내부 출토 금제과대(왼쪽에서 4번째 요패에 물고기가 매달려 있다)

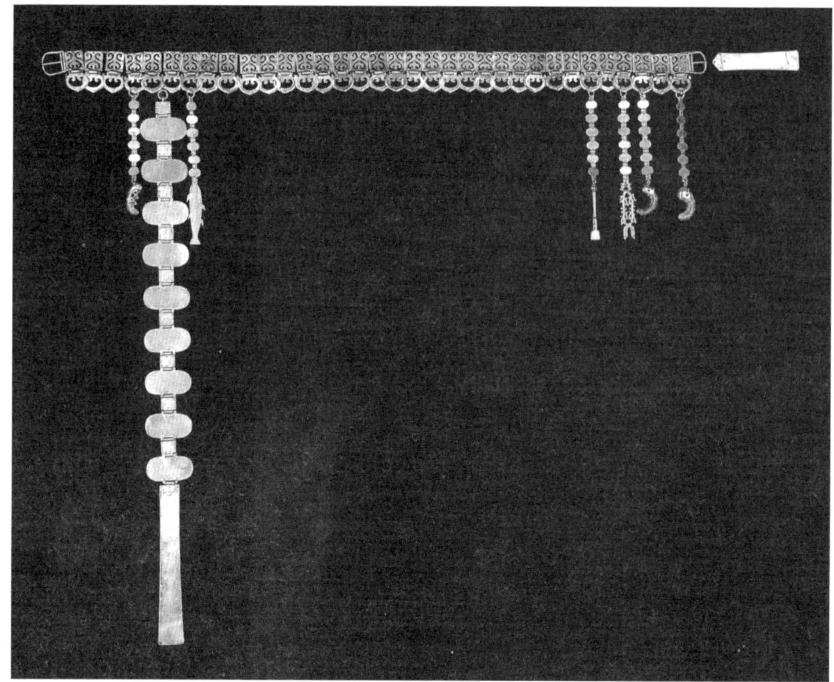

그림 15. 경주 황남대총 남분 주곽 출토 금제과대(왼쪽에서 3번째 요패에 물고기가 매달려 있다)

금제과대(그림 14)[22]는 직물로 된 허리띠 표면에 28개의 방형 금속판이 붙어 있고, 그 아래로 심엽형의 고리가 경첩으로 이어져 있다. 과대 아래로는 경첩으로 연결된 13개의 요패가 매달려 있다. 요패는 타원형 및 방형의 금판이 교차로 연결되어 있고 끝단에 물고기, 곡옥, 도자 모양, 용문 투조 가위 모양, 침 모양, 세장방판 모양 등의 드리개가 매달려 있다. 과대 길이는 1.2m이고, 요패 길이는 0.225~0.775m이다.

한편, 황남대총 남분에서 출토된 금제과대(그림 15 · 16)[23]와 은제과대(그림

22) 文化財管理局 文化財硏究所, 1985, 『황남대총(북분)』, 圖版 9.

23) 文化財管理局 文化財硏究所, 1993, 『황남대총(남분)』, 圖版 20 및 圖面 37 중.

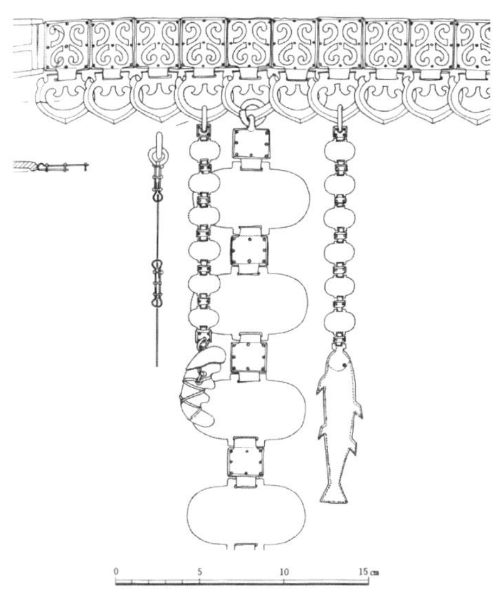

그림 16. 경주 황남대총 남분 출토 금제과대 요패의 물고기 문양

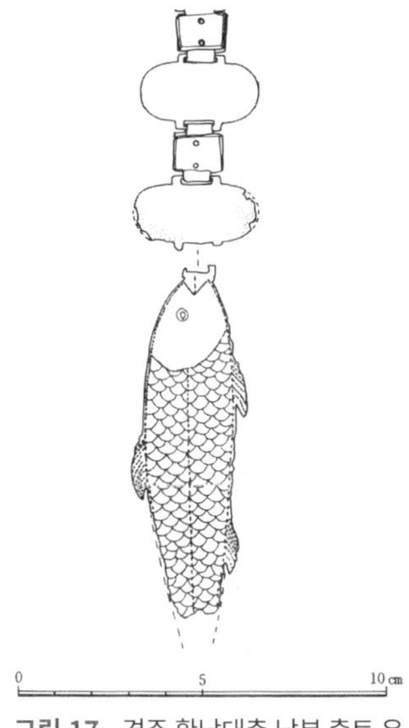

그림 17. 경주 황남대총 남분 출토 은제과대 요패의 물고기 문양

17)[24]의 요패에서도 물고기 장식을 살필 수 있다.[25]

무덤의 축조 시기는 남분의 경우 4세기 말~5세기 초 혹은 5세기 중반, 북분은 5세기 전반 혹은 후반으로 추정되고 있다.[26]

(2) 경주 금관총 출토 금제과대 요패[27]

금관총은 노서동 128호분으로 불리던 적석목곽묘로 일제강점기인 1921년에

24) 文化財管理局 文化財硏究所, 1993, 『황남대총(남분)』, 圖面 45-⑨.

25) 북분 출토 금제과대에 비해 요패의 수는 적지만 드리개의 문양은 유사하다. 요패의 드리개로만 본다면 북분 출토 과대가 남분 출토 과대에 비해 화려함을 살필 수 있다.

26) 박천수 외, 2011, 『東아시아 古墳 歷年代資料集』, 276쪽.

27) 국립경주문화재연구소 · 경주시, 2011, 『경주 금관총 발굴조사보고서(국역)』.

그림 18. 경주 금관총 출토 금제과대(왼쪽에서 7번째 요패에 물고기가 매달려 있다)

그림 19. 경주 금관총 출토 금제 과대 요패의 물고기

발굴조사 되었다. 과대(그림 18)[28]는 얇은 금판으로 만든 40매의 투각형 과판과 17개의 요패로 이루어졌다. 요패의 끝단에는 행엽 모양, 투조 광주리 모양, 약통 모양, 곡옥, 투조 규형, 가지 모양 유리구체, 족집게 모양, 물고기(12.6cm, 그림 19),[29] 용문 투조 가위 모양, 세장방판 모양 등의 드리개가 매달려 있다. 신라 과대 중 요패의 장식이 가장 화려하고 다양함을 엿볼 수 있다. 무덤은 5세기 후반으로 추정되고 있다.

28) 국립경주박물관 홈페이지.

29) 국립경주문화재연구소 · 경주시, 2011, 『경주 금관총 발굴조사보고서(국역)』, 156쪽 도판 제43-3.

(3) 경주 천마총 출토 금제과대 요패[30]

그림 20. 경주 천마총 출토 금제과대 요패의 물고기

천마총은 경주 고분 제155호 무덤으로 불리던 적석목곽묘로 금관, 금제관모, 금제과대 등이 수습되었다. 과대에서 늘어진 요패(그림 20)[31]는 황남대총 북분과 같이 13조로 이루어져 있다. 과대는 44개의 과판(방형판과 심엽형판으로 구성)으로 연결되어 있고, 표면에는 다수의 영락이 부착되어 있다. 과판의 이면에서는 혁대로 보이는 유기물의 잔편 일부가 검출되었다. 요패는 타원형 및 방형의 금판으로 이어져 있고 하단에는 물고기, 곡옥 등이 매달려 있다.

금제과대의 전체 길이는 1.25m이고, 무덤은 5세기 후엽경에 조성된 것으로 추정한다.

(4) 경주 서봉총 출토 금제과대 요패

길이 1.2m의 금제과대(그림 21)[32]이다. 왼쪽에서 3번째 요패에 물고기 문양이 장식되어 있다. 꼬리지느러미는 금관총 출토품과 달리 천마총 어문과 친연성을 보이고 있다. 서봉총의 축조 시기는 5세기대로 추정된다.

---

30) 국립경주문화재연구소, 2019, 『천마총』, 171쪽.

31) 필자 사진.

32) 국립경주박물관, 2015, 『경주의 황금문화재』, 113쪽.

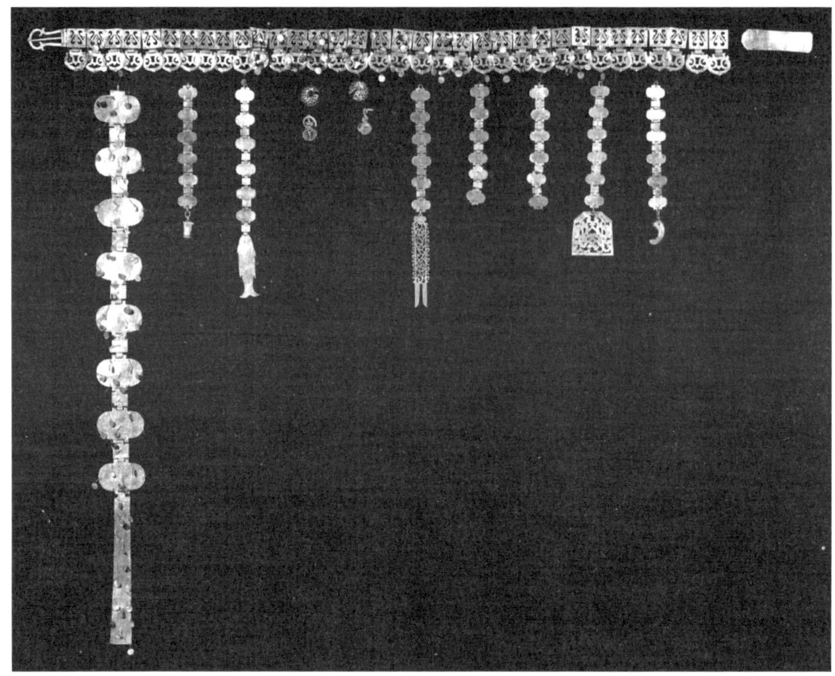

그림 21. 경주 서봉총 출토 금제과대

(5) 창녕 교동 7호분 출토 은제과대 요패[33]

은제과대(그림 22)[34]는 과판과 요패 등의 전체적인 형태에서 전술한 사례들과 유사한 모습을 보인다. 투각형 과판과 그 아래의 심엽형 장식, 그리고 요패에서의 물고기, 용문 투조 가위 모양 등에서 친연성을 살필 수 있다. 아울러 요패 끝단의 드리개가 모두 투조되었다는 특징을 보여주고 있다. 전체적인 요패의 내용과 조각 기법에서 금관총의 과대와 유사성이 찾아진다.

---

33) 7호분은 일제강점기인 1918년 조선총독부 고적 조사위원이었던 谷井濟一에 의해 발굴조사가 이루어졌다. 정밀조사가 이루어지지 않았고 유물 대부분의 향방도 알 수 없다.

34) 국립가야문화재연구소 외, 2010, 『비사벌』, 42쪽 위 사진.

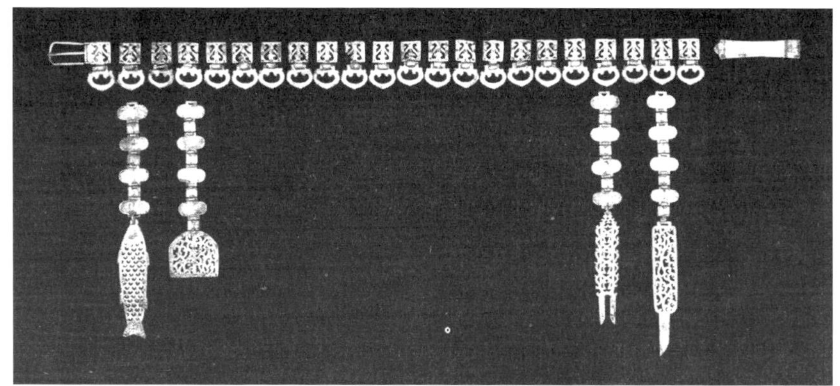

그림 22. 창녕 교동 7호분 출토 은제과대

2) 금동신발

경주 식리총에서 발견된 금동신발(그림 23 · 24)[35]은 길이 0.35m로 바닥 면에 6각형의 구갑문과 함께 다양한 문양이 조각되어 있다. 즉 연화문을 비롯한 괴수, 기린, 새,

그림 24. 경주 식리총 출토 금동신발의 팔 달린 물고기

그림 23. 경주 식리총 출토 금동신발

35) 국립경주박물관, 2015, 『경주의 황금문화재』, 124 · 125쪽.

사람 얼굴을 한 서조, 쌍조 등이 시문되어 있다. 특히 팔 달린 물고기는 우리나라에서 발굴된 여타 공예품에서 거의 살필 수 없는 희귀한 문양으로 손꼽히고 있다. 식리총은 5세기대의 무덤으로 추정되고 있다.

3) 금동장식

경주 금관총에서 물고기 형태의 금동장식품(그림 25)[36] 한 점이 수습되었다. 길이 0.3m로 전면 투조되었고, 외면을 따라 구멍을 뚫어 영락을 매달아 놓았다. 입 앞에 원형의 고리가 매달려 있는 것으로 보아 어디인가 부착해 놓았음을 알 수 있다. 그런데 금관총에서는 금동과대와 요패가 출토된 바 있고, 여기에서 물고기 문양을 살필 수 있다. 또한 경주 및 기타 지역에서 발견된 금동 및 은제과대의 경우 어패가 1점만이 매달려 있고, 영락 역시도 장식되지 않았다는 측면에서 이 금동장식품은 과대와 완전 무관한 것임을 파악할 수 있다. 그런 점에서 이는 중국 출토 물고기 옥식과 같이 별도의 장식품으로 이해할 수 있다.

그림 25. 경주 금관총 출토 금동 물고기 장식

3. 일본

1) 관(冠)

(1) 가모이나리야마고분(鴨稲荷山古墳) 출토 금동관

가모이나리야마고분(그림 26)[37]은 전방후원분으로 시가현 다카시마시 다카시

36) 국립경주박물관, 2015, 『경주의 황금문화재』, 206쪽.

37) 고분 관련 내용은 박천수, 2009, 「가모이나리야마고분(鴨稲荷山古墳)」『韓國考古學專門事典-古墳篇-』, 國立文化財研究所, 16~17쪽 참조.

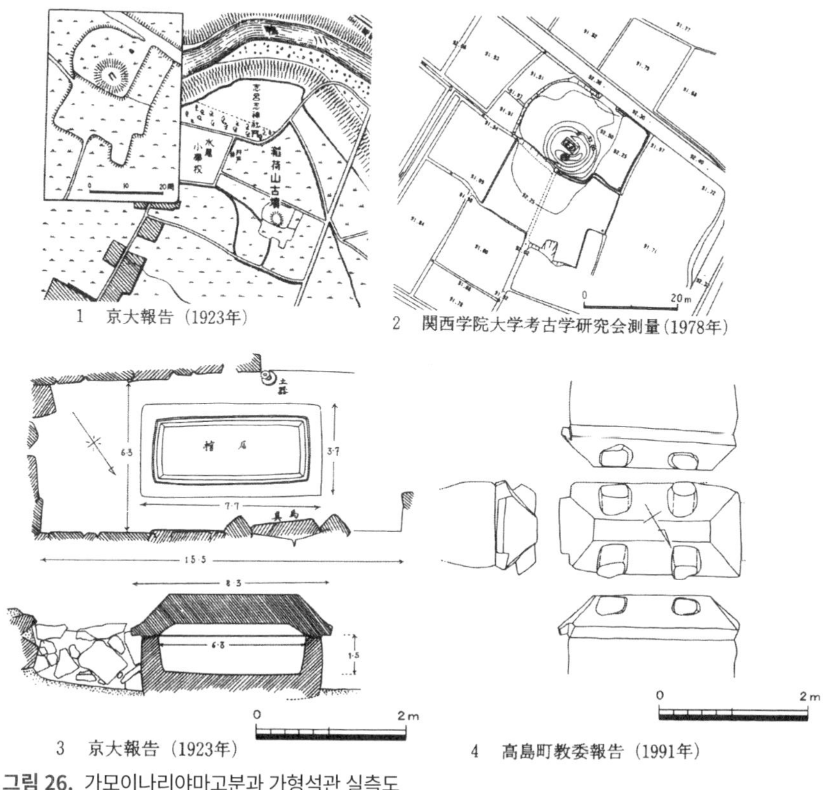

그림 26. 가모이나리야마고분과 가형석관 실측도

마조 가모지역에 위치하고 있다. 다카시마 평야 중앙부, 가모카와 우안에 있는 고분으로 1902년(메이지 35) 현도 개수 공사에서 처음으로 확인되었고, 1923년 교토제국대학(교토대학)에 의해 본격적인 발굴조사가 이루어졌다. 봉토가 유실되었으나 주구를 포함한 전체 길이는 60m, 주구를 제외한 분구의 길이는 45m로 계측되었다. 후원부의 횡혈식석실(길이 9m, 폭 약 1.8m, 높이 약 1.8m) 내부에서 가형석관이 검출되었다. 고분의 축조 시기는 출토된 스에키(須惠器)를 통해 6세기 전반으로 편년되었고, 무덤의 묘주(피장자)는 게이타이천황(繼體天皇)과 관련된 유력 수장으로 추정되었다.

박천수 외, 2011, 『東아시아 古墳 歷年代 資料集』, 학연문화사, 695쪽.

그림 27. 가모이나리야마고분 출토 가형석관

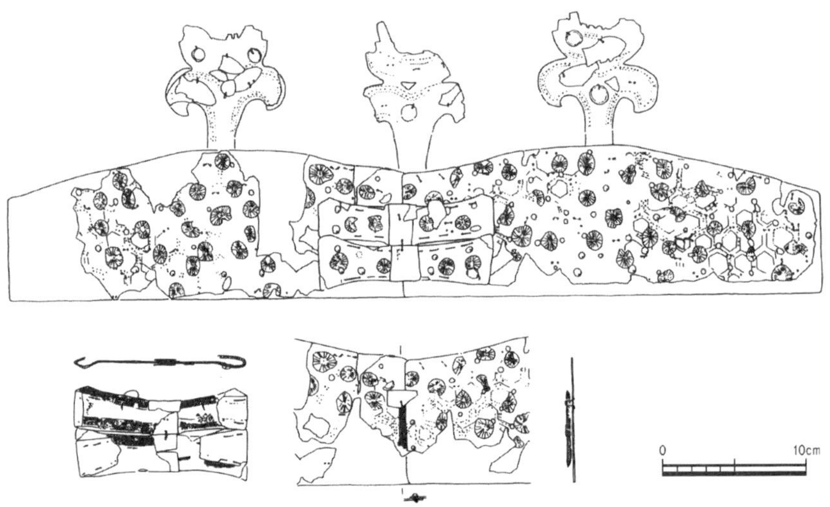

그림 28. 가모이나리야마고분 출토 금동관

가형석관(그림 27)[38]은 응회암제의 刳抜式(고발식)으로 내외부에서 금동관을 비롯한 금제이식, 금동신발, 환두대도, 동경, 행엽, 옥류 등이 출토되었다. 금동관

38) 日本經濟新聞 2013年2月5日.

(그림 28 · 29)[39]은 양측 두부가 산처럼 높게 솟아 있는 광대이산식[40]으로 후지노끼고분 출토품과 같은 형식이다. 관의 표면에는 물고기와 영락, 옥 등이 장식되어 있다. 특히 정면에 배치된 물고기의 경우는 머리를 서로 마주 보게 하였다. 복원된 금동관의 길이는 0.55m이다.

그림 29. 가모이나리야마고분 출토 금동관(복원품)

(2) 주젠노모리고분(十善の森古墳) 출토 금동관

고분은 후쿠이켄 와카사조의 덴토쿠지(天德寺) 모리노시다에 위치하고 있다. 1954년 발굴조사 되었고, 전방후원분의 전방부와 후원부에서 각기 1기씩의 횡혈식석실이 확인되었다. 분구는 전방이 서쪽을 향하고 있고, 2단 축성으로 즙석이 이루어졌다. 분구의 길이는 67m, 전방부 폭 45m, 후원부 지름 33m이다. 후원부 석실은 현문이 문틀 구조를 이루고 있고, 연도는 짧은 나팔 모양을 하고 있다. 현실은 길이 4.1~4.4m, 높이 2.7m이다.

부장품은 전방부 석실에서 철도, 철검, 머리뼈, 치아 등이 출토되었고, 후원부 석실에서는 금동신발, 금동제성시구, 금동제영부판비, 철지금동장 쌍엽문검

39) 국립공주박물관, 2010, 『백제의 관』, 25쪽.
박천수 외, 2011, 『東아시아 古墳 歷年代 資料集』, 학연문화사, 696쪽.
日本經濟新聞 2013年2月5日.

40) 모찌다 다이스케, 2019, 「고대 일본의 금동신발과 금동관」 『고대 동아시아의 금동신발과 금동관』, 국립나주문화재연구소 외, 291~294쪽.
그에 따르면 금동관은 세대식(細帶式, 협대식 · 발권식)과 광대식(이산식), 액식식(전립식) 등으로 구분된다.

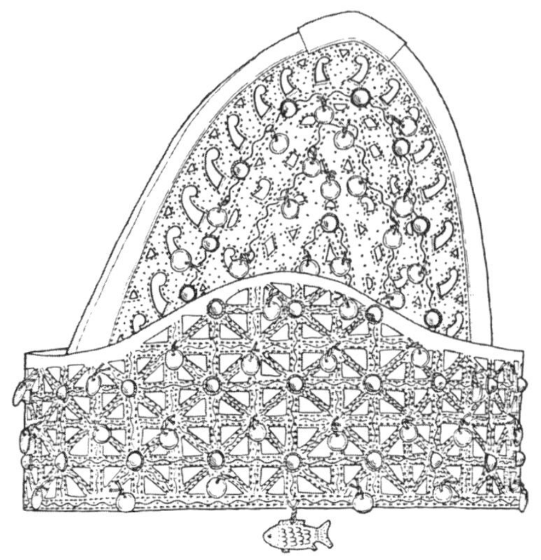

그림 30. 주젠노모리고분 출토 금동관 복원도

릉형행엽, 금동제안금구, 목심철판장 등자, 환령, 곡옥, 관옥, 조옥, 철도, 검, 환두, 금동제삼륜옥, 유운문연방격규구사신경 등이 수습되었다. 고분의 축조 시기는 5세기 말~6세기 초반으로 추정되었다.[41)]

금동관(그림 30)[42)]은 에타후나야마고분(江田船山古墳)의 것을 모방하였고, 표면에 쌍용문이 투각되어 있다. 이처럼 관모에 용이 투각된 사례는 백제작인 공주 출토 수촌리 Ⅱ-1 · 4호분[43)] 및 서산 부장리 5호분[44)] 출토품에서도 찾아지고 있다. 물고기는 관모의 측면 하단부에 한 마리만 매달았던 것으로 추정된다. 높이 0.27m이고, 표면에 원형의 유리구슬이 장식되어 있다.

(3) 미즈오무라고분(水尾村古墳) 출토 금동관

고분(그림 31)[45)]이 조성된 미즈오무라는 近江國 高島郡의 琶湖西 서안에 있는 大溝町 북쪽에 위치하고 있다. 석실은 발굴조사 전에 이미 벽석과 천장석이 대부분 유실된 상태였다. 고분 형식은 횡혈식석실로 파악되었고, 개구 방향은 동남쪽을 향하도록 하였다. 연도는 훼실이 심해 현문과 연도의 구조, 규모 등을 확인할

41) 박천수, 2009, 「주젠노모리고분」『韓國考古學專門事典-古墳篇-』, 國立文化財研究所, 1201~1202쪽.

42) 奈良縣立橿原考古學研究所附屬博物館, 1987, 『倭の五王時代の海外交流』, 60쪽.

43) 忠淸南道歷史文化研究院 · 公州市, 2007, 『公州 水村里遺蹟』.

44) 忠淸南道歷史文化研究院, 2008, 『瑞山 富長里遺蹟』.

45) 濱田耕作 · 梅原末治, 1976, 『近江國高島郡水尾村の古墳』, 臨川書店, 12쪽.

수 없었다. 석실 안쪽에는 길이 방향과 나란하게 가형 석관이 자리하고 있다.

석관은 응회암으로 만들어졌고, 길이 7척 6촌, 폭은 두부의 경우 3척 8촌 5분이다. 부장품은 석실 내부 및 석관에서 출토되었다. 즉 마구류와 토기류는 석관 외부인 석실 내부에서 수습되었고, 기타 장식품과 무기 등은 석관에서 검출되었다. 장식품의 사례로는 금동관과 금제이식 및 수하식, 호박제조옥, 수정제옥, 동경, 은제금구 등이 있고, 무기로는 금동제 및 녹각제 대도, 녹각제 단도, 철단도, 철부 등이 있다.

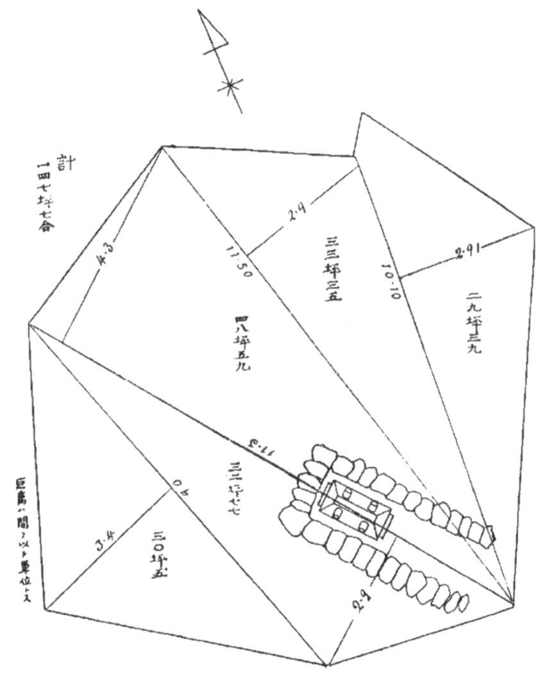

그림 31. 미즈오무라고분의 석실과 가형석관 실측도

석곽 내부에서 출토된 금동관(그림 32)[46]은 파손된 상태에서 파편 대부분이 수습되었다. 금동판 2매를 중앙에서 접합하였고, 관대의 길이는 약 1척 8촌, 폭 3촌 내외이다. 금동관의 안쪽으로는 포를 2~3겹 겹쳐놓았다. 관대 위로는 꽃 모양의 입식 3개가 일정한 간격으로 배치되어 있고, 표면에는 구갑문이 점으로 시문되어 있다. 관대와 입식에는 영락과 함께 물고기가 장식되어 있다. 전술한 주젠노모리고분 출토 금동관에 비해 많은 수의 물고기가 매달려 있음을 볼 수 있다.

46) 濱田耕作 · 梅原末治, 1976, 『近江國高島郡水尾村の古墳』, 臨川書店, 25쪽 Fig. 5a · b.

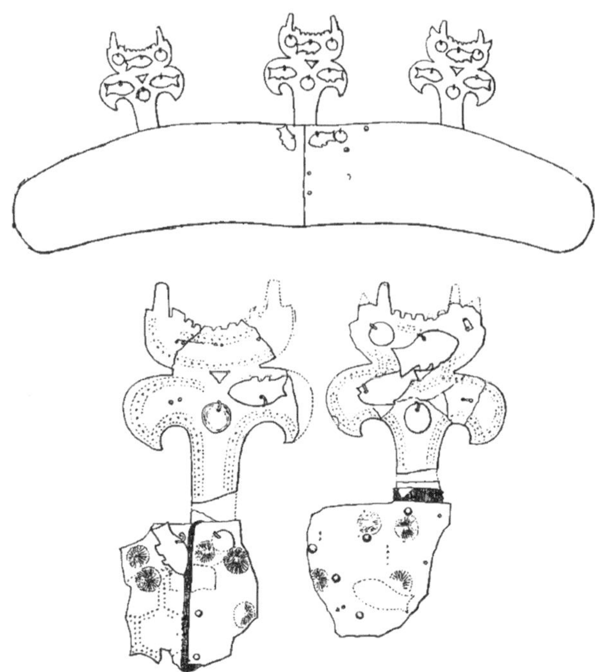

그림 32. 미즈오무라고분 출토 금동관 복원도 및 물고기 문양 세부

2) 신발(飾履)

(1) 후지노끼고분(藤ノ木古墳) 출토 금동신발

후지노끼고분은 법륭사 서원가람 서쪽 약 350m 지점에 위치하고 있다.[47] 지름 48m, 높이 약 9m의 원분으로 분구 주변에서 원통형의 직륜이 확인되었다. 횡혈식석실(그림 33)[48]은 현실 길이 6.1m, 폭 2.7m, 높이 4.2m이고 전체 길이는 14m이다. 석실 내에서 출토된 다량의 하지키와 스에키를 통해 고분의 축조 시기는 6세기 후반으로 추정되었다.

석실 내의 석관(그림 34)[49]은 응회암으로 만들어졌고, 내외부에 적색의 안료가

47) 행정구역상으로는 奈良県 生駒郡 斑鳩町에 해당한다.

48) 박천수 외, 2011, 『東아시아 古墳 歷年代 資料集』, 학연문화사, 678쪽.

49) 국립경주박물관, 2015, 『일본의 고훈문화』, 183쪽.

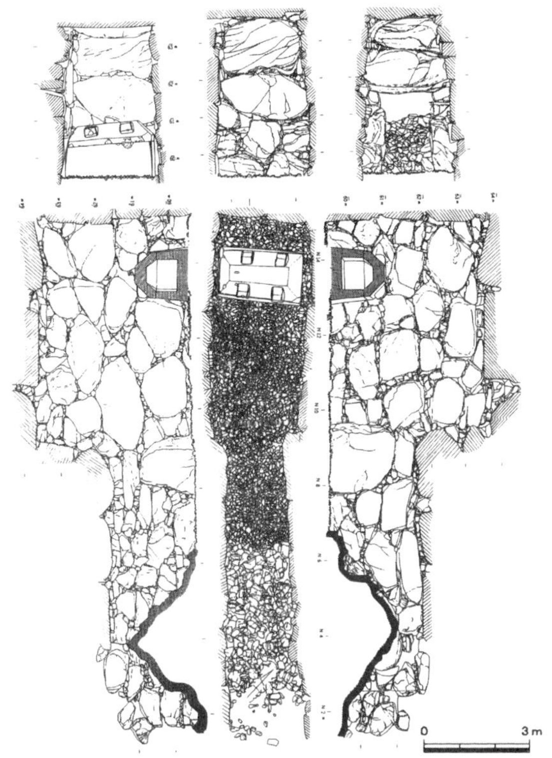

그림 33. 후지노끼고분 석실과 석관 실측도

그림 34. 후지노끼고분 석실 내 가형석관

그림 35. 후지노끼고분 가형석관 내 유물 출토 상태 1

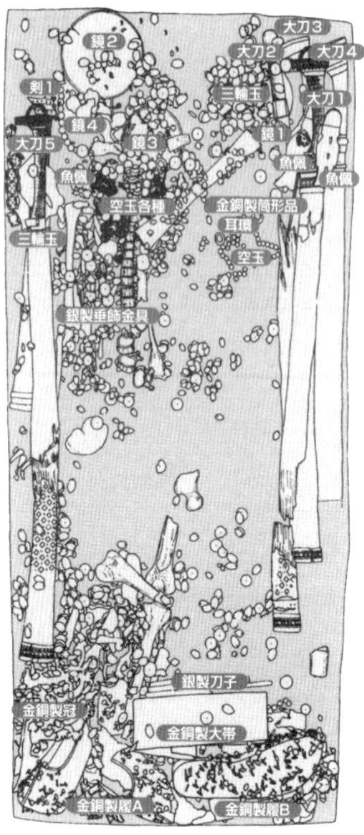

그림 36. 후지노끼고분 가형석관 내 유물 출토 상태 2

칠해져 있다. 석관의 규모는 약 2.35×1.3×0.97m이고 뚜껑은 약 2.3×1.3m, 두께는 약 0.52~0.55m이다. 내부에서 합장된 성인 남성 2인이 확인되었다.

석관 내부에는 물이 고여 있었고, 수많은 섬유 조각이 검출되었다. 그리고 대도 5점과 검 1점, 금동관, 금동신발 등의 장신구와 동경 4개, 10,000개 이상의 유리구슬 등이 발견되었다(그림 35 · 36).[50] 시신에는 네 겹의 천이 싸여 있었고, 석관 바닥에도 비단 천이 놓여 있었다. 기타 석관 내부에서 꽃가루가 검출되었다. 석관과 석실 사이에서는 금동제혁금구(金銅製鞍金具) 등의 마구류와 무기 · 무구류,

50) 奈良縣立橿原考古學研究所附屬博物館, 1998, 『大和まほろば展-ヤマト王權と古墳-』, 93쪽.

철제 농기구(미니어처) 등이 출토되었다.

석관 내에서 금동관과 함께 수습된 금동신발(그림 37~39)[51]에는 우리나라 삼국에서 발견된 것처럼 표면에 선과 점으로 도안된 6각형의 구갑문이 장식되어 있다. 그리고 신발의 표면에는 영락과 함께 물고기가 금실에 매달려 있다. 물고기는 한 마리씩 군상을 이루었던 것으로 생각된다. 전체적인 모양에서 나주 복암리 3호분 '96횡혈식석실묘 출토 금동신발과 친연성을 보이고 있다. 전체 길이 0.384m, 최대 폭 0.124m, 최대 높이 0.116m이다.

한편, 가형석관 내부에서는 2~3cm 크기의 물고기(그림 40)[52]가 25마리 정도 수습되었다. 생김새나 크기가 금동신발에 부착된 물고기와 유사함을 볼 때 여기서 탈락한 것으로 파악된다. 이로 보아 후지노끼고분 석관 내에서 출토된 금동

그림 37. 후지노끼고분 출토 금동신발 1

51) 국립경주박물관, 2015, 『일본의 고훈문화』, 181쪽.
박천수 외, 2011, 『東아시아 古墳 歷年代 資料集』, 학연문화사, 679쪽.
東京新聞, 1988, 『大和まほろば展-ヤマト王權と古墳-』, 97쪽.

52) 박천수 외, 2011, 『東아시아 古墳 歷年代 資料集』, 학연문화사, 681쪽.

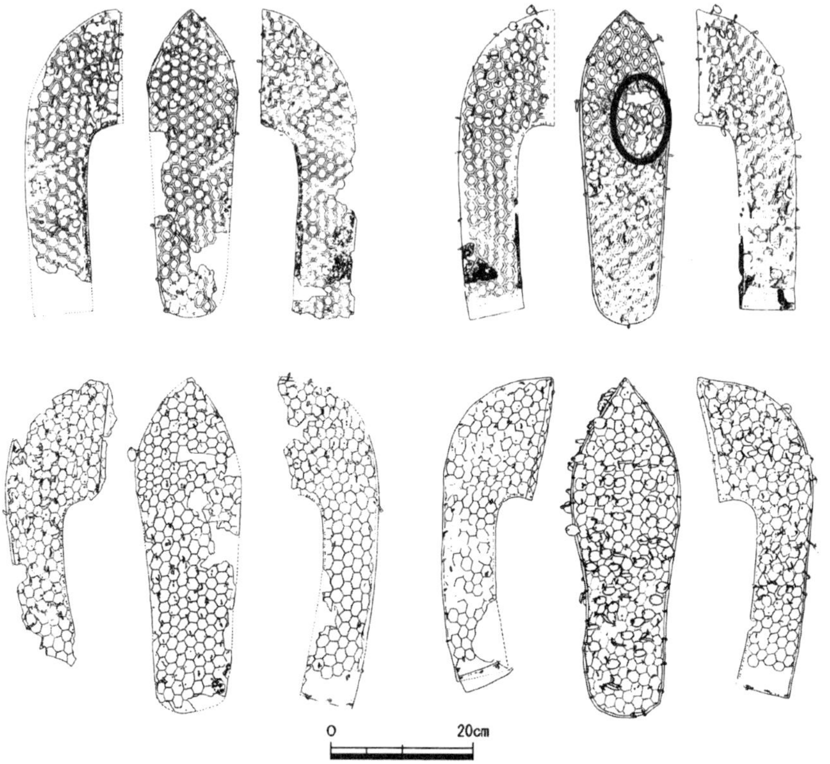

그림 38. 후지노끼고분 출토 금동신발 2(○ 내 물고기 문양)

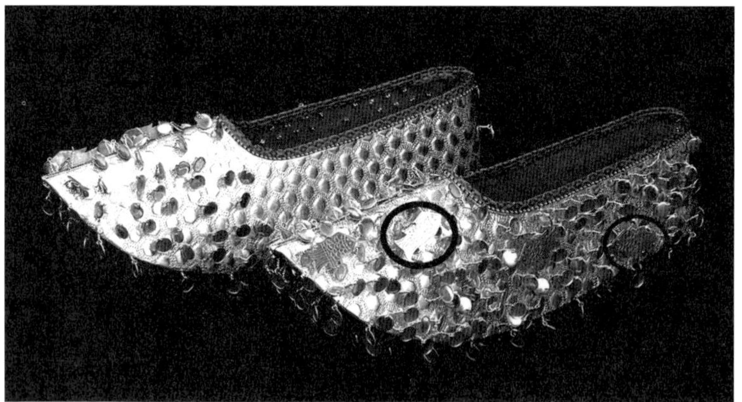

그림 39. 후지노끼고분 출토 금동신발 3(복원품, ○ 내 물고기 문양)

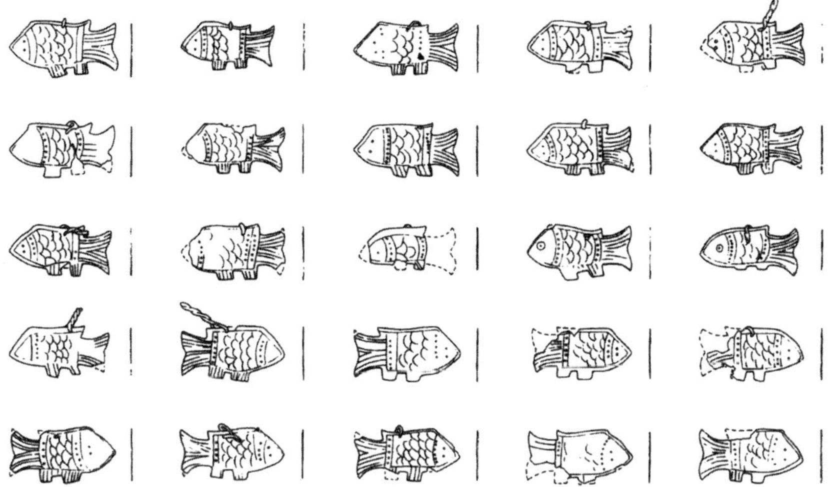

그림 40. 후지노끼고분 출토 물고기 문양

신발은 나주 복암리 3호분 '96횡혈식석실묘 제4옹관 출토품과 마찬가지로 신발의 측판 및 바닥판까지 물고기가 장식되었음을 판단할 수 있다.

(2) 가모이나리야마고분(鴨稲荷山古墳) 출토 금동신발

금동신발(그림 41~43)[53]의 물고기는 후지노끼고분의 출토품과 마찬가지로 바닥판을 비롯한 전면에 장식된 것으로 추정되었다. 이는 백제의 나주 복암리 3호분 '96횡혈식석실묘 출토 금동신발과 계통을 같이 하는 것으로 백제에서의 문화 전파를 판단케 한다. 다만 바닥판에 송곳 모양의 스파이크가 없어 백제시대 출토품[54]

53) 박천수 외, 2011, 『東이시아 古墳 歷年代 資料集』, 학연문화사, 697쪽.
日本經濟新聞 2013年2月5日.

54) 공주 무령왕릉과 수촌리 3호분, 서산 부장리 고분군 II지점 6호분 6호 널무덤과 8호분 1호 널무덤, 고흥 길두리 안동고분, 나주 복암리 정촌고분 1호 석실, 나주 신촌리 9호분 옹관, 익산 입점리 86-1호분, 고창 봉덕리 1호분 출토품 등에서는 스파이크를 살필 수 있다.

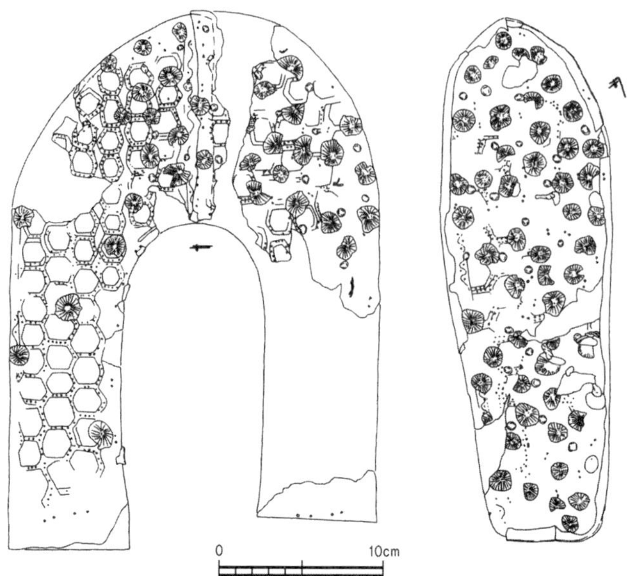

그림 41. 가모이나리야마고분 출토 금동신발

그림 42. 가모이나리야마고분 출토 금동신발(복원품)

그림 43. 가모이나리야마고분 출토 금동신발 세부(복원품)

과 차이를 보인다. 길이는 약 0.28m이고,[55] 고분의 축조 시기는 6세기 초로 추정되었다.

55) 모찌다 다이스케, 2019, 「고대 일본의 금동신발과 금동관」 『고대 동아시아의 금동신발과 금동관』, 국립나주문화재연구소 외, 288쪽.

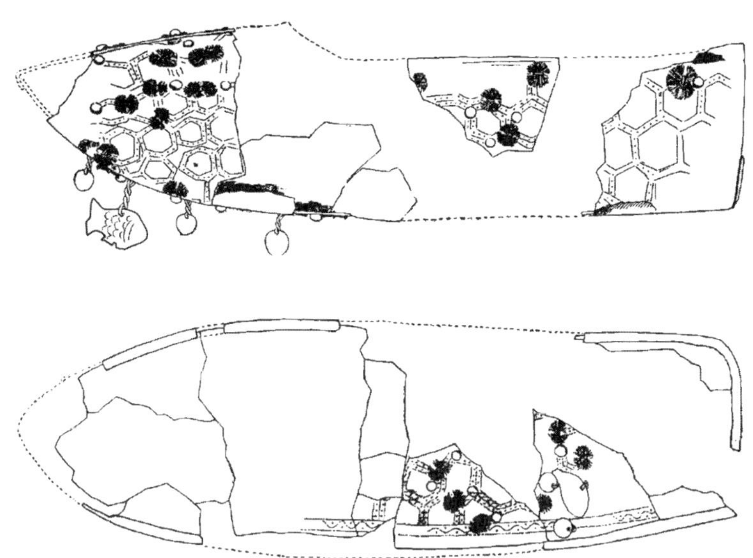

그림 44. 미즈오무라고분 출토 금동신발

(3) 미즈오무라고분(水尾村古墳) 출토 금동신발

금동신발(그림 44)[56]은 두 짝이 수습되었는데 한 짝이 파손이 심한 상태에서 출토된 반면 다른 한 짝은 실측 복원이 가능한 상태로 검출되었다. 길이는 1척 2촌, 폭은 중앙부가 3촌 5분, 높이는 3촌이다. 금동판의 표면에는 구갑문이 시문되어 있고, 여기에 영락과 옥, 물고기 등이 장식되어 있다.

3) 에타후나야마고분(江田船山古墳) 출토 대도

에타후나야마고분(그림 45)[57]은 구마모토현 다마나군 나고미장을 흐르는 기쿠치가와와 에타가와가 합류하는 세이바루대지에 조성되어 있다. 전방후원분으로 길이 66.8m, 높이 10m, 주구를 포함한 전체 길이는 78m이다. 서쪽 잘록한 부분

56) 濱田耕作 · 梅原末治, 1976,『近江國高島郡水尾村の古墳』, 臨川書店, 31쪽 Fig.8.
57) 박천수 외, 2011,『東아시아 古墳 歷年代 資料集』, 학연문화사, 606쪽.

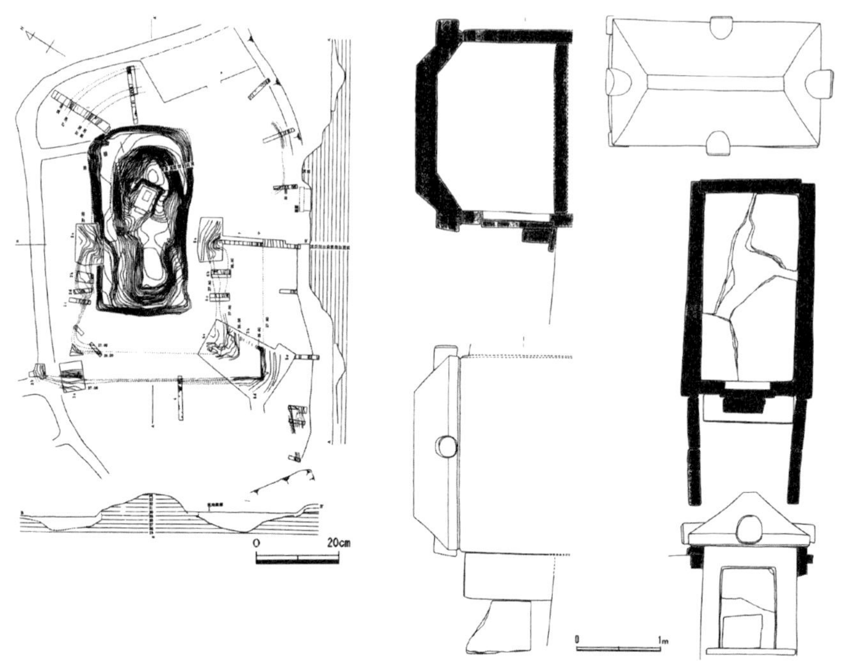

그림 45. 에타후나야마고분과 가형석관 실측도

그림 46. 에타후나야마고분의 횡구식 가형석관

에 길이 8m의 단상 시설을 갖추고 있다. 매장 주체부는 횡구식 가형석관[58](그림 46, 길이 약 2.7m, 폭 1.4m)으로 내부에서 은상감대도를 비롯한 금동용문투조관모, 금제장쇄삼연식이식, 금동신발, 곡옥, 관옥, 충각부주, 단갑, 환두대도, 철창, 철촉, 재갈, 등자, 토기류 등 많은 부장품이 수습되었다.

고분 출토품 중 물고기가 장식된 유물로는 은상감 대도(그림 47)[59]와 금동신발을 들 수 있다. 대도의 등날 부분에 '治天下獲□□□鹵大王世奉□典曹人名无利~'[60]로 시작하는 75자와 신부에 말, 새, 물고기 등이 은상감 되어 있다. 물고기는 단어(單魚)로 대도의 손잡이 끝단으로부터 약 0.1m 지점에 칼날 방향과 나란하게 장식되었고, 머리는 검신 윗부분을 향하게 하였다. 지느러미를 비롯한 비늘, 꼬리 등이 정교하게 묘사되어 있다. 물고기 아래로는 새가 조각되어 있다.

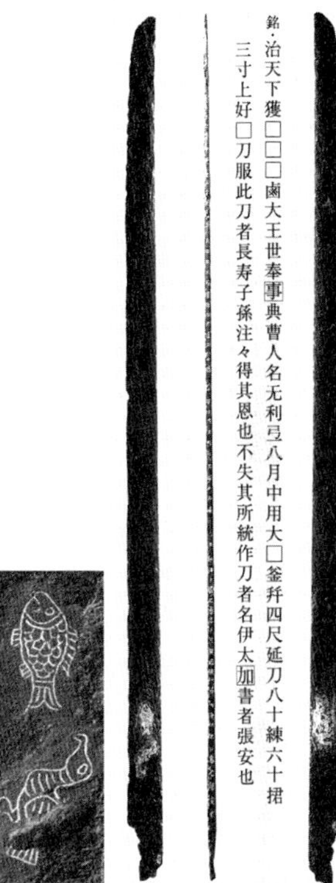

그림 47. 에타후나야마고분 출토 은상감 대도의 물고기 문양

---

58) 奈良縣立橿原考古學硏究所附屬博物館, 1987, 『倭の五王時代の海外交流-渡來人の足跡-』, 36쪽.

59) 香川縣歷史博物館, 2004, 『東アジアの黃金文化』, 45쪽. 물고기와 새의 사진은 필자가 확대 재편집하였음.

60) 원문은 香川縣歷史博物館, 2004, 『東アジアの黃金文化, 百濟武寧王陵と倭の王たち』, 45쪽 참조.
"治天下獲□□□鹵大王世、奉(事)典曹人名无利弖、八月中、用大□釜, 并四尺廷刀、八十練、六十捃、三寸上好□刀、服此刀者、長寿、子孫注々、得其恩也、不失其所統、作刀者名伊太(加)、書者張安也"
이에 반해 처음 시작하는 "治天下獲~"를 "治天下復~"으로 쓴 것도 살필 수 있다. 충청남도 · 충청남도역사문화연구원, 2018, 『일본 속의 百濟 | 큐슈지역 |』, 418쪽.

고분 내부의 출토 유물로 보아 피장자는 왜 왕권과의 관계 하에서 한반도의 백제 및 대가야 등과 교섭하였던 유력 호족으로 추정되었다. 고분은 5세기 후엽에 축조되어 6세기 전엽까지 추가장된 것으로 파악되었다.[61]

4) 쌍어패(雙魚佩)

허리에 패용한 물고기 모양의 장식품으로 고분에서 주로 출토되었다. 물고기 두 마리를 서로 붙여 놓았으며, 비늘이나 지느러미 등은 모조로 표현하였다. 이 쌍어패는 한편으로 대도(大刀)의 장식으로 추정하기도 한다.[62]

(1) 후지노끼고분(藤ノ木古墳) 출토 쌍어패

허리에 찬 것으로 보이는 어패(그림 48)[63]는 모두 4개가 수습되었다. 석관 내부에서 2개체의 인골이 확인된 것으로 보아 1인당 2개씩의 어패를 착용하였던 것으로 생각된다. 물고기는 쌍어문으로 머리를 위쪽으로 하였고, 복부가 서로 붙어 있다. 물고기의 머리 부분은 하나의 금속판에 접합되어 있고 이는 또 다른 금속판과 결구되어 있다. 물고기의 꼬리와 눈, 입 등에서 회화적 이미지를 엿볼 수 있다.

(2) 미네가즈카고분(峰ヶ塚古墳) 출토 쌍어패

미네가즈카고분은 오사카부 하토노시 카루사토 2가에 위치하고 있는 전방후원분이다. 분구는 2단으로 축토되었고, 외곽에 2중 호를 갖추고 있다. 전체 길이 96m로 전방부의 폭 74.4m, 높이 10.5m이다. 후원부는 직경 56m, 높이 9m로 횡혈식석실이 조성되어 있다. 석실 내에서는 응회암제의 가형석관이 확인되었

---

61) 國立公州博物館, 2000, 『日本所在 百濟文化財 調査報告書 II-구주지방-』, 50쪽.
박천수 외, 2011, 『東아시아 古墳 歷年代 資料集』, 학연문화사, 605~606쪽.
충청남도 · 충청남도역사문화연구원, 2018, 『일본 속의 백제 | 큐슈지역 | 』, 418~420쪽.

62) 이는 일본 박물관의 유물 설명란 등에서 살필 수 있다.

63) 박천수 외, 2011, 『東아시아 古墳 歷年代 資料集』, 학연문화사, 680쪽.

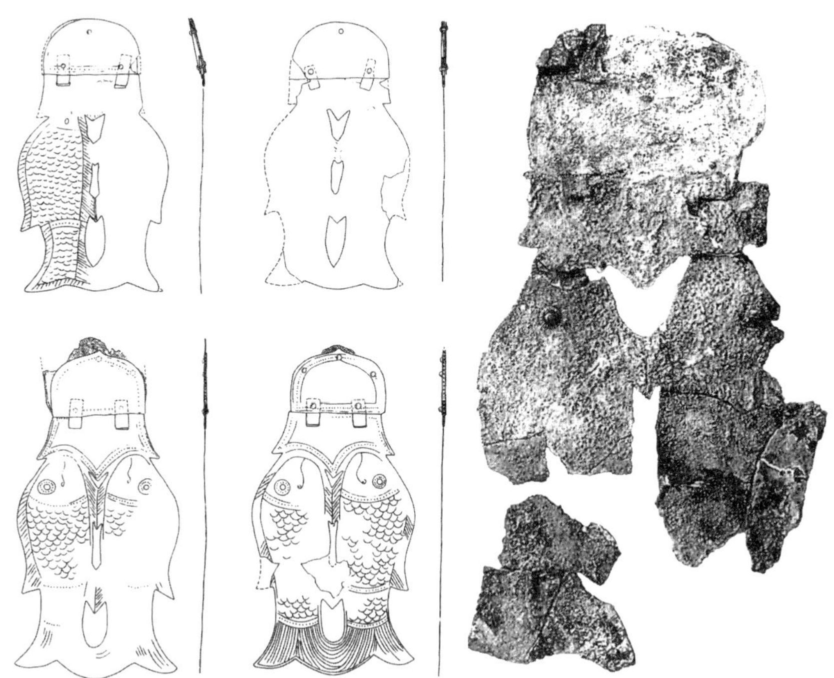

그림 48. 후지노끼고분 출토 쌍어패　　**그림 49.** 미네가즈카고분 출토 쌍어패

다. 3,500점 이상의 유물이 수습되었고 이 중에는 금동장대도를 비롯한 동경, 직륜, 옥류, 재갈, 등자, 스에키, 쌍어패(그림 49)[64] 등이 있다. 고분은 출토 유물을 통해 5세기 말로 추정되었다.

(3) 마노고분군(真野古墳群) A지구 20호분 출토 쌍어패

마노20호분(그림 50)[65]은 福島県 南相馬市 鹿島区寺内地内에 위치하고 있다.

64) 松林正徳, 2002, 「真野古墳群Ａ地区20号墳出土金銅製双魚佩(甲)の復元製作」『福島県文化財センター白河館研究紀要 2001』, 福島県教育委員會 · (財)福島県文化振興事業団, 276쪽 사진 10.

65) 特定非營利活動法人 工藝文化研究所, 2002, 『文化財と技術』, 7쪽 도 6 및 도 7.

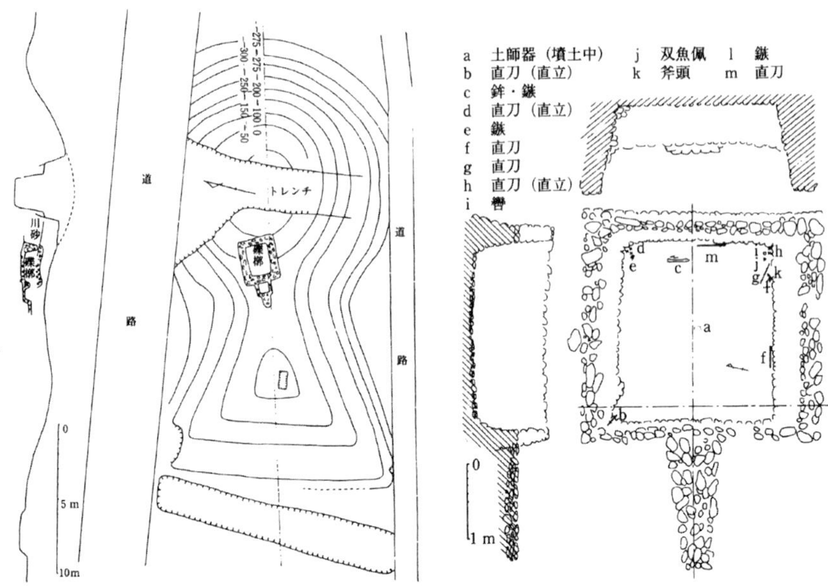

그림 50. 마노고분군 A지구 20호분의 외형과 석실 실측도

A20호분은 전체 길이 28.5m의 전방후원분으로 외곽에 주구를 갖추고 있다. 후원부 직경 16m, 전방부 전단 길이 17m로 추정되고 있다. 매장주체부는 역곽(礫郭)이고, 평면 3×3.5m, 깊이 1.3m이다. 유물은 석곽 내에서 직도, 철검, 철촉, 금동제 쌍어패 외에 토기 등이 수습되었다.[66] 서쪽 벽면상으로는 석재가 1m 이상 깔려 있다. 고분은 출토 유물을 통해 6세기 무렵으로 추정되었다.

真野20호분에서 출토된 금동제 어패(그림 51 · 52)[67]는 두 점(갑, 을)이 출토되었는데 갑은 잔존 길이 0.231m, 최대 폭 0.106m이다. 을은 잔존 길이 0.213m, 최대 폭 0.105m이다. 두 마리의 물고기는 배를 서로 맞대고 있다. 비늘과 지느러미는 작은 도구와 망치를 이용해 두드려 만들었고, 눈 부분은 앞쪽에서 구멍을

66) 特定非營利活動法人 工藝文化硏究所, 2002, 『文化財と技術』, 8쪽.

67) 特定非營利活動法人 工藝文化硏究所, 2002, 『文化財と技術』, 273쪽 도 1과 도 2, 칼라-도판 4-13과 4-14.

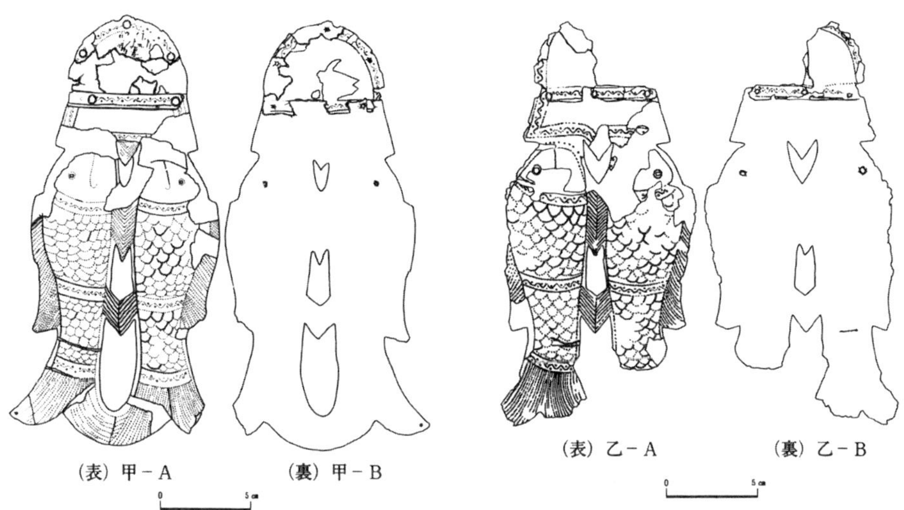

그림 51. 마노고분군 A지구 20호분 출토 갑(왼쪽)과 을의 쌍어패

그림 52. 마노고분군 A지구 20호분 출토 갑(甲)의 쌍어패와 복원품(右)

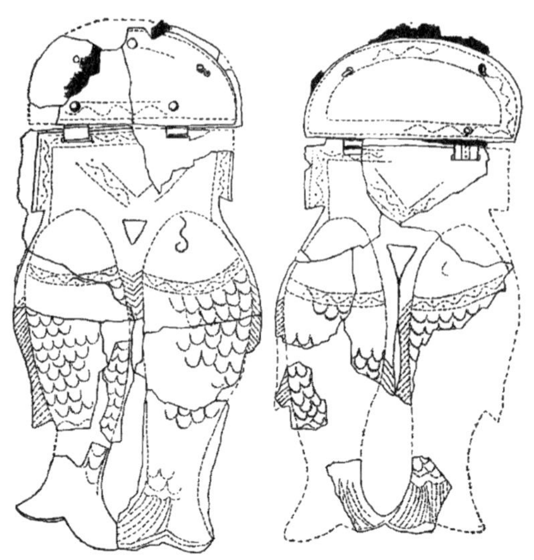

그림 53. 미즈오무라고분 출토 쌍어패

뚫어 놓았다. 칼의 손잡이 부분을 장식한 것으로 추정되었다.[68]

(4) 미즈오무라고분(水尾村古墳) 출토 쌍어패[69]

금동제 어패(그림 53)로 석관 내부에서 수습되었다. 다른 어패와 마찬가지로 배를 맞대고 있고 비늘과 지느러미, 눈 등이 섬세하게 조각되었다. 어패의 길이는 5촌 7분이다.

(5) 마츠멘고분(松面古墳) 출토 쌍어패

마츠멘코분은 치바현 기사라즈시 아사히에 위치하고 있는 방분이다. 분구는 동서 44.2m, 남북 45.3m로 계측되었다. 매장시설은 횡혈식석실로 석재는 연질 사암을 사용하였다. 석실 내부에서는 금동장쌍용환두대도를 비롯한 금동장대

68) 特定非營利活動法人 工藝文化研究所, 2002,『文化財と技術』, 8쪽.

69) 濱田耕作 · 梅原末治, 1976,『近江國高島郡水尾村の古墳』, 臨川書店, 28쪽 Fig.7.

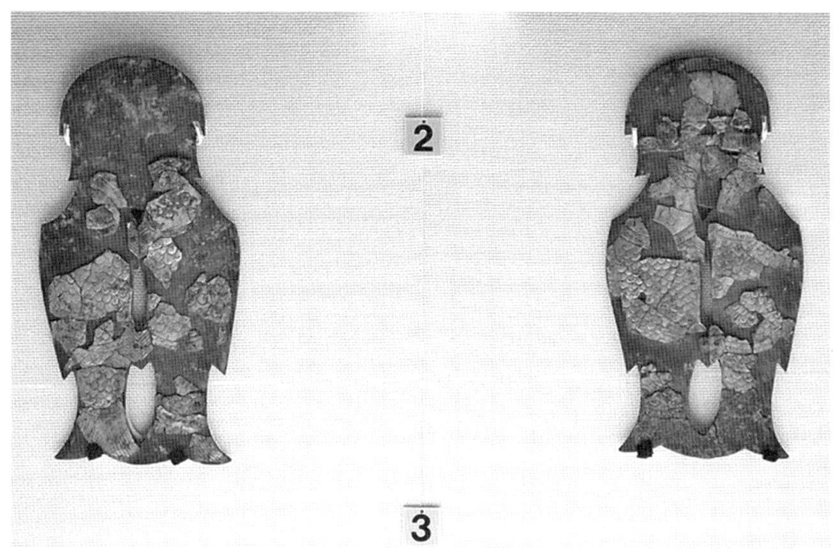

그림 54. 마츠멘고분 출토 쌍어패

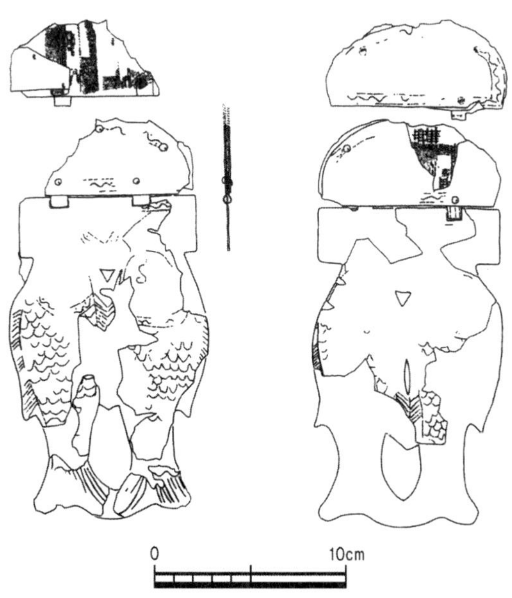

그림 55. 가모이나리야마고분 출토 쌍어패

도, 금동제 쌍어패(그림 54),[70] 철촉, 철모, 각종 옥류, 동완, 행엽, 철제호등, 스에키, 하지키 등이 수습되었다. 이중 금동제 쌍어패는 현재 동경국립박물관에 소장되어 있다. 고분의 축조 시기는 6~7세기로 추정되었다.

기타 금동제 쌍어패는 가모이나리야마고분(鴨稲荷山古墳)에서도 출토된 바 있고, 생김새는 큰 차이가 없다(그림 55).[71]

5) 금동제반통형장식구(金銅製半筒形裝飾具)

(1) 세키교마루고분(關行丸古墳) 출토 금동제반통형장식구

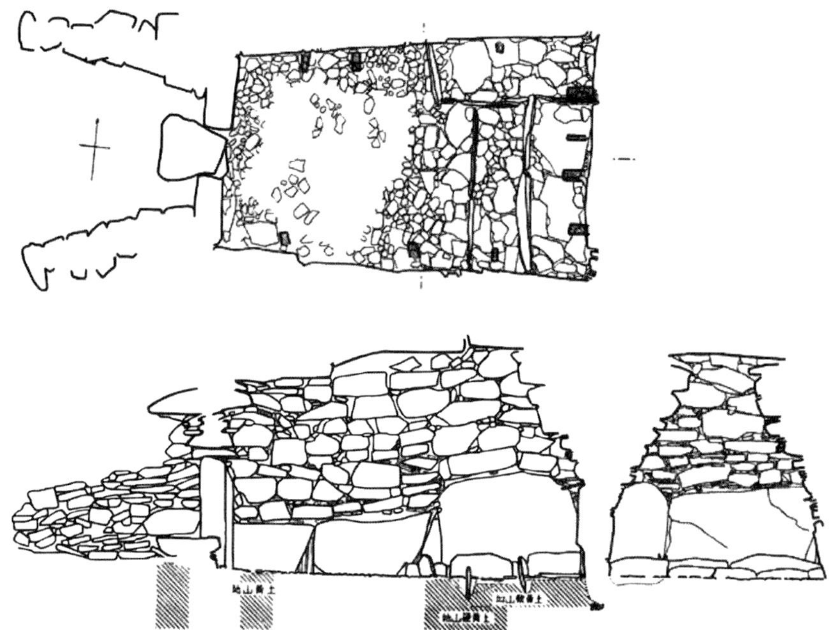

그림 56. 세키교마루고분의 석실 실측도

70) 사진 출처는 https://commons.wikimedia.org/wiki/File:松面古墳出土_金銅製魚佩_%28J-34624%29.JPG.

71) 박천수 외, 2011, 『東아시아 古墳 歷年代 資料集』, 학연문화사, 696쪽.

세키교마루고분72)은 사가현 사가시 구보이즈미정 오아자카와쿠보에 위치하고 있는 전방후원분이다. 세후리산 남쪽 기슭의 약 40m 정도 되는 높이에 조성되었고, 전체 길이는 55m이다. 후원부에서 단실의 횡혈식석실(그림 56)73)이 확인되었고, 현실은 평면 장방형으로 길이 4.35m, 폭 2.80m이다. 석실 내에는 3기의 시상과 인골, 그리고 방격규구경, 금동제반통형장식구, 주문경, 삼환령, 금동관, 패륜, 녹각장도자, 구옥, 금동제세환, 철촉, 교구, 병류금구 등이 수습되었다.

이들 유물 중 물고기 문양은 금동제반형장식구(그림 57)74)에서 확인되고, 모두 2점이 수습되있다. 완형에 가까운 1점의 경우 높이 0.149m, 복원 지름 약 0.06m이다. 기체부 뒷면에 헝겊이 부착되어 있고, 전면 표면에 5마리의 물고기가 영락과 함께 장식되어 있다. 물고기는 모두 한 쪽 방향을 바라보고 있으며, 눈과 비늘, 지느러미가 정교하게 조각되어 있다.

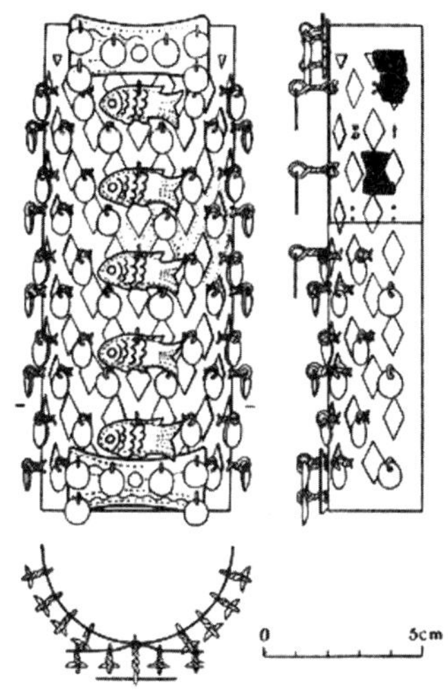

그림 57. 세키교마루고분 석실 내 출토 금동제반형장식구

이처럼 금동제반통형장식구에 물고기가 장식된 사례는 가모이나리야마고분(鴨稲荷山古墳)에서도 수습된 바 있다.

이상으로 일본 고분시대 무덤에서 출토된 물고기 장식을 살펴보았다. 이는 금동관을 비롯한 금동신발, 대도, 쌍어패 및 금동제반통형장식구 등에서 볼 수 있는데 주로 권력층의 위신재로 사용되었음

72) 고분 및 출토 유물은 충청남도 · 충청남도역사문화연구원, 2018, 『일본 속의 百濟 | 큐슈지역 | 』, 354쪽.

73) 충청남도 · 충청남도역사문화연구원, 2018, 『일본 속의 百濟 | 큐슈지역 | 』, 355쪽 그림 1중.

74) 충청남도 · 충청남도역사문화연구원, 2018, 『일본 속의 百濟 | 큐슈지역 | 』, 355쪽 그림 1중.

을 확인할 수 있다. 그리고 유물의 성격이 백제의 금동관이나 금동신발, 신라의 요패 등과 밀접하게 관련되었음을 볼 때 물고기 장식은 고대 삼국과의 문화교섭에 따른 산물이었음을 파악해 볼 수 있다.

이에 다음 장에서는 삼국시대 물고기 문양의 계통에 관해 알아보도록 하겠다.

III. 우리나라 물고기 문양의 계통

물고기 문양은 백제 무령왕릉 출토 청동잔과 같이 두 마리를 회화적(선각)으로 표현한 것이 있는 반면, 나주 복암리 3호분 '96횡혈식석실묘 출토 금동신발처럼 여러 마리를 장식해 놓은 것도 볼 수 있다. 그리고 신라의 황남대총이나 천마총, 서봉총 등의 과대 요패와 같이 한 마리만을 조각해 놓은 경우도 살필 수 있다.

이러한 사례는 일본에서도 마찬가지인데 어패의 경우는 공통적으로 두 마리의 물고기를 조각해 놓고 있다. 다만 두 마리의 물고기가 서로 배를 맞대고 있다는 점에서 공주 무령왕릉 출토 청동잔의 그것과 약간의 차이를 보이고 있다. 반면 후지노끼고분과 카모이나리야마고분 출토 금동신발 및 미즈오무라고분 출토 금동관의 경우는 여러 마리의 물고기를 조각해 놓고 있어 나주 복암리 3호분 '96횡혈식석실묘 출토품과 친연성을 보여주고 있다. 그리고 에타후나야마고분의 은상감대도 및 주젠노모리고분의 금동관처럼 한 마리만을 장식해 놓은 것도 살필 수 있다.

따라서 여기에서는 하나의 장면만을 기준으로 한 마리의 물고기가 그려져 있거나 조각되어 있으면 단어문(單魚文), 두 마리가 표현되어 있으면 쌍어문(雙魚文), 세 마리나 네 마리가 표현되어 있으면 삼어문(三魚文), 사어문(四魚文) 등으로 기술하고자 한다. 그리고 여러 마리가 군집을 이루고 있으면 군어문(群魚文)으로 분류하도록 하겠다.

우리나라를 포함한 중국, 일본 등의 동북아시아에서 물고기가 최초로 표현된 사례는 중국 서안의 반파유적에서 볼 수 있다. 이 유적은 기원전 6000년 무렵의

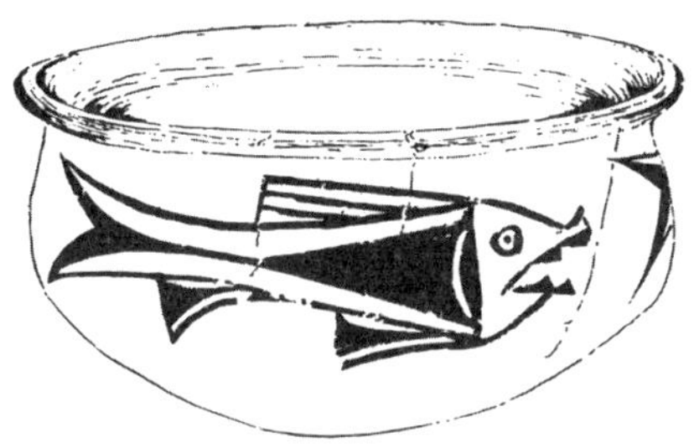

그림 58. 중국 서안 반파유적의 단어문 동이

그림 59. 중국 서안 반파유적의 쌍어문 동이

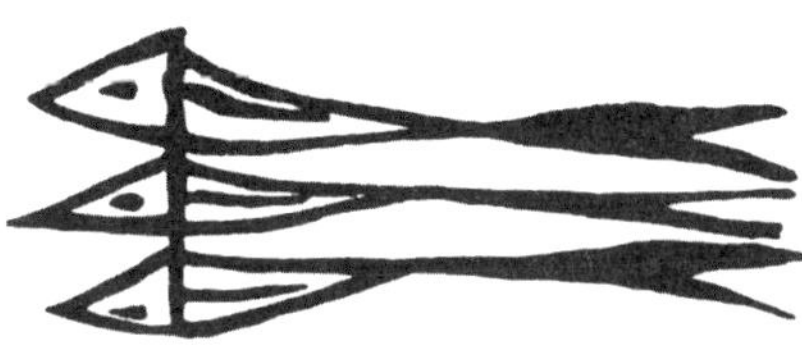

그림 60. 반파형 채도의 삼어문(출토지 미상)

그림 61. 반파형 채도의 쌍어문(출토지 미상)

신석기시대 앙소문화에 해당하는 것으로 원형 · 방형 주거지를 비롯한 무덤(옹관묘, 토광묘 등), 환호 등이 발굴조사 되었다. 특히 출토된 유물 중 채도에서 다양한 물고기를 확인할 수 있다. 물고기는 붉은색으로 마연된 기면에 검정색으로 채색되어 있으며, 단어문(그림 58)[75]을 비롯한 쌍어문(그림 59)[76]이 주류를 이루고 있다. 그러나 출토지 미상의 반파형 채도에서 삼어문(그림 60)[77]이 확인된 바가 있어 반파유적에서도 이러한 사례가 발견될 가능성은 얼마든지 있다고 생각된다. 쌍어문의 경우는 머리를 맞댄 상태에서 한 방향으로 향하거나 좌우 방향 모두에 머리를 표현하고 맞댄 사례(그림 61)[78]도 살필 수 있다. 이는 앙소문화 단계의 반파

75) 吳山 著 · 박대남 譯, 1996, 『중국역대장식문양 1』, 34쪽.

76) 필자 사진.

77) 吳山 著 · 박대남 譯, 1996, 『중국역대장식문양 1』, 35쪽.

78) 吳山 著 · 박대남 譯, 1996, 『중국역대장식문양 1』, 35쪽.

형 채도에 다양한 모습의 물고기가 표현되었음을 의미하는 것이라 할 수 있다.

중국 신석기시대 이후의 물고기 문양은 상주시대 또는 그 이후에도 다양하게 나타나고 있다. 이는 동기(銅器)나 토기, 화상석, 화상전, 직물 등에 표현되거나 옥기(玉器), 토기 등으로 제작된 경우도 확인할 수 있다. 여기에서는 시대순으로 물고기 문양을 살펴보도록 하겠다.

상대의 물고기 문양은 동기(그림 62 · 63)[79]와 옥식(玉飾, 그림 64)[80] 등에서 볼 수 있는데 대부분 한 마리의 물고기를 표현하고 있다. 물론 거북이와 함께 조각된 구어문(龜魚文) 동기의 경우 물고기 네 마리가 선각되어 사어문으로 보일 수도 있지만 한 방향에 한 마리만 조각되어 있다는 점에서 단어문으로 분류할 수 있다. 옥식은 앞에서 살핀 사례와 달리 허리가 곡면으로 굽어져 특징을 보인다.

이러한 동기와 옥식에서 확인되는 단어(문)는 상~주대의 기물에서도 마찬가지로 확인할 수 있다. 이들 유물은 상대와 주대를 연결하는 과도기적인 기물이라

그림 62. 중국 상대 구어문 동기의 단어문

그림 63. 중국 상대 동기(반)의 단어문

79) 吳山 著 · 박대남 譯, 1996, 『중국역대장식문양 1』, 193쪽 및 194쪽.

80) 吳山 著 · 박대남 譯, 1996, 『중국역대장식문양 1』, 350쪽. 하남성 安陽 大司空村에서 출토되었다.

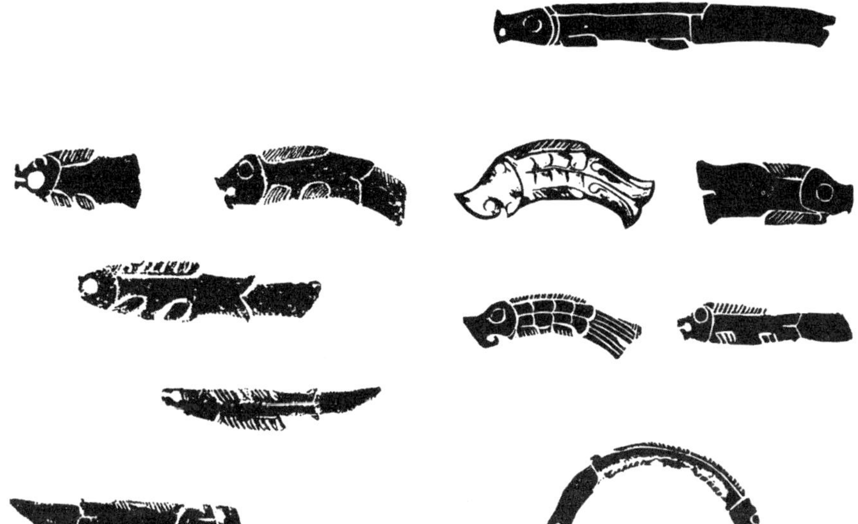

그림 64. 중국 상대 옥식의 단어문

그림 65. 중국 상~주대 옥식의 단어문

는 점에서 그 의미가 매우 크다고 할 수 있다. 옥식(그림 65)[81]은 앞에서 살핀 안양(安陽) 대사공촌(大司空村) 출토 옥식에 비해 허리가 완전 굽어졌음을 볼 수 있다. 그리고 최하단의 것은 양쪽에 구멍이 뚫려 있어 실로 연결할 수 있도록 하였다. 이는 아마도 목에 걸기 위한 펜던트가 아닌가 생각된다.

한편, 상~주대의 기물에 표현된 물고기는 그 자체로 조각된 것이거나(그림 66)[82] 호(壺)형태의 손잡이(그림 67),[83] 기면 등에 다양한 방식으로 표현되고 있다. 특히 기면에 조각된 어문은 서주 말~춘추 초기의 하남성 섬현 상촌령 괵국묘(虢國墓) 출토의 동기(그림 68)[84]와 전국시대의 하남성 섬현 출토 동이(銅匜, 그림 69),[85]

---

81) 吳山 著 · 박대남 譯, 1996, 『중국역대장식문양 1』, 358쪽.
82) 吳山 著 · 박대남 譯, 1996, 『중국역대장식문양 1』, 318쪽.
83) 吳山 著 · 박대남 譯, 1996, 『중국역대장식문양 1』, 319쪽.
84) 吳山 著 · 박대남 譯, 1996, 『중국역대장식문양 1』, 231쪽.
85) 吳山 著 · 박대남 譯, 1996, 『중국역대장식문양 2』, 80쪽.

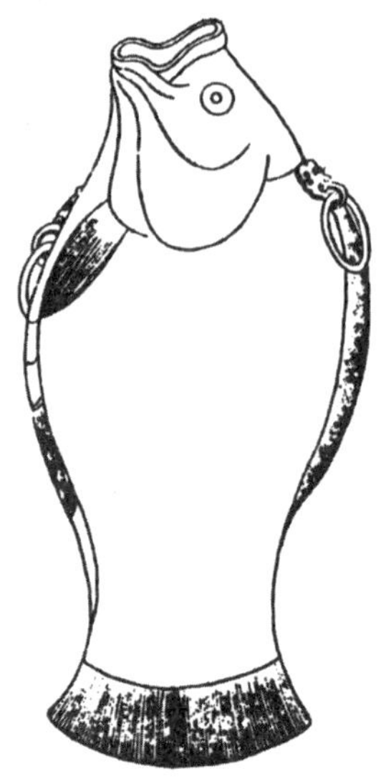

그림 66. 중국 상~주대 동기의 단어문

그림 67. 중국 상~주대 동기의 단어문 (○ 내부가 물고기)

그림 68. 중국 서주 말~춘추 초기 괵국묘 출토 동기의 어문

하북성 연화도 출토 채도(그림 70)[86] 등 다양한 기물에 영향을 미치고 있다. 이들 중 동이에 조각된 삼어문은 가운데 물고기가 아래를 향하고 있고, 좌우의 물고기는 위를 쳐다보고 있다. 지느러미의 경우 이들 물고기에서 가장 특징적으로

86) 吳山 著 · 박대남 譯, 1996, 『중국역대장식문양 2』, 203쪽.

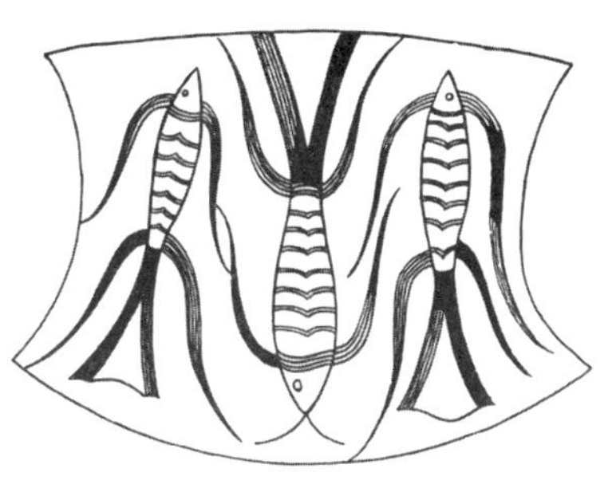

그림 69. 중국 전국시대 하남성 섬현 출토 동이의 삼어문

그림 70. 중국 전국시대 하북성 연화도 출토 채도의 쌍어문

보이는데 이전 시기와 달리 장식미를 돋보이게 하고 있다. 그리고 채도에 표현된 쌍어문의 경우도 가운데에 새를 배치해 놓아 물고기 이외의 다른 대상이 포함된 새로운 도안을 보여주고 있다.

한대에 이르면 이전 시기와 달리 좀 더 다양한 기물에서 물고기 문양을 찾아볼 수 있다. 즉 동경을 비롯한 청동대야, 도두, 도반, 청동반, 칠이배, 화상석, 화상전, 옥식, 직물 등에서 확인되고 있다. 여기에서는 이들 유물을 통해 한대 물고기 문양의 형태와 배치 등에 관해 알아보고자 한다.

한대 동경(그림 71)[87]에는 단어문과 쌍어문이 조각되어 있고, 후자의 경우 머리를 같은 방향으로 하고 머리와 배를 붙여놓고 있다. 이에 반해 호남성 장사에서 출토된 묵회도두(墨繪陶豆)의 쌍어문(그림 72)[88]은 머리를 같은 방향으로 하면서 약간의 간격을 유지하고 있고, 호남성 자흥에서 수습된 청동대야(그림 73)[89]의 쌍어문은 가운데에 패와 같은 것을 세워 두고 머리를 서로 마주 보게 하고 있다. 이

87) 吳山 著 · 박대남 譯, 1996, 『중국역대장식문양 2』, 461쪽.

88) 吳山 著 · 박대남 譯, 1996, 『중국역대장식문양 2』, 578쪽.

89) 吳山 著 · 박대남 譯, 1996, 『중국역대장식문양 2』, 409쪽.

그림 71. 중국 한대 동경에 조각된 단어문과 쌍어문

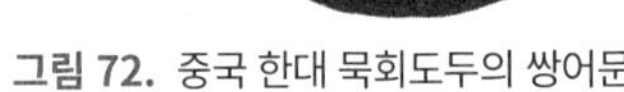

그림 72. 중국 한대 묵회도두의 쌍어문

그림 73. 중국 한대 청동대야의 쌍어문

처럼 머리를 마주 보게 하는 쌍어문은 한대 들어 새롭게 등장한 형식으로 파악된다. 이는 향후 황해도 봉산군 양동리 5호 전축분 출토 대방군의 청동냄비(그림 74)[90]와 남경 장강촌(長崗村) M5호분 출토 삼국(오)시대의 청동대야(그림 75)[91]에서도 동일하게 살필 수 있다.

기물 외에 한대의 물고기 문양은 무덤 재료로 사용된 석재와 전돌에서도 확인되어 주목된다. 이들은 물고기만 조각된 것이 있는 반면 봉황(그림 76)[92]이나 기

90) 국립중앙박물관, 2001, 『낙랑』, 188쪽. 높이 5.5cm, 구경 14.6cm이다.
國立中央博物館, 2001, 『鳳山 養洞里 塼室墓』, 88쪽 도면 30-①.

91) 南京市博物館, 2004, 『六朝風采』, 76쪽. 높이 7.3cm, 구경 34.2cm이다. 내부 바닥에 둥근 원권문이 돌아가고 그 안에 쌍어문이 선각되어 있다.

92) 高文, 1987, 『四川漢代畵像磚』, 179쪽.

그림 74. 중국 대방군 청동냄비의 쌍어문

그림 75. 중국 삼국(오)시대 청동대야의 쌍어문

그림 76. 한대 화상전에 시문된 물고기(단어문)와 봉황

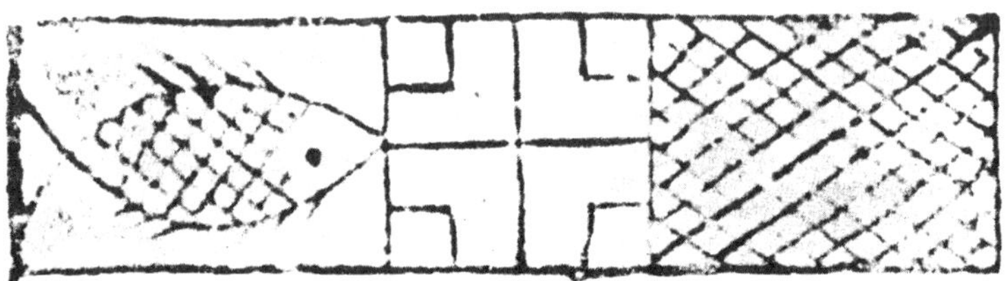
그림 77. 한대 화상전에 시문된 물고기(단어문)와 기하문

그림 78. 한대 화상전에 시문된 물고기(쌍어문)와 기하문

하문(그림 77)[93]과 함께 시문된 것도 살필 수 있다. 그리고 단어문뿐만 아니라 쌍

93) 高文, 1987, 『四川漢代畵像磚』, 188쪽.

어문(그림 78)[94]으로 시문되거나 삼어문 등으로 표현되기도 한다. 특히 삼어문의 경우 섬서성 정변(靖辺)지역의 동한시대 전축분(그림 79)[95] 벽화를 보면 세 마리의 물고기가 선인이 타고 있는 수레를 끌고 가고 있음을 살필 수 있다(그림 80).[96] 그런데 이 그림 바로 뒤로 학이 끄는 수레가 그려 있어 물고기는 물속이 아닌 하늘을 날고 있음을 판단케 하고 있다. 그런 점에서 물고기

그림 79. 중국 섬서성 정변의 동한시대 전축분

그림 80. 섬서성 정변 동한시대 전축분 벽화의 삼어문

---

94) 高文, 1987, 『四川漢代畵像磚』, 181쪽. 쌍어문의 경우 전술한 한대 청동대야 및 낙랑시기의 청동냄비, 삼국(오)시대의 청동대야와 같이 머리와 몸을 서로 마주하고 있다.

95) 國家文物局, 2007, 『2006 中國重要考古發現』, 文物出版社, 123쪽.

96) 國家文物局, 2007, 『2006 中國重要考古發現』, 文物出版社, 126쪽.

그림 81. 중국 강소성 서주 홍루촌 사당 천장 화상석의 다리 달린 물고기(단어문, ○ 내부)

는 서조(瑞鳥)와 대비되는 서어(瑞魚)로 파악할 수 있다.

한편, 한대 화상석과 화상전에는 앞에서 살핀 물고기와 전혀 다른 형태로 조각된 것도 확인된다. 먼저 전자는 강소성 서주 홍루촌(洪楼村) 출토 사당 천장 화상석에서 볼 수 있는 다리가 달린 물고기(그림 81)[97]이다. 이는 용이나 주작과 같은 신수와 함께 조각되어 전술한 섬서성 정변 전축분의 벽화에 묘사된 것과 같은 서어(瑞魚)임을 판단할 수 있다. 아울러 출토지 미상의 화상전에서도 사람 머리에 물고기 몸을 한 어문을 살필 수 있다(그림 82).[98] 이 화상전의 경우 두 마리의 물고기 중 앞에것이 사람 얼굴을 한 모습이어서 일견 서어임을 알 수 있다.

이처럼 한대에는 쌍어문이 종래와 같이 한 방향으로 시문된 것과 머리와 몸을 마주 보게 하는 것도 유행하였다. 그리고 화상석과 화상전 및 전축분의 벽화

97) 信立祥, 2000, 『漢代畵像石綜合硏究』, 169쪽 도95.

98) 高文, 1987, 『四川漢代畵像磚』, 189쪽. 이처럼 사람 얼굴에 물고기 몸을 한 사례는 당대의 도인수어신용(陶人首魚身俑, 그림 83)에서도 살필 수 있다.
南京博物院藏寶錄編輯委員會, 1996, 『南京博物院藏寶錄』.

그림 82. 출토지 미상 화상전의 사람 얼굴 물고기(쌍어문)

그림 83. 당대의 도인수어신용(陶人首魚身俑). 사람 얼굴에 물고기 몸을 하고 있다.

에서 볼 수 있는 바와 같이 다리가 달렸거나 사람의 얼굴을 한 것, 그리고 하늘을 나는 서어(瑞魚)도 찾아볼 수 있다. 이는 한대에 이르러 물고기 문양이 한층 더 다양해진다는 점에서 물질문화의 변동과 사상적 변화 등이 함께 일어났음을 유추케 한다.

이외에도 한대에는 칠이배(漆耳杯, 그림 84)[99]와 채회도반(彩繪陶盤, 그림 85),[100] 묵

99) 吳山 著 · 박대남 譯, 1996, 『중국역대장식문양 2』, 493쪽. 호북성 강릉(江陵)에서 출토되었다.

100) 吳山 著 · 박대남 譯, 1996, 『중국역대장식문양 2』, 575쪽. 하북성 만성(滿城) 두관묘에서 수습되었다.

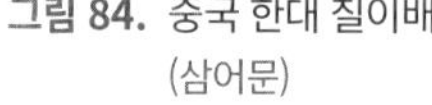

그림 84. 중국 한대 칠이배(삼어문)

그림 85. 중국 서한대의 채회도반(삼어문)

그림 86. 중국 서한대의 묵회도두(쌍어문)

회도두(墨繪陶豆, 그림 86),[101] 도기 대야(그림 87),[102] 칠회도합(漆繪陶盒, 그림 88),[103] 직기(織綺, 그림 89)[104] 등에서 물고기 문양을 살필 수 있다. 물고기는 단어문을 비롯해 쌍어문, 삼어문, 육어문, 군어문(群魚文) 등 다양한 형태로 제작되었다. 그리고 본고에서 다루진 않았지만 상대 이후 남북조시대(그림 90)[105]에 제작된 어형 장식(魚飾) 또한 한대에 분명 존재하였음을 판단할 수 있다.

---

101) 吳山 著 · 박대남 譯, 1996, 『중국역대장식문양 2』, 578쪽. 호남성 장사(長沙)에서 검출되었다.

102) 吳山 著 · 박대남 譯, 1996, 『중국역대장식문양 2』, 579쪽. 여대(旅大) 영성자(營城子)에서 출토되었다.

103) 國家文物局, 2003, 『2002 中國重要考古發現』, 文物出版社, 80쪽. 산동성 일조(日照) 해곡지역의 한대 묘지에서 수습되었다.

104) 吳山 著 · 박대남 譯, 1996, 『중국역대장식문양 2』, 516쪽. 서한대의 직물로 몽고 나영조랍(拿英烏拉)에서 출토되었다.

105) 南京市博物館, 2004, 『六朝風采』, 206쪽 사진 183. 남경 북고산(北固山) M1호분에서 출토되었다. 높이 0.4cm, 길이 2.75cm, 두께 0.8cm이다. 크기가 작고 위 지느러미 부분에 구멍이 뚫려 있는 것으로 보아 펜던트 형식으로 사용하였음을 추정할 수 있다.

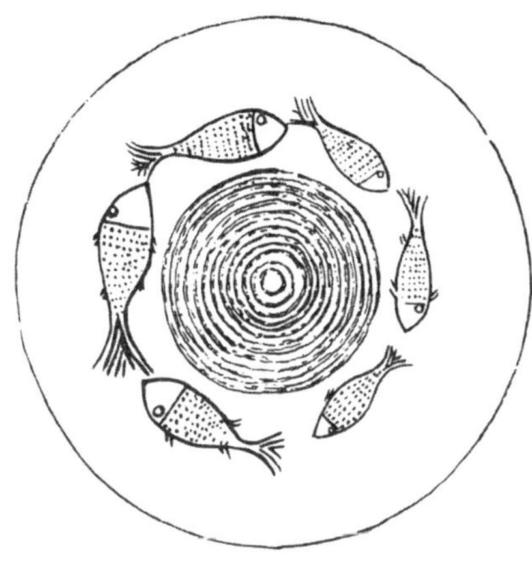

그림 87. 중국 한대의 도기 대야(육어문)

그림 88. 중국 한대의 칠회도합(단어문)

그림 89. 중국 한대의 직물(군어문)

그림 90. 중국 동진대의 어형 장식(단어문)

마지막으로 남북조시대에 이르면 이전에 보기 힘든 새로운 기물에서 물고기 문양을 볼 수 있는데 바로 혼병(魂甁, 그림 91)[106]이다. 여기에는 한 마리의 물고기와 게(蟹)가 장식되어 있는데 구체적으로 무엇을 의미하는지는 자세히 알 수 없다.

---

106) 南京市博物館, 2004, 『六朝風采』, 267쪽. 서진대에 제작된 것으로 원래의 명칭은 청자퇴소누각기악혼병이다. 높이 0.49m이고 현재 남경시박물관에 소장되어 있다.

그림 91. 중국 서진대의 혼병

이상에서 살펴본 바와 같이 중국에서의 물고기 문양은 동기나 기물, 동경, 옥식 등에서 주로 볼 수 있다. 그리고 한대의 화상석이나 화상전에서도 현실에서 보기 힘든 서어(瑞魚)들을 살필 수 있다. 그런데 이들 유물이나 유구의 경우 당대의 지배계층과 밀접한 관련이 있다는 점에서 주목된다. 그런 측면에서 중국에서의 물고기 문양은 지배계층을 위한 주요 소재로 활용되었음을 파악할 수 있다.

위진남북조시대의 물고기 문양은 백제 웅진기의 공주지역에도 전파되는데 바로 무령왕릉의 청동잔에서 볼 수 있다. 여기에 장식된 쌍어문은 그 계통을 대방군의 봉산 양동리 5호 전실묘 출토 청동냄비와 중국 삼국시대 오나라의 청동대야에서 찾는데 큰 무리가 없다.

봉산 양동리 5호 전실묘 출토 청동냄비의 쌍어문은 물고기의 형태, 등 지느러미와 비늘 등에서 형식화를 살필 수 있다. 그리고 두 물고기를 일정한 간격으로 배치하고 머리를 한쪽 방향으로 향하게 한 후 머리와 몸을 서로 마주 보게 하였다는 점에서 중국 삼국시대 오의 청동대야 및 백제 무령왕릉의 청동잔과 친연성을 보이고 있다.

주지하듯 백제의 무령왕릉은 벽돌로 축조된 전축분으로 이의 내부에서 여러 점의 청자와 백자가 수습되었다. 그런데 이러한 자기류는 당시 백제의 요업 기술로는 제작할 수 없었던 귀중한 위세품에 해당하였다. 아울러 터널형의 횡혈식 전축분 역시도 중국 남조의 영향이 지대하였다.[107]

이는 결과적으로 백제 무령왕대에 중국 남조와 긴밀한 관계에 있었고, 이러한 정치적 상황 속에서 다양한 물질문화 등이 직접적으로 백제에 전래되었음을 판단케 하고 있다. 물고기 문양 역시도 이러한 대외교섭 속에서 등장한 디자인으로 파악된다. 물론 이를 단순한 문양으로 생각할 수도 있겠지만 백제의 다른 위세품에서 이러한 문양을 거의 살필 수 없다는 점에서 사상적 의미도 함께 내포되었으리라 생각된다.[108]

이에 반해 나주 복암리 3호분 '96횡혈식석실묘 출토 금동신발에 장식된 물고기는 무리를 이루고 있어 군어문(群魚文)으로 분류할 수 있다. 이는 마치 한대의 직물을 연상시키는 것으로 일본 후지노끼고분과 가모이나리야마고분 출토의 금동신발, 미즈오무라고분 및 가모이나리야마고분 출토 금동관, 세키교마루고분 출토 금동제반형장식구 등 다양한 성격의 유물에서 확인되고 있다. 특히 후지노끼고분과 가모이나리야마고분 출토 금동신발에서 살필 수 있는 물고기 장식은 나주 복암리 3호분 '96횡혈식석실묘 출토 금동신발과 직접적으로 연결되어 주목된다.[109]

한편, 쌍어문에 비해 단어문은 주로 신라 유물에서 찾아져 특징을 보이고 있다. 즉 경주 황남대총 남분 및 북분, 천마총, 서봉총, 금관총, 식리총, 창녕 7호분 출토 과대의 요패 및 금동신발 등에서 단어문을 확인할 수 있다.

---

107) 강인구, 1991, 「제3장 Ⅳ. 무령왕릉의 장법과 묘제」『백제 무령왕릉』, 충청남도 외, 155쪽.

108) 당시 백제사회의 불교 및 도교사상이 중국이나 고구려를 통해 외부에서 전래되었음을 볼 때 물고기와 관련된 상징성 또한 물고기 문양의 도입과 함께 유입되었을 것이다.

109) 삼국시대 금동신발 중 나주 복암리 3호분 '96횡혈식석실묘 출토품을 제외한 다른 것에서 물고기 장식은 아직 확인되지 않았다. 아울러 가모이나리야마고분(6세기 초)이 후지노끼고분(6세기 후반)에 비해 일찍 조성되었음을 볼 때 일본에서의 물고기 금동신발은 가모이나리야마고분 출토품이 선구적이라 할 수 있다.

신라의 왕릉에서 검출되는 과대는 금이나 은, 금동 등으로 제작되어 당시 왕이나 이에 버금가는 지배계층이 사용하였음을 알 수 있다. 과대에는 여러 개의 요패가 부착되어 있고, 요패의 끝단인 미식에는 곡옥이나 숫돌, 물고기, 족집게, 도자, 침, 살포, 용문 투조 가위 등이 매달려 있다.[110)]

이에 반해 백제 무령왕릉 출토 왕의 과대에서는 이러한 어문의 요패 장식이 전혀 확인되지 않았다. 이로 보아 당시 과대 장식에 있어 백제와 신라의 문화적 차이를 엿볼 수 있으며, 이는 요패의 미식이 내포하고 있는 사상적 차이로도 이해할 수 있을 것이다.

신라 요패에서 관찰되는 물고기는 머리를 위로 하고 꼬리는 아래를 향하고 있다. 무령왕릉 출토 청동잔의 쌍어문이 역동적으로 조각되어 있는 반면 요패의 물고기는 정적으로 표현되어 있다. 물고기는 대체로 세장하게 제작되었고 입과 눈, 비늘, 꼬리 등이 사실적으로 묘사되어 있다. 특히 창녕 교동 7호분의 출토품과 같이 일부 투조된 물고기도 찾아볼 수 있다.

신라 고분에서 검출된 과대의 단어문은 해당 고분의 편년으로 보아 대체로 5~6세기의 것임을 알 수 있다. 그런데 황남대총 등에서 수습된 귀걸이, 금팔찌, 초두, 유리병 · 잔 · 구슬, 흑갈유병, 야광조개국자 등을 보면 당시 신라가 고구려뿐만 아니라, 중국, 일본, 멀리 서역에 이르기까지 교역하였음을 판단할 수 있다.[111)] 이러한 신라의 대외교섭 능력을 감안해 볼 때 과대의 요패에 장식된 물고기 문양은 백제와 마찬가지로 중국 남북조에서 영향받았을 가능성이 높은 것으로 생각된다.

가야는 합천 옥전 M11호분[112)]에서 볼 수 있는 바와 같이 신라와는 전혀 다른 형태의 과대를 사용하고 있는데 장방형의 과판에 둥근 은제 고리가 매달려

110) 이 중에서 곡옥은 태아의 형상으로 생명과 재생을 의미하고, 숫돌은 철을 장악한 경제력을 뜻한다. 또 물고기는 풍요와 영생, 향이나 약을 넣은 주머니는 건강을 기원한다고 한다.
국립경주박물관, 2008, 『금관의 나라, 신라 특별전』.

111) 이에 대한 내용은 국립중앙박물관, 2010, 『황금의 나라 신라의 왕릉 황남대총』 참조.

112) 慶尙大學校博物館, 1995, 『陜川玉田古墳群 V M10 · M11 · M18』, 원색사진 5.

있다. 신라 과대에서 흔히 볼 수 있는 물고기, 살포 모양, 향낭 모양 등과 같은 요패의 미식은 전혀 확인할 수 없다. 이는 송현동 6 · 7호분 출토 과대에서도 마찬가지이다. 이것이 후대의 도굴이나 자연적인 부식으로 인한 것인지는 확인할 수 없지만 그동안의 가야고분에서 이러한 물고기 문양이 거의 검출되지 않았음을 볼 때 신라와는 별개로 백제와 같은 과대 형식을 취했음을 판단케 한다.

신라 유물에서 살필 수 있는 또 다른 물고기 문양은 경주 식리총의 금동신발에서 찾아볼 수 있다. 여기에는 기린과 괴수, 연화문과 함께 양쪽 팔이 있는 물고기 문양이 조각되어 있다. 지느러미가 없이 팔이 있다는 점에서 서어(瑞魚)로 파악할 수 있다. 그동안 백제 및 신라 출토 유물에서 이러한 서어가 한 점도 검출되지 않았다는 점에서 희귀성을 엿볼 수 있다.

그런데 이러한 서어가 일찍이 중국 한대의 화상석과 화상전, 벽화고분 등에서 찾아져 양자의 친연성을 확인할 수 있다. 즉 앞에서 살펴본 바와 같이 중국 한대의 서어는 지느러미 대신 발이 있거나 머리를 사람 두상으로 표현하고 있다. 그리고 세 마리의 물고기가 선인을 태운 수레를 끌고 허공을 날고 있다. 비록 이번 논고에서 남북조시대에 해당하는 서어를 다루진 못했으나 한대의 물질문화가 큰 차이 없이 남북조시대에 계승되었다는 점에서 식리총의 서어 또한 중국 남북조와 연계시키는 것이 자연스러울 것으로 생각된다.

마지막으로 경주 금관총에서 출토된 금동 물고기 장식은 요패와 무관한 어식(魚飾)으로 판단된다. 입 부분에 조그마한 고리가 달린 것으로 보아 어디인가 부착하였음을 알 수 있다. 다만 확실한 쓰임새를 현재 시점에서 판단하기 어려우나 이러한 어식이 일찍이 중국의 상대 및 한대 위세품에 등장하였음을 볼 때 이의 계통 역시도 중국 남북조에 있었음은 부인하기 어려울 듯싶다.

Ⅳ. 물고기 문양의 일본전파

백제나 신라의 위세품에서 관찰되는 물고기 문양은 일본의 금동관이나 금동신발, 대도, 쌍어패, 반통형장식구 등에서도 확인되고 있다. 예컨대 가모이나리야마고분의 금동관이나 금동신발, 쌍어패, 금동제반통형장식구, 후지노끼고분의 금동신발과 쌍어패, 에타후나야마고분의 대도, 주젠노모리고분과 미즈오무라고분의 금동관, 미네가츠카고분과 마츠멘고분, 마노고분군 A지구 20호분의 쌍어패, 세키교마루고분의 금동제반통형장식구 등에서 찾아볼 수 있다.

이들 유물의 소유 계층은 지방 호족이나 중앙 왕족으로서 물고기가 장식된 유물은 모두 위세품에 해당한다. 물고기는 주젠노모리고분이나 에타후나야마고분 출토품과 같이 한 마리만 장식된 경우도 있으나 대부분은 두 마리 이상이다. 특히 후지노끼고분과 가모이나리야마고분, 미즈오무라고분, 미네가츠카고분, 마노고분군 A지구 20호분, 마츠멘고분 출토의 쌍어패는 두 마리가 서로 마주 보며 붙어 있어 앞에서 살핀 물고기 장식과는 완전히 다른 모습을 취하고 있다. 기타 가모이나리야마고분에서 출토된 금동관과 금동신발, 금동제반통형장식구, 후지노끼고분에서 출토된 금동신발, 세키교마루고분에서의 물고기는 여러 군상(群魚文)을 한꺼번에 조각해 놓았다. 다만 금동신발에서의 물고기가 규칙성이 없이 자유롭게 장식된 반면, 금동관에서의 물고기는 일정한 정형성을 갖추고 있어 차이를 보인다.

물고기 문양을 매개로 한 우리나라와 일본 간의 문화교섭은 금동신발에서 직접적으로 찾아볼 수 있다. 지금까지 우리나라에서 출토된 금동신발 중 물고기가 장식된 사례는 나주 복암리 3호분 '96횡혈식석실묘 출토품이 거의 유일하다. 신발의 부식 상태가 심하여 물고기의 전체적인 양상을 파악해 볼 수는 없으나 바닥을 비롯한 측면에 여러 마리의 물고기가 매달려 있음을 살필 수 있다. 이처럼 금동신발에 물고기가 장식된 사례는 일본의 가모이나리야마고분과 후지노끼고분, 미즈오무라고분 출토품 등에서도 확인할 수 있다.

주지하듯 가모이나리야마고분의 축조 시기는 6세기 초, 후지노끼고분은 6세기 후반으로 추정되고 있다. 이에 반해 나주 복암리 3호분 '96횡혈식석실묘는 5세기 후엽~6세기 초[113]로 편년되고 있어 시기적으로 일본의 두 고분에 비해 일

113) 국립나주문화재연구소, 2006, 『羅州 伏岩里 三號墳』, 443쪽.

찍 조성되었음을 알 수 있다. 이는 결과적으로 나주 복암리 3호분 '96횡혈식석실묘에서 출토된 어식(魚飾) 금동신발의 제작 기술이 6세기 초반 무렵 일본에 전파되고, 이후 재지세력의 위세품으로써 가모이나리야마고분과 후지노끼고분, 미즈오무라고분 등에 영향을 미쳤음을 판단케 한다.

아울러 나주 복암리 3호분 '96횡혈식석실묘의 금동신발에 표현된 물고기의 경우는 한 마리씩 장식되어 있지만 전체적으로 보면 두 마리의 물고기가 마주 보는 듯한 이미지를 주고 있다. 이러한 물고기의 배치는 가모이나리야마고분 및 미즈오무라고분 출토 금동관에서도 찾아지고 있어 백제와의 친연성이 살펴진다.

우리나라와 일본 간의 물고기 문양 전파는 쌍어패에서도 찾아볼 수 있다. 이는 후지노끼고분과 가모이나리야마고분, 미네가츠카고분, 마츠멘고분, 마노고분군 A지구 20호분 등에서 수습된 것으로 두 마리의 물고기가 서로 붙어 있다. 처녀분 상태로 발굴된 후지노끼고분의 경우 쌍어패는 허리 위에서 4개가 수습되었다. 두 개체의 인골이 발견되었음을 볼 때 1인당 2개씩의 쌍어패를 패용하였던 것으로 보인다. 특히 쌍어패 이외의 과대와 같은 금속 공예품은 관 내부에서 전혀 검출되지 않았다.[114] 따라서 쌍어패는 한 쪽에 하나씩 피장자의 허리 양쪽에 차고 있었던 것으로 판단된다.[115]

그림 92. 쌍어패를 패용한 모습의 복원

114) 이는 당시 일본의 경우 백제나 신라와 같은 금속제의 과대가 일반화되지 않았음을 의미하는 것이라 할 수 있다.

115) 이에 대해선 일본의 복원도(그림 92)가 있어 참고 된다.

우리나라에서 허리에 물고기 문양을 패용하고 다닌 나라는 신라가 거의 유일하다. 신라의 과대에는 여러 개의 요패가 매달려 있고 이의 끝단에는 물고기를 비롯한 곡옥, 숫돌, 족집게, 도자, 침, 살포, 용문 투조 가위 모양 등의 미식이 장식되어 있다. 물론 이 모든 장식품이 하나의 과대에 다 매달려 있는 것은 아니나 물고기만큼은 공통으로 확인할 수 있다. 이런 점에서 물고기가 여타의 장식품들과 비교해 누구에게나 공감할 수 있는 상징성이 내포되어 있었음을 추정케 한다. 아울러 이러한 상징성에는 해당 고분이 황남대총이나 천마총, 금관총, 서봉총 등의 왕이나 왕족과 관련된 무덤이라는 점에서 특수성까지도 포함해야 할 것이다.

이로 보아 신라 과대에서의 물고기는 숫돌 모양, 약통 모양, 광주리 모양, 곡옥 모양 등의 미식과 비교해 볼 때 경제적 풍요나 자손 번성과 같은 일반적인 의미 이외에 경제력을 바탕으로 한 통치권까지도 내포되었음을 유추케 한다.

이러한 판단은 한편으로 에타후나야마고분에서 수습된 대도의 명문과 물고기 문양을 통해서도 확인할 수 있다. 즉 이의 칼 등에는 "服此刀者、長寿、子孫注々、得其恩也、不失其所統(이 칼을 차는 사람은 장수하고 자자손손 번창하며, 왕의 은혜를 입어 그가 통치하는 곳을 잃지 않을 것이다)"이라 음각되어 있다.

에타후나야마고분 출토 대도를 여느 대도들과 비교해 볼 때 가장 큰 차이점은 바로 칼의 표면에 물고기와 새[116]가 장식되어 있다는 사실이다. 아울러 물고기의 도안과 함께 75자의 명문이 음각되어 있음을 볼 때 물고기는 피장자의 장수와 자손 번성과 같은 일반적인 길상적 의미 이상의 통치력까지 내포하고 있던 것으로 이해할 수 있다.

그런 점에서 신라의 과대 요패에 매달린 물고기나 후지노끼고분과 미즈오무라고분, 미네가츠카고분, 마츠멘고분, 마노고분군 A지구 20호분 등에서 수습된

香川縣歷史博物館, 2004, 『東アジアの黃金文化』, 42쪽.

116) 고대의 위세품에서 새가 확인된 사례는 많다. 특히 신라의 금관은 대표적이라 할 수 있다. 일본의 경우는 후지노끼고분 출토 금동관에서 새를 볼 수 있는데 여기에는 영락과 더불어 많은 새가 장식되어 있다.

쌍어패의 경우도 같은 성격으로 이해할 수 있지 않을까 생각된다. 아울러 백제를 비롯한 삼국시대의 관(冠)에서 최근까지 물고기 장식이 검출된 바가 없어 단순하게 정의할 순 없겠으나, 일본의 주젠노모리고분과 가모이나리야마고분, 미즈오무라고분 등에서 수습된 금동관의 경우 이를 착용한 피장자가 생전 통치권을 소유하였음은 의심의 여지가 없을 것이다.

기타 일본에서의 물고기 문양은 금동제반통형장식구에서도 찾아볼 수 있다. 이의 성격을 정확히 알 수는 없겠으나 표면에 여러 마리의 물고기가 장식된 점, 그리고 이것이 금동의 공예품이라는 점에서 위세품일 가능성이 매우 높다.

이상으로 보아 일본에서 확인된 물고기 문양은 유물의 득성으로 보아 백제와 신라의 문화 요소를 모두 함축한 것으로 파악된다. 물론 가모이나리야마고분의 금동관이나 에타후나야마고분의 대도, 세키교마루고분의 금동제반통형장식구 등에서 볼 수 있는 물고기 장식은 아직까지 우리나라(삼국)의 고분 출토품에서 검출된 바가 없다. 하지만 이들 고분 출토 공반 유물에서 백제나 신라의 문화 요소가 부분적으로 확인되고 있고,[117] 시기적으로 일본보다 백제나 신라에서 먼저 물고기 문양이 등장하였음을 볼 때 백제나 신라에서 일본으로의 물고기 전파는 쉽게 이해할 수 있을 것이다.

V. 맺음말

물고기는 중국뿐만 아니라 우리나라, 일본 모두에서 길상적 의미로 해석되고 있다. 즉, 풍요, 다산, 자손 번성, 출세, 나아가 통치력에 이르기까지 다양한 의미

117) 가모이나리야마고분에서 검출된 유물 중 백제산은 금동신발, 백제계 요소는 금제수식부이식 등에서 살필 수 있다. 반면 어패는 신라산으로 보고 있다. 아울러 에타후나야마고분에서 백제산의 유물은 금동관, 단쇄식 이식, 금동신발, 개배 등에서 볼 수 있다.
박천수 외, 2011, 『東아시아 古墳 歷年代 資料集』, 학연문화사.

를 내포하고 있다.

삼국시대의 물고기 문양은 청동잔을 비롯한 금동신발, 금(은)제과대 등에서 주로 확인되고 있다. 이들 유물은 당시의 일반 민들이 소유할 수 없는 지배계층의 전유물이라는 점에서 위세품으로 분류할 수 있다.

왕릉을 비롯한 고총고분에서만 이러한 물고기 문양이 수습되었다는 점은 이것이 의미하는 상징성 또한 지대하였음을 판단케 한다. 그러나 현재까지 물고기가 장식된 유물이 다수 검출된 바 없고 신라의 경우는 일부 과대에서만 물고기 문양이 확인되고 있어 해당 유물을 소유한 권력자의 의중에 따라 도안이 선택된 것이 아닌가 생각된다.

이에 반해 일본의 경우는 금동관, 금동신발, 대도, 쌍어패, 반통형장식구 등 다양한 유물에서 물고기 장식을 살필 수 있다. 이 중 금동신발은 나주 복암리 3호분 '96횡혈식석실묘 출토품과 친연성이 찾아지고 있다. 아울러 쌍어패의 경우는 신라 황남대총과 금관총, 천마총, 서봉총 등에서 수습된 과대 요패의 물고기 장식과 유사성이 있음을 확인할 수 있다.

이러한 물고기 장식은 중국의 경우 일찍이 신석기시대에 해당하는 반파유적의 채도에서 확인된 바 있다. 이후 은(상)대 및 주대, 춘추전국시대를 지나 한대에 이르면서 물고기 문양은 다양한 유물에 폭넓게 파급되었다. 그리고 이것이 중국 남북조시대를 거치면서 백제 및 신라에도 유입된 것으로 판단된다. 또한 백제 및 신라의 물고기 문양은 6세기를 전후하여 일본에도 전파된 것으로 파악된다.

향후 물고기 문양이 장식된 유물은 삼국시대 유적에서 계속 출토될 것이다. 그에 따라 물고기가 의미하는 상징성 또한 좀 더 구체적으로 검토해 볼 수 있을 것으로 생각된다. 아울러 미지의 상태로 남아 있는 고구려 유물의 발굴을 통해 삼국의 물고기 문양에 대한 차이점과 동질성도 함께 검토해 보아야 할 것이다.[118)]

---

118) 이 글은 조원창, 2014, 「고대 한일 위세품에 보이는 물고기 문양의 계통과 전파」 『지방사와 지방문화』 17권 1호의 내용을 수정 · 정리한 것이다.

제4장

연화문으로 본 고령 고아동벽화분의 추가장 시기 검토

Ⅰ. 머리말

대가야 무덤인 고령 고아동벽화분은 그 구조가 백제의 횡혈식석실분과 친연성이 있어 일찍부터 백제-대가야 간의 대외교섭 산물로 회자되어 왔다.[1] 백제와 대가야는 적어도 신라의 진흥왕에 의해 대가야가 멸망되기 전까지 정치적으로나 문화적으로 아주 긴밀한 관계를 유지하였다. 이는 백제 성왕 때 한강 회복을 위한 신라와의 전쟁에서 가야군이 참전한 사실만으로도 판단해 볼 수 있다.

고아동벽화분은 도굴된 상태에서 발굴조사가 이루어졌기 때문에 유물의 잔존 상태가 그리 양호하지 못하다. 그래서 고분의 정확한 편년이나 피장자의 신

1) 고령 고아동벽화분에 대한 자료는 아래와 같다.
경북대학교박물관, 1964, 『고령 고아동고분 발굴조사』.
김원룡, 1967, 「고령 벽화고분 조사보고」 『한국고고』 2, 서울대학교 고고인류학과.
계명대학교박물관, 1984, 『고령 고아동 벽화고분 실측조사보고』.
國立文化財硏究所, 2009, 『韓國考古學專門事典 古墳篇』.
박천수 외, 2011, 『東아시아 古墳 歷年代 資料集』, 학연문화사.

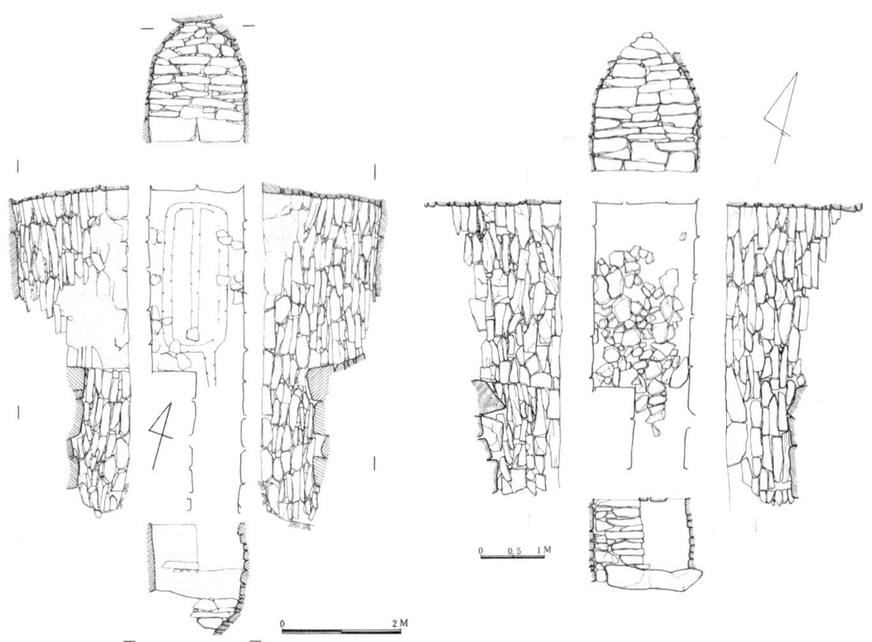

그림 1. 공주 금학동 1호 횡혈식석실분 **그림 2.** 공주 신기동 4호 횡혈식석실분

분, 그리고 벽면 조사를 통해 확인된 추가장의 시기 등에 대해서도 이를 입증할 만한 유물 제시가 충분치 않다. 다만 백제 웅진기 고분과의 형식 비교를 통해 그 축조 시기를 6세기 전 · 중반으로 추정할 뿐이다.[2)]

본고는 고아동벽화분에 시문된 연화문의 편년 검토를 통해 이것이 초축 시기가 아닌 추가장 시기에 채색되었음을 밝혀보고자 한다. 이를 위해 웅진기의 연화문을 검토해 보고 이것들이 고아동벽화분의 연화돌대문과 문양 면에서 친연성이 없음을 살펴보도록 하겠다. 아울러 원주 법천리 4호분 출토 청동개 및 신라

2) 웅진기 고분 중 터널식 천장을 한 횡혈식석실분 중 우편재의 연도를 보이는 것으로는 공주 금학동 1호분(그림 1)과 신기동 3 · 4호분(그림 2) 등이 있다.
百濟文化開發研究院 · 公州大學校博物館, 1993,『公州 新基洞 · 金鶴洞 百濟 · 高麗古墳群 發掘調查報告書-1991年度 發掘調查-』, 66쪽 도면 3, 81쪽 도면 18.

의 여러 연화돌대식 수막새와의 비교를 통해 벽화분의 연화문이 함안 성산산성 출토 연화돌대식 수막새와 마찬가지로 대가야 멸망 후 신라를 통해 유입되었음을 파악해 보고자 한다.

II. 고아동벽화분의 유구 내용

고아동벽화분은 고령읍 남쪽 약 1.5km 떨어진 고아동 뒷산에서 마을을 감싸며 뻗어 내린 남북의 능선 중 북쪽 능선의 끝자락에 자리하고 있다. 유적이 위치

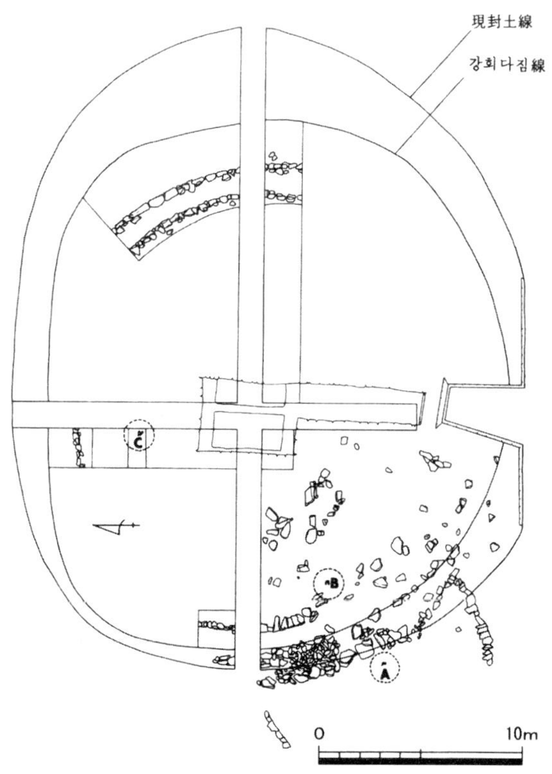

그림 3. 고령 고아동벽화분의 분구와 호석렬

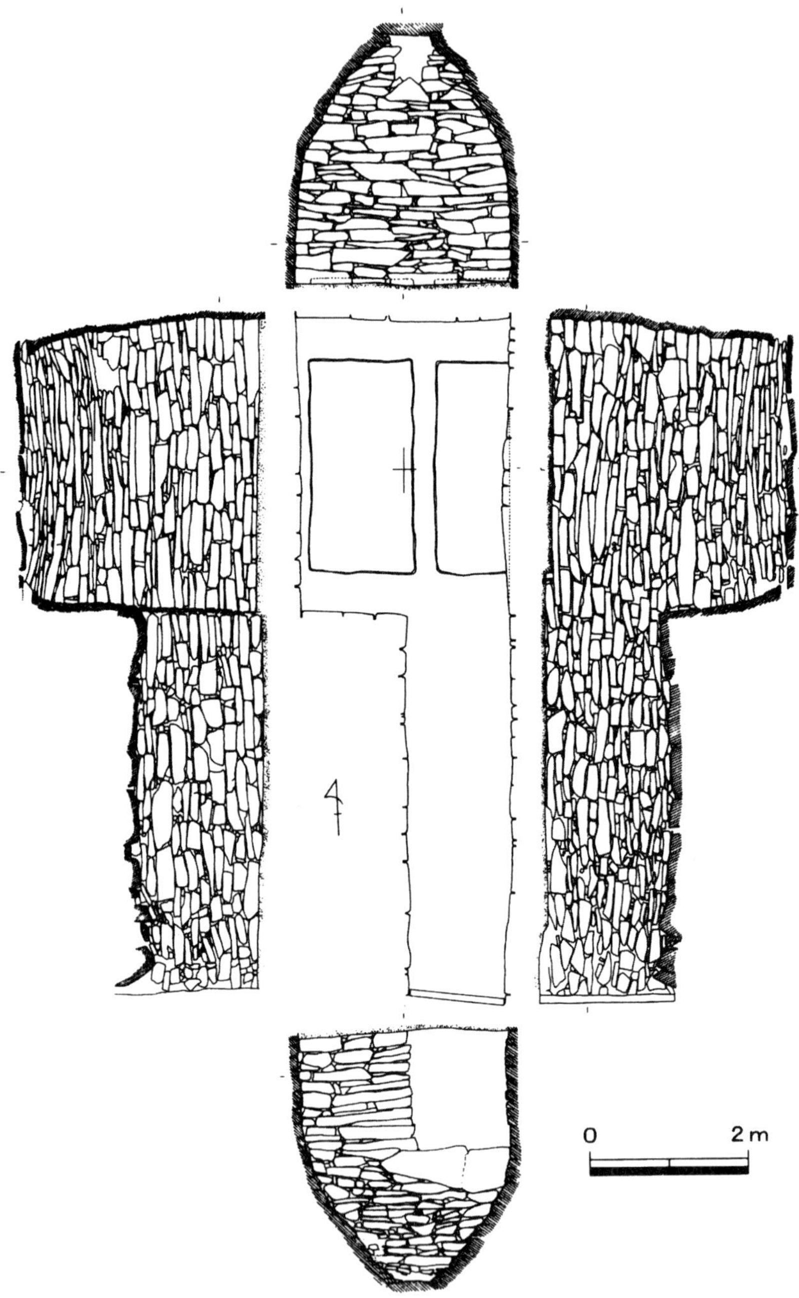

그림 4. 고령 고아동벽화분의 실측도

한 곳은 고령읍 동쪽을 북에서 남으로 흐르는 대가천과 남쪽을 서에서 동으로 흐르는 안림천이 합류하여 회천을 이루는 교통의 요충지에 해당하고 있다. 고분의 주위와 골안마을을 감싸는 능선상에는 여러 기의 고분이 분포하고 있다.

고분(그림 3 · 4)[3]은 외형상 원형봉토분으로 남북 약 20m, 동서 약 25m이다. 봉분의 높이는 구릉의 아래쪽인 남쪽이 7m, 위쪽인 북쪽이 2.5m 정도이고 현실의 바닥에서는 6.88m이다. 봉토의 서반부는 황갈색 사질점토, 동반부는 잡석이 많이 섞인 연갈색 점토를 수평으로 판축하여 축토하였다. 분구의 저부에는 2열로 호석을 돌려 봉토가 흘러내리는 것을 막아주고 있다. 호석 외연의 동서 직경은 18m이다.

현실은 장축이 남북 방향으로 길이 3.7m, 폭 2.8m, 높이 3.1m이다. 네 벽에는 폭 0.27m, 깊이 0.27m의 강돌을 채운 배수구가 조성되어 있다. 배수구의 개석은 얇은 판석을 사용하였고, 바닥은 회를 섞은 흙을 깔아 마감하였다. 바닥 위에는 높이 0.09m의 할석조 장방형 관대 2기가 0.3m 간격으로 현실 장축 방향과 나란하게 설치되었다. 서벽에서 약 0.1m 떨어진 관대는 남북 길이 2.8m, 동서 너비 1.3m이고, 동벽에 접한 관대는 남북 길이 2.8m, 동서 너비 0.86m이다. 선축된 서쪽 관대의 피장자는 남자, 동쪽 관대는 여자로 추정되고 있다. 여자가 남자의 왼쪽에 있다는 점에서 공주 무령왕릉과 친연성이 찾아진다.

현실의 남-북벽은 직립에 가깝게 축조하고, 장벽인 동 · 서벽의 하단부는 직립하나 상단부를 점차 내경시켜 터널형으로 쌓았다(그림 5).[4] 천장의 개석은 판석 4개를 중앙부에 덮고 양쪽 끝부분에 판석을 1매씩 덧대었다. 현실의 벽면은 1차로 회칠을 한 다음 그 위에 짚을 섞은 황갈색 점토를 발랐고, 다시 그 위에 2차로 흑갈색 점토로 마감하였는데 이는 추가장의 흔적으로 파악되었다.

연도는 우편재하고 있으며 길이 4.8m, 폭 1.4m, 높이 1.6m이다. 동 · 서벽은 현실의 하단부와 마찬가지로 수직에 가깝게 쌓아 올렸고, 개석은 장대식 8매를

3) 박천수 외, 2011, 『東아시아 古墳 歷年代 資料集』, 학연문화사, 575쪽.

4) 경상북도, 1998, 『가야문화도록』, 75쪽 사진 60.

그림 5. 고령 고아동벽화분의 후벽. 할석 위로 백회가 발려 있다.

사용하였다.

벽면은 굴껍질분에 짚을 썰어 섞은 회를 두껍게 바른 다음 표면을 매끈하게 처리한 후 그 위에 그림을 그렸다. 벽면회는 층위상 회 · 황갈색 점토와 회 · 흑갈색 점토 순으로 덮여 있어 2회에 걸쳐 보수되었음을 알 수 있다. 즉 고분 축조시 한 번, 서쪽 관대에 매장할 때 한 번, 동쪽 관대에 매장할 때 다시 한번 회가 칠해진 것으로 추정되었다.

그림 6. 고령 고아동벽화분의 현실 천장. 돌대식의 연화문이 시문되어 있다.

그림 7. 고령 고아동벽화분의 연도 천장. 백회 위로 붉은색의 연화문이 시문되어 있으나 탈락되어 선명치 않다.

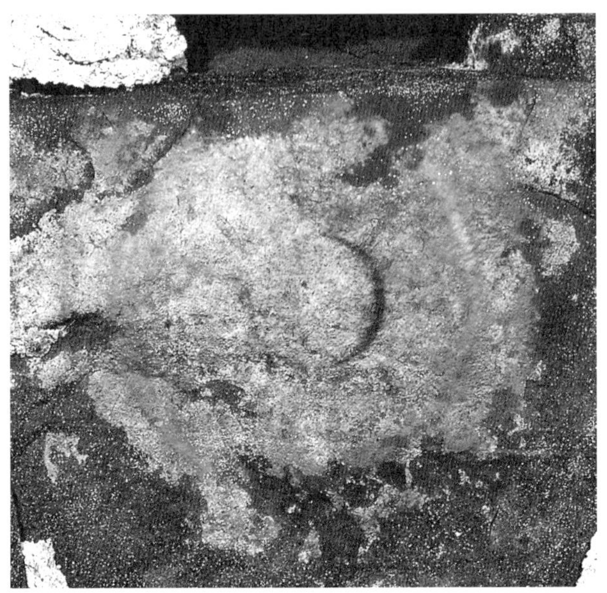

그림 8. 고령 고아동벽화분 현실 천장의 돌대식 연화문

벽면회의 벽화는 대부분 탈락된 상태이고, 현실(그림 6)과 연도(그림 7)[5]의 천장 일부에서만 연화문 등의 그림을 살필 수 있다. 벽화는 분홍색, 녹색, 흑색, 갈색으로 채색되었다. 연화문(그림 8)[6]은 자방에서 뻗어 나온 화판에 분홍색으로 주연을 그리고, 내부는 백색으로 남겨 두었다. 판구 내부 중앙에는 갈색을 이용하여 종방향으로 선문을 그려 놓았다.[7] 화판의 판단은 둥글게 처리되었고[8] 자방은 돌출되어 있으나 연자는 배치되지 않았다. 화판에 비해 자방이 작게 제작되었고, 화판 사이의 간판은 시문되지 않았다. 연화문은 현실 북단 개석에 1개, 남단

5) 이상 경상북도, 1998, 『가야문화도록』, 76쪽.

6) 대가야박물관, 1998, 『大加耶의 遺蹟과 遺物』, 151쪽.

7) 백제 및 신라 수막새에서 일반적으로 살필 수 있는 연화돌대문(蓮花突帶文)이다.

8) 부여 금강사지 출토 판단원형식 수막새 및 원주 법천리 4호분 출토 청동개, 경주 선도산 마애불사지 출토 돌대식 수막새 등에서 둥근 판단을 살필 수 있다.

개석에 1개의 흔적, 연도 천정에 11개가 지그재그식으로 배치되어 있다.

고아동벽화분은 도굴로 인하여 부장품의 잔존 상황이 양호하지 못하다. 1차 조사 시 현실에서 청동못 4점과 쇠못 3점, 토기편 수 점, 인골편, 봉토 바깥 부분에서 토기편 여러 점이 검출되었고, 2차 조사 시 봉토 단면에 대한 확인조사 중 대가야양식 토기편과 조족문 토기편이 추가로 수습되었다.

이 고분은 전체 규모나 구조, 그리고 벽면 처리 등을 통해 6세기 전 · 중반의 대가야왕릉으로 추정되었으며 추가장도 실시된 것으로 보았다. 그러나 추가장의 시기에 대해선 명확한 편년이 없다. 특히 벽화분의 연화문에 대한 면밀한 검토가 없어 많은 아쉬움이 있다. 따라서 본고에서는 벽화분의 연화문을 통해 추가장의 시기를 추정해 보도록 하겠다.

III. 백제 웅진기의 연화문

고령 고아동벽화분은 전술한 백제 웅진기 횡혈식석실분과의 비교를 통해 6세기 전 · 중반에 조성된 것으로 알려져 있다. 그러나 이 시기가 고아동벽화분의 추가장까지도 의미하는 것은 아니다. 아울러 벽화의 주된 내용을 이루고 있는 연화돌대문의 경우 시기적인 면에서 웅진기의 것과는 전혀 무관하다고 생각된다. 따라서 여기에서는 고아동벽화분의 축조 시기에 해당하는 백제 웅진기의 연화문을 먼저 검토해 보고자 한다. 그럼으로써 고아동벽화분의 연화돌대문이 백제와 관련이 없는 신라의 영향으로 제작되었음을 밝혀보도록 하겠다.

백제 웅진기의 연화문은 수막새를 비롯한 무령왕릉 출토 동탁은잔과 연화문전, 인동연화문진, 연화사격자문 및 부여 관북리 백제유적 출토 금동광배 등에서 확인할 수 있다. 이들 유물 중 웅진기의 연화문을 가장 쉽게 살필 수 있는 것은 수막새이고, 이는 판단부(瓣端部)의 생김새에 따라 판단융기식, 판단원형돌기식, 판단돌기식, 판단첨형식 등으로 세분되고 있다.

그림 9. 공주 공산성 추정 왕궁지 출토 판단융기식 수막새

그림 10. 공주 반죽동 197-4번지 유적(추정 대통사지) 출토 판단융기식 수막새

1. 판단융기식

백제 웅진기 수막새 중 최초로 등장한 형식이다. 화판의 판단부가 마치 스키 점프대처럼 살짝 융기되어 있다. 그동안 공주 공산성(그림 9)[9]을 비롯한 공주 반죽동 197-4번지 유적(추정 대통사지, 그림 10)[10] 등에서 출토되었다. 전자의 경우 화판에 비해 자방을 크게 제작한 반면, 후자는 반대로 화판을 크게 만들었다. 화판 수는 8엽이 주류를 이루나 공산성 내 추정 왕궁지에서 10엽이 검출된 바도 있다.

2. 판단원형돌기식

이 형식은 판단 중앙에 동그란 주문(珠文)이 맺혀 있는 것으로 공주 공산성(그림 11)[11]을 비롯한 공주 반죽동 197-4번지 유적(추정 대통사지, 그림 12),[12] 중동 · 봉황

---

9) 國立扶餘博物館, 2010, 『百濟瓦塼』, 64쪽 사진 92.

10) 필자 사진.

11) 필자 사진.

12) 필자 사진.

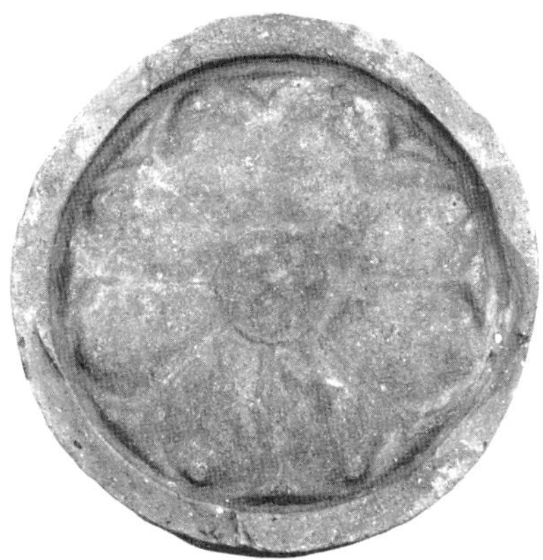
그림 11. 공주 공산성 출토 판단원형돌기식 수막새

그림 12. 공주 반죽동 197-4번지 유적(추정 대통사지) 출토 판단원형돌기식 수막새

그림 13. 부여 구아리유적 출토 판단원형돌기식 수막새

그림 14. 부여 동남리유적 출토 판단원형돌기식 수막새

동유적,[13] 부여 구아리유적(그림 13),[14] 동남리유적(그림 14)[15] 등에서 웅진기에 해

13) 이들 출토 유물은 공주시 반죽동과 인접해 있어 백제 웅진기 대통사와 관련된 것임을 판단할 수 있다.

14) 필자 사진.

15) 國立扶餘博物館, 2010, 『百濟瓦塼』, 사진 418.

당하는 수막새가 수습되었다. 화판은 모두 단판 8엽이고, 연자 배치는 1+6과, 1+8과로 이루어졌다. 자방에 비해 화판이 크게 제작되었고, 화판 사이의 간판은 'T'자형이 주류를 이루고 있다. 사비천도 전인 6세기 전반에 제작되었고, 전술한 부여지역에서도 검출되는 것으로 보아 웅진기의 사비경영을 판단케 하고 있다.[16]

3. 판단돌기식

화판의 판단 중앙에 돌기가 맺혀 있으나 그것이 원형돌기인지, 삼각돌기인지 확실한 형상을 살필 수 없다. 이러한 형식의 연화문은 공주 무령왕릉 출토 연화문전(그림 15)[17]을 비롯한 공주 정지산유적 출토 수막새(그림 16),[18] 공주 반죽동

그림 15. 공주 무령왕릉 출토 판단돌기식 연화문

그림 16. 공주 정지산유적 출토 판단돌기식 수막새

16) 趙源昌, 2005, 「기와로 본 百濟 熊津期의 泗沘經營」『先史와 古代』 23, 韓國古代學會.

17) 필자 사진.

18) 國立扶餘博物館, 2010, 『百濟瓦塼』, 75쪽 사진 126.

그림 17. 공주 반죽동 197-4번지 유적(추정 대통사지) 출토 판단돌기식 수막새 1

그림 18. 공주 반죽동 197-4번지 유적(추정 대통사지) 출토 판단돌기식 수막새 2

197-4번지 유적(추정 대통사지) 출토 수막새(그림 17 · 18)[19] 등에서 확인되고 있다. 대체로 사비천도 전인 510~527년 무렵에 제작된 것으로 추정하고 있다.

4. 판단첨형식

백제 웅진기 판단첨형식의 연화문은 공주 무령왕릉 출토 동탁은잔과 반죽동 197-4번지 일원 추정 대통사지 출토 수막새, 부여 용정리사지 출토 수막새, 부여 관북리 백제유적 출토 금동광배 등에서 살필 수 있다.

무령왕릉 출토 동탁은잔(그림 19)[20]의 연화문은 침선이 화판의 판단 중앙에서 주연 쪽으로 뾰족하게 뻗어 있다. 연자 배치는 확인되지 않고, 화판 수는 8엽이다. 화판과 자방은 거의 비슷한 크기로 제작되었고, 화판 내에서 '술'장식이 살펴진다. 이러한 장식 요소는 중국 남북조시기의 수막새(그림 20)[21]를 비롯한 고구려 수막새(그림 21)[22]

19) 필자 사진.

20) 국립공주박물관, 2001, 『백제사마왕』, 116쪽.

21) 陳永志, 2003, 『內蒙古出土瓦當』, 87쪽 사진 36.

22) 井內古文化硏究室, 昭和51, 『朝鮮瓦塼圖譜II 高句麗』, PL.11-30.

그림 19. 공주 무령왕릉 출토 동탁은잔의 판단첨형식 연화문(백제 웅진기)

그림 20. 중국 내몽고 출토 판단첨형식 수막새(북위)

그림 21. 평양부 대동강면 토성리 출토 판단첨형식 수막새(고구려)

그림 22. 쌍영총 전실 천장의 판단첨형식 연화문(고구려, 5세기 후반 · 말)

와 고분벽화(그림 22)[23] 등에서 발견되고 있다. 무령왕비의 부장품이라는 점에서 529년 이전의 것으로 판단된다.

---

23) 국립중앙박물관, 2007, 『고구려 무덤벽화』, 110쪽.

한편, 대통사는 백제 성왕 5년인 527년 공주(당시 웅진)에 창건된 웅진기의 사찰이다. 최근 반죽동 일원에 대한 발굴조사를 통해 「대통」명 인각와와 「대통사」명 명문와 등 다양한 문양의 수막새가 출토되었다. 이중 창건기에 제작된 것으로 추정할 수 있는 판단첨형식 수막새는 대략 두 형식으로 압축해 볼 수 있다. 하나는 화판의 중간 지점에 화살 모양의 침선을 배치하여 주연부까지 연결한 사례이고(그림 23),[24] 다른 하나는 돌대식의 화판 주변에 화륜권을 시문하고 판구 외곽에 연주문을 배치한 경우이다(그림 24).[25] 이들은 중국 남조 제와술로 제작된 것으로 공주 및 부여지역에서 처음으로 수습되었다.

이에 반해 부여 용정리사지 상층 금당지 기단토에서 출토된 수막새(그림 25)[26]는 돌출된 자방 내에 1+6과의 연자가 커다랗게 배치되어 있다. 판단 중앙의 침선은 주연에까지 이어져 있고, 화판 사이의 간판은 마름모형을 이루고 있다. 이 와례는 출토 층위와 문양을 통해 5세기 말~6세기 초로 편년되고 있다.[27] 그리고

그림 23. 공주 반죽동 197-4번지 유적(추정 대통사지) 출토 판단첨형식 수막새 1

그림 24. 공주 반죽동 197-4번지 유적(추정 대통사지) 출토 판단첨형식 수막새 2

24) 필자 사진.

25) 필자 사진.

26) 國立扶餘博物館, 2010, 『百濟瓦塼』, 189쪽 사진 489.

27) 趙源昌, 2003, 「百濟 熊津期 龍井里 下層 寺院의 性格」 『韓國上古史學報』 42, 韓國上古史學會.

그림 25. 부여 용정리사지 출토 판단첨형식 수막새

부여 관북리 백제유적에서 출토된 금동광배(그림 26)[28]의 연화문은 전술한 용정리사지 출토 수막새의 화판과 비교해 침선의 길이가 다소 짧게 표현되었다. 화판 사이의 간판은 '▼'형 혹은 'T'형으로 관찰된다. 자방을 화판보다 크게 제작하여 공산성 출토 판단융기식 수막새와 친연성을 보인다. 연호가 없어 확실한 제작 시기는 알 수 없으나 일본 소재 불상과의 비교

그림 26. 부여 관북리 백제유적 출토 금동광배 두광의 판단첨형식 연화문

28) 필자 사진.

를 통해 523년경의 작으로 추정되고 있다.[29] 이러한 편년은 한편으로 유사한 연화문(그림 27)[30]이 시문된 공주 반죽동 · 중동석조[31]의 제작 시기와도 크게 다르지 않아 주목된다.

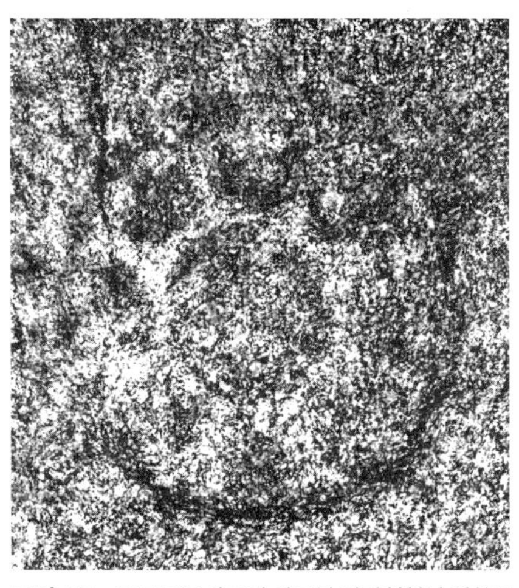

그림 27. 공주 중동석조에 시문된 판단첨형식 연화문

이상으로 백제 웅진기에 시문된 연화문에 대해 살펴보았다. 이는 판단부의 형상에 따라 판단융기식, 판단원형돌기식, 판단돌기식, 판단첨형식 등으로 세분되었고, 수막새를 비롯한 동탁은잔, 연화문전, 금동광배, 석조 등에 시문되었음이 확인되었다. 그리고 지리적으로는 당시 왕도였던 공주, 그리고 차기 왕도로 선정된 부여지역에서만 이들 유물이 수습되었다. 이에 다음 장에서는 고아동벽화분의 주문양인 돌대문을 중심으로 이의 계통과 시기적 변천 등을 알아보도록 하겠다.

Ⅳ. 고아동벽화분의 추가장 시기 검토

고아동벽화분의 연도와 현실 천장에는 연화문(그림 28)[32]이 시문되어 있다. 연

29) 곽동석, 2007, 「웅진기 중국과의 문물교류」『百濟文化史大系 硏究叢書 (10) 百濟의 文物交流』, 충청남도역사문화원.

30) 필자 사진.

31) 백제 웅진기 공주 대통사에 사용된 석조로 알려져 있다. 대통사의 창건은 527년이다.

32) 박천수 외, 2011, 『東아시아 古墳 歷年代 資料集』, 학연문화사, 575쪽 재인용.

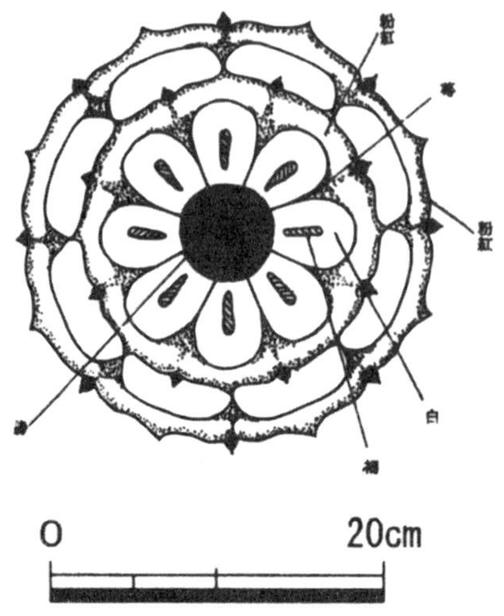

그림 28. 고령 고아동벽화분 현실 천장의 연화문

그림 29. 공주 반죽동 197-4번지 유적(추정 대통사지) 출토 연화돌대식 수막새

도 천장의 것이 희미한 반면, 현실에 표현된 연화문은 비교적 선명하게 남아 있다. 연화문의 화판에는 종방향으로 돌대가 그어져 있다. 다만 그림 28을 보면 돌대가 화판의 중간 부분에만 표현되어 있는데 본래는 화판 전체에 종방향으로 그어졌음을 알 수 있다. 그리고 이러한 돌대식의 연화문은 앞장에서 검토한 백제 웅진기의 판단융기식이나 판단원형돌기식, 판단돌기식, 판단첨형식과는 화판 형식면에서 완전 다름을 살필 수 있다.

물론 백제 웅진기 공주에 창건된 대통사에서도 고아동벽화분의 연화문과 같은 돌대식 수막새(그림 29)[33]가 수습된 바 있다. 그런데 이는 창건와가 아닌 6세기 4/4분기 무렵의 보수와로 확인되어 시기적으로 웅진기가 아닌 사비기의 와례로 판단되었다.[34] 이는 결과적으로 고아동벽화분에 시문된 연화문이 웅진기와 관

33) 필자 사진.

34) 조원창, 2021, 『성왕, 공주에 대통사를 세우다』, 서경문화사, 155쪽.

련이 없는 사비기에 등장한 문양임을 확인케 하고 있다.

이상에서처럼 고아동벽화분의 연화문을 웅진기의 그것과 직접적으로 연계시키는 것은 바로 이의 고분 형식(터널식)을 백제 웅진기 계통으로 파악하면서 연화문도 함께 백제의 영향으로 보고 있기 때문이다.[35] 이는 고분 형식과 함께 돌대식의 연화문이 웅진기 백제에서 대가야로 전파되었음을 의미한다. 그런데 문제는 고아동벽화분과 같은 돌대식의 연화문이 당시 웅진기 백제에서는 아직 등장하지 않았다는 사실이다. 즉 당시 공주지역의 공산성이나 무령왕릉, 정지산유적, 대통사 및 부여 관북리 백제유적, 구아리유적, 동남리유적 등을 살피면 판단융기식과 판단원형돌기식, 판단돌기식, 판단첨형식의 회판민 확인될 뿐 고아동벽화분과 같은 웅진기의 연화돌대식은 전혀 확인할 수 없다. 이는 결과적으로 고아동벽화분에 시문된 연화문이 백제 웅진기의 그것과는 직접적인 관련이 없음을 보여주는 단적인 자료라 할 수 있다. 또 한편으로는 고아동벽화분의 축조 시기와 고분 내에 장식된 벽화 사이에 일정한 시차가 존재하고 있음도 파악해 볼 수 있다.

따라서 여기에서는 고아동벽화분 내에 장식되어 있는 연화돌대문에 대해 이의 계통과 유입시기 등을 검토해 보고, 아울러 이 벽화가 고아동고분의 추가장과 관련되어 6세기 4/4분기 무렵에 제작되었음을 살펴보도록 하겠다.

삼국시기 수막새에 시문된 연화돌대문은 백제 사비기 중정리유적(그림 30)[36] 과 신라 황룡사지의 사례를 통해 대략 6세기 4/4분기 무렵에 등장한 것으로 생각된다. 이를 전제로 한다면 고아동벽화분의 연화돌대문 역시 이와 비슷한 시기 혹은 그 이후에 제작되었음을 판단해 볼 수 있다. 그리고 6세기 4/4분기라는 시기는 이미 대가야가 멸망(562년)한 이후로서 고령은 신라의 영토에 편입된 상황

---

35) 김세기, 1998, 「가야의 문화」『가야문화도록』, 경상북도, 480쪽.
대가야박물관, 2004, 『大加耶의 遺蹟과 遺物』, 151쪽.
박천수, 2009, 「고아동벽화분」『韓國考古學專門事典 古墳篇』, 國立文化財研究所, 81쪽.
박천수 외, 2011, 『東아시아 古墳 歷年代 資料集』, 학연문화사, 574쪽.

36) 國立扶餘博物館, 2010, 『百濟瓦塼』, 239쪽 사진 627.

그림 30. 부여 중정리유적 출토 연화돌대식 수막새

그림 31. 중국 진(秦)대 연화돌대식 수막새

이었다. 따라서 고아동벽화분의 연화문과 백제의 연화문을 직접적으로 연결하는 것은 논리적으로 무리가 있다.

돌대문이 연화문 수막새에 처음으로 시문된 시기는 대체로 중국 진대(秦代, 그림 31)[37]로 파악되고 있다. 그러나 한대 이후 이러한 문양이 수막새 및 기타 화상석 등에서 거의 자취를 보이지 않는다는 점에서 문양의 연속성을 찾아보기가 쉽지 않다. 중국에서 이 문양이 본격적으로 등장하였던 시기는 위진남북조대로 동진말~송대부터라 생각된다. 이후 연화돌대문은 수막새를 장식하는 주류 문양으로 활용되었고, 陳代에 이르기까지 다양한 형식으로 제작되었다.

중국 남조의 연화돌대식 수막새는 발굴조사가 주로 진행된 건강성과 그 주변 지역에서 수습되고 있다. 즉 建鄴路南七家灣, 張府園, 鐘山南朝壇類 建物址, 銅作坊, 八府塘, 太平門 東側 6號墓, 大行宮 中山 東路 南側, 新街口南豊富路, 毘盧寺 東側 灰坑 등에서 출토되었다.[38] 이들 연화문의 화판 수는 8엽, 9엽, 10

37) 賀云翱, 2005, 『六朝瓦當与六朝都城』, 文物出版社, 49쪽 도30-2.

38) 賀云翱, 2005, 『六朝瓦當与六朝都城』, 文物出版社.

엽이 대부분이고, 자방 내의 연자 배치는 1+6과, 1+7과, 1+8과 등이다. 간판은 새발자국형, '↑'형, 마름모형, 'T'형 등 다양하고, 주연부에는 대체로 연주문이 없다. 이를 시기적으로 살피면 아래의 표와 같다.[39)]

표 1. 중국 남조 연화돌대식 수막새의 시기적 특징

구분		東晉末~宋代 (420~479)	齊(479~502)~梁(502~557)代	陳代 (557~589)
화판	화판 수	8엽, 9엽, 10엽	8엽, 9엽, 10엽	8엽, 9엽
	평면형	세장형, 5각형	세장형, 5각형	세장형, 오각형
	비고		판단부 곡절	
자방	연자 배치	1+6, 1+7, 1+8	1+4, 1+6, 1+7	1+6, 1+8, 1+10
	원권대	유, 무	유	유
	비고	자방의 크기가 대체로 작음	1+4과의 연자 배치는 백제 사비기 부여 정암리가마 출토 수막새에서도 확인	화판 수보다 연자 수가 더 많음. 3열의 연자 배치 확인
간판	형태	새발자국형, '↑'형, 마름모형, 'T'형	새발자국형, 마름모형, 'T'형	'T'형
	비고	새발자국형이 상대적으로 많음	간판의 판두가 삼각형 모양	대체로 간판의 판두가 아주 납작함
화판과 주연 사이의 원권대		유	유	유
본문 그림		32, 33, 34, 35[40)]	36, 37, 38, 39[41)]	40, 41, 42, 43[42)]

39) 趙源昌, 2006,「皇龍寺 重建期 瓦當으로 본 新羅의 對南朝 交涉」『韓國上古史學報』 52, 韓國上古史學會.

40) 유금와당박물관, 2010,『중국육조와당』, 81쪽 사진 140 및 91쪽 사진 169, 79쪽 사진 137, 73쪽 사진 118.

41) 유금와당박물관, 2010,『중국육조와당』, 71쪽 사진 114, 74쪽 사진 123, 158쪽 사진 285.
賀云翱, 2005,『六朝瓦當与六朝都城』, 채판 6.

42) 유금와당박물관, 2010,『중국육조와당』, 148쪽 사진 270, 149쪽 사진 274, 151쪽 사진 277, 152쪽 사진 279.

그림 32. 중국 동진말~송대 추정 연화돌대식 수막새 1

그림 33. 중국 동진말~송대 추정 연화돌대식 수막새 2

그림 34. 중국 송대 추정 연화돌대식 수막새 1

그림 35. 중국 송대 추정 연화돌대식 수막새 2

그림 36. 중국 제~양대 추정 연화돌대식 수막새 1

그림 37. 중국 제~양대 추정 연화돌대식 수막새 2

그림 38. 중국 제~양대 추정 연화돌대식 수막새 3

그림 39. 중국 제~양대 추정 연화돌대식 수막새 4

그림 40. 중국 남조 진대 추정 연화돌대식 수막새 1

그림 41. 중국 남조 진대 추정 연화돌대식 수막새 2

그림 42. 중국 남조 진대 추정 연화돌대식 수막새 3

그림 43. 중국 남조 진대 추정 연화돌대식 수막새 4

그림 44. 경주 황룡사지 출토 연화돌대식 수막새

그림 45. 함안 성산산성 출토 연화돌대식 수막새

그렇다면 이러한 연화돌대문은 과연 어느 시기, 누구에 의해 유입되었을까? 이에 대해 필자는 일찍이 신라와 중국과의 기사를 통해 진흥왕대로 판단한 바 있고, 그 대상 국가는 남조의 진(陳)으로 확정된 바 있다.[43] 그 결과 연화돌대문은 신라 황룡사 중금당의 창건와(그림 44)[44] 중 하나로 채택되었고, 이후 통일신라시기에 이르기까지 주요 문양으로 자리매김하게 되었다. 그리고 6세기 말~7세기를 거치면서 경주[45] 외에 함안 성산산성, 울산 반구동유적 · 입암리사지, 영양 화천동사지, 충주 탑평리사지, 원주 법천리 4호분에 이르기까지 공간적으로도 확대되었다.

특히, 함안지역은 본래 아라가야가 위치해 있던 곳으로 이곳에 신라 산성인 성산산성의 축성은 아라가야의 멸망 이후로 생각할 수 있다. 그 시기는 대략 대가야가 멸망한 562년 이후로서 이곳에서 검출된 연화돌대식 수막새(그림

43) 조원창, 2006, 「皇龍寺 重建期 瓦當으로 본 新羅의 對南朝 交涉 -蓮花突帶文 圓瓦當을 중심으로-」『韓國上古史學報』 52.

44) 필자 사진.

45) 재매정, 나정, 분황사, 삼랑사지, 안압지, 왕경유적, 흥륜사 등 경주지역의 대부분 유적에서 수습되고 있다.

45)[46] 역시 562년 이후인 7세기 2/4분기경으로 추정할 수 있다. 따라서 고아동벽화분의 연화문 역시 함안 성산산성 출토 수막새와 마찬가지로 대가야가 신라에 편입된 이후 신라의 연화돌대문이 고령에 유입되면서 제작된 것으로 이해하는 것이 타당할 것이라 생각된다.

고아동벽화분의 연화돌대문과 친연성이 있는 문양은 원주 법천리 4호분 출토 청동개 연화문(그림 46)에서도 찾아볼 수 있다. 즉 유엽형의 화판과 8엽의 화판 수, 부채꼴 모양의 판단선, 큰 차이가 나지 않는 자방과 화판의 직경, 융기된 자방 등에서 유사성을 살필 수 있다. 청동개에 시문된 연화돌대문은 연자 배치, 간판의 크기, 자방과 화판의 길이 비 등에서 7세기 2/4분기경에 제작된 신도산 마애불사지 출토 연화돌대문(그림 47)[47]과 차이를 보인다. 이는 결과적으로 청동개의 연화돌대문이 7세기 2/4분기 이전의 연화문임을 판단케 한다. 아울러 7세기 1/4분기 말~2/4분기 초에 제작되었을 것으로 추정되는 분황사 출토 연화돌대식 수막새(그림 48)[48]의 경우 화판 수, 화판의 형태 등에서 법천리 4호분 출토 청동개

그림 46. 원주 법천리 4호분 출토 청동개

그림 47. 경주 선도산 마애불사지 출토 연화돌대식 수막새

46) 國立慶州博物館, 2000, 『新羅瓦塼』, 174쪽 사진 566.

47) 國立慶州博物館, 2000, 『新羅瓦塼』, 117쪽 사진 387.

48) 東亞大學校博物館, 2001, 『所藏品圖錄』, 120쪽 사진 168.
이 수막새는 분황사 창건와로 추정할 수 있다.

그림 48. 경주 분황사 추정 창건와

연화문과 현격한 차이를 보이고 있다. 이러한 여러 수막새의 연화문과 비교해 볼 때 청동개에 시문된 연화돌대문은 7세기대 이후의 문양으로는 판단하기 어렵다. 그런 점에서 6세기 4/4분기로 편년된 공주 반죽동 197-4번지 유적(추정 대통사지) 출토 연화돌대식 수막새[49]와 비교할 수 있다.

따라서 고령 고아동벽화분에 시문된 연화돌대문 역시 법천리 4호분 출토 청동개 연화돌대문과의 상대 비교를 통해 6세기 4/4분기 무렵에 제작된 것으로 추정된다. 아울러 고아동벽화분의 추가장 시기 역시 이와 마찬가지였을 것으로 생각된다.

한편, 고아동벽화분을 백제의 것과 연관시켜 보고자 한다면 적어도 백제와 가야가 동맹관계를 유지하였던 성왕대의 시기로 파악해 볼 수 있다. 그러나 성왕(554년 패사)이 활약하였던 6세기 2/4분기 및 3/4분기 초반에는 연화돌대식 수막새가 백제 사회에 아직 등장하지 않던 시기였다. 즉 이 시기에는 웅진기에 유행하였던 판단융기식(그림 49)[50]과 판단원형돌기식(그림 50),[51] 그리고 사비기에 새롭게 등장한 판단삼각돌기식(그림 51)[52]과 판단원형식(그림 52)[53] 등이 제작되었다. 백제 사회에서도 신라와 마찬가지로 연대돌대식 수막새가 제작된 시기는 부여 중정리유적 출토 와례를 통해 빨라야 6세기 4/4분기 무렵이라 생각된다.[54] 이때

49) 조원창, 2021, 『성왕, 공주에 대통사를 세우다』, 서경문화사.

50) 國立扶餘博物館, 2010, 『百濟瓦塼』, 91쪽 사진 154.

51) 國立扶餘博物館, 2010, 『百濟瓦塼』, 136쪽 사진 306.

52) 國立扶餘博物館, 2010, 『百濟瓦塼』, 130쪽 사진 282.

53) 필자 사진.

54) 趙源昌, 2004, 「法泉里 4號墳 出土 青銅蓋 蓮花突帶文의 意味」 『百濟文化』 33, 公

그림 49. 부여 관북리유적 출토 판단융기식 수막새

그림 50. 부여 군수리사지 출토 판단원형돌기식 수막새

그림 51. 부여 구아리유적 출토 판단삼각돌기식 수막새

그림 52. 공주 반죽동 197-4번지 유적 출토 판단원형식 수막새

는 전술하였다시피 이미 대가야를 비롯한 가야 제국이 신라에 편입된 이후여서 고아동벽화분의 연화문이 백제의 연화문과 관련이 없음을 보여주는 시기라 할 수 있다.

州大學校 百濟文化研究所.

Ⅴ. 맺음말

고령 대가야의 고토에 자리하고 있는 고아동벽화분은 무덤 형식과 연화문 등을 통해 6세기 전 · 중반에 축조된 것으로 추정되고 있다. 아울러 현실 내에서 검출된 2기의 관대를 통해 추가장된 것으로 이해하고 있다.

천장을 비롯한 고분 내부에는 연화문이 채색되어 있다. 화판 내에 종선이 그어진 연화돌대문으로 이러한 문양은 백제나 신라의 경우 6세기 4/4분기경 중국 남조인 진으로부터 유입된 것으로 추정되고 있다. 고아동벽화분의 연화문과 친연성이 있는 것은 경주 흥륜사지 수막새 및 원주 법천리 4호분 출토 청동개에서 살필 수 있다. 여기에서 연화문은 화판의 평면 형태, 판단선의 처리, 자방과 연판의 크기 등에서 상호 비교되고 있다. 이러한 특징을 보이는 연화돌대문은 적어도 7세기대의 유적(월성,[55] 분황사, 흥륜사지,[56] 재매정지,[57] 나정,[58] 울산 반구동유적,[59] 함안 성산산성, 제천 장락사지[60] 등)에서 검출되는 연화문과 비교해 화판 형태 등에서 시문상의 차이를 보이고 있다.

고아동벽화분에 채색된 연화돌대문의 조성시기는 대략 6세기 4/4분기 무렵으로 추정된다. 이는 횡혈식석실분의 초축 시기와 큰 차이를 보이는 것으로 아마도 추가장 시기와 관련될 듯싶다. 시기적으로 보면 대가야가 멸망된 이후에 해당하고 있다.

따라서 고분의 축조는 백제와 동맹관계를 맺었던 6세기 전 · 중반에 조성된

---

55) 國立慶州博物館, 2000, 『新羅瓦塼』, 17쪽 사진 13(본문 사진 53).

56) 國立慶州博物館, 2000, 『新羅瓦塼』, 115쪽 사진 377(본문 사진 54).

57) 國立慶州博物館, 2000, 『新羅瓦塼』, 78쪽 사진 251(본문 사진 55).

58) 中央文化財硏究院 · 慶州市, 2008, 『慶州 蘿井』, 240쪽 사진 240-①(본문 사진 56).

59) 울산발전연구원문화재센터, 2009, 『울산 반구동유적』, 190쪽 도판 190-1(본문 사진 57).

60) 충청대학교 박물관, 2014, 『충청대학교 박물관 30년』, 119쪽(본문 사진 58).

그림 53. 경주 월성 출토 연화돌대식 수막새

그림 54. 경주 흥륜사지 출토 연화돌대식 수막새

그림 55. 경주 재매정지 출토 연화돌대식 수막새

그림 56. 경주 나정 출토 연화돌대식 수막새

그림 57. 울산 반구동유적 출토 연화돌대식 수막새

그림 58. 제천 장락사지 출토 연화돌대식 수막새

반면, 내부에 장식된 연화돌대문 등의 벽화는 대가야가 신라에 편입된 이후 신라문화의 영향으로 제작된 것으로 판단된다. 한 무덤에 두 나라의 문화가 공존케 된 당시 대가야의 역사적 운명을 보여주는 단적인 고고유적이 아닌가 생각된다.[61)]

61) 이 글은 조원창, 2008, 「연화문으로 본 고령 고아동 대가야 벽화고분의 추가장 시기 검토」『백제문화』 39의 내용을 수정 · 정리한 것이다.

제5장

부여 능산리 1호 동하총의 축조시기 검토

Ⅰ. 머리말

일제강점기에 발굴조사된 능산리 고분군에는 현재 7기의 무덤이 복원되어 있다.[1] 이들은 무덤의 위치와 방향에 따라 1호 동하총(東下塚), 2호 중하총(中下塚), 3호 서하총(西下塚), 4호 서상총(西上塚), 5호 중상총(中上塚), 6호 동상총(東上塚) 등의 이름으로 불리고 있다(그림 1).[2]

7기의 고분은 동나성 너머 동쪽에 자리하고 있으며, 능산리사지와는 동배수로를 사이에 두고 서로 인접해 있다. 고분 형식은 모두 횡혈식석실묘를 취하고 있으나 천장 및 벽면의 축조기법에 따라 크게 세 가지로 분류되고 있다.

---

1) 이 외에도 동쪽에 동고분군, 서쪽에 서고분군이 입지하고 있다.

2) 1915년 동경제대의 黑板勝美와 關野貞에 의해 중하총과 서하총, 중상총 등이 발굴조사 되었고, 1917년에는 谷井濟一, 小場恒吉, 野守健 등에 의해 동하총, 서상총, 동상총이 조사되었다.
박연서 선생님 사진 제공.

그림 1. 북에서 본 부여 능산리 고분군

중하총은 공주 무령왕릉이나 금학동 1호분과 같이 천장이 터널식을 이루고 있다. 그러나 축조 재료가 정교하게 치석된 판석과 장대석이라는 점에서 전축분인 무령왕릉이나 할석조의 금학동 1호분과는 큰 차이가 있다. 천장 형태가 백제 웅진기의 형식을 따르고 있어 일찍부터 사비천도를 단행한 성왕릉(聖王陵)으로 추정된 바 있다.[3] 하지만 무덤 내부가 이미 도굴된 상태이고, 피장자의 신분이나 이름을 알 수 있는 표지적인 유물이 없어 자세한 내용은 파악할 수 없다.

두 번째 형식은 동하총에서 볼 수 있는 수평식[4]을 들 수 있다. 이는 단면 4각

---

3) 姜仁求, 1977, 「百濟古墳의 硏究」『韓國史論』 3, 85~86쪽.
李南奭, 2002, 『百濟墓制의 硏究』, 서경, 241쪽.
부여군, 2012, 『부여백제역사유적지구 가이드북』, 125쪽.

4) 이는 달리 '사벽수직식'으로 부르기도 한다.
국립나주문화재연구소, 2006, 『羅州 伏岩里三號墳』, 294쪽.

형으로 천장과 네 벽면이 치석된 판석재로 조성되어 있다. 이러한 고분 형식은 논산 육곡리 6호분을 비롯한 나주 대안리 4호분, 나주 복암리3호분 7 · 13호 횡혈식석실묘 등 일부 백제고분에서 찾아볼 수 있다. 고임식에 비해 백제 사비기 석실분에서 차지하는 비중은 그리 높지 않은 편이다.

능산리 고분군에서 살필 수 있는 마지막 형식으로는 고임식을 들 수 있다. 이는 단면 6각형으로 치석된 판석재나 할석 등을 이용하여 축조하였다. 6세기 중엽 이후 백제 멸망기까지 왕도 부여를 비롯한 백제의 고토 전역에서 확인되고 있다.

이처럼 능산리 고분군에는 다양한 형식의 고분들이 시기 차를 두고 조영되어 있다. 특히 동하총에는 사신도 및 연화문 등이 그려져 있어 다른 고분들과 뚜렷한 차이를 보여주고 있다. 아울러 천장 형태는 백제 웅진기에 볼 수 없는 수평식의 구조를 따르고 있다.

그동안 동하총에 관한 연구는 고분 구조 및 벽화를 중심으로 꾸준하게 진행되어 왔다.[5] 그 결과 벽화의 주제 및 표현기법 등에 대해선 자연스럽게 고구려와의 관련성을 인정하는 분위기이다.

하지만 고분 구조에 따른 축조 시기에 있어서는 아직도 여러 이견이 존재하고 있다. 즉 6세기 말[6]을 비롯한 6세기 후반~7세기 초반,[7] 6세기 말~7세기경,[8] 7세기 이후[9] · 전반 등 다양한 시기적 편차를 보이고 있다. 이는 동일 형식(수평식)

5) 이에 대해서는 제III장에서 후술하도록 하겠다.

6) 姜仁求, 1977, 「百濟古墳의 研究 -公州 · 扶餘地方을 中心으로-」『韓國史論』 3, 86쪽. 이 논고에서 동하총은 위덕왕릉으로 비정되었다.

7) 公州大學校博物館 · 忠淸南道公州市, 1995, 『百濟古墳資料集』, 311쪽.
최준경, 2006, 「고구려벽화무덤의 특징과 문화사적 지위」『남북공동 고구려 벽화고분 보존 실태 조사 보고서 제1권 조사보고』, 국립문화재연구소 · 남북역시학자협의회, 277쪽.

8) 정호섭, 2011, 「백제 벽화고분의 조영과 문화 계통」『한국고대사연구』 61, 322쪽.

9) 李南奭, 2002, 『百濟墓制의 研究』, 서경, 242쪽.
李泰浩, 2003, 「三國時代 後期 高句麗와 百濟의 四神圖 壁畫 -灰壁畫와 石壁畫의 表現方式을 中心으로-」『高句麗研究』 16, 300쪽 ; 2006, 「평양지역 8기의 고구려 벽

으로 분류되는 나주 복암리3호분 제7 · 13호묘[10] 및 나주 대안리 4호분,[11] 육곡리 6호분[12] 등의 편년을 통해서도 여실히 확인할 수 있다.

이에 본고에서는 동하총의 축조 연대에 대해 재검토해 보고자 한다. 이를 위해 동하총의 천장에 시문된 연화문을 중점적으로 다뤄 보도록 하겠다. 연화문은 백제 사비기의 경우 수막새를 비롯한 전돌,[13] 금속공예품,[14] 불상 광배[15] 등 다양한 유물에 시문되어 있다. 특히 사비기 수막새는 사지나 기와건물지 등 여러 유적에서 다양하게 등장하고 있어 동하총 연화문의 편년을 검토하는 데 중요한 자료가 될 수 있을 것이라 생각한다. 아울러 수평식의 천장 구조에 대해서도 중국의 고고 자료를 활용하여 이의 등장과 백제로의 유입 과정을 알아보고자 한다.

II. 능산리 1호 동하총의 고분 구조와 벽화

여기에서는 능산리 고분군 중 1호분으로 지정된 동하총[16]의 무덤 구조와 현

화고분」『남북공동 고구려 벽화고분 보존 실태 조사 보고서 제1권 조사보고』, 국립문화재연구소 · 남북역사학자협의회, 104쪽. 이들 논고에서 이태호는 동하총의 조성 시기를 7세기 전반으로 보았다.

10) 6세기 후엽~7세기 초로 편년되었다.
국립문화재연구소, 2001,『羅州 伏岩里 3號墳(본문)』, 443쪽 표 40.

11) 7세기로 편년되었다.
公州大學校博物館 · 忠淸南道公州市, 1995,『百濟古墳資料集』, 714쪽.

12) 7세기 이후로 편년되었다.
李南奭, 1995,『百濟 石室墓 硏究』, 학연문화사, 261쪽.

13) 부여 규암면 외리 연화문전을 들 수 있다.

14) 공주 무령왕릉 출토 동탁은잔을 비롯한 부여 왕흥사지 목탑지에서 수습된 금 · 은제 사리병의 뚜껑을 통해 판단첨형식 연화문을 볼 수 있다.

15) 부소산성 출토 금동광배 및 부여 관북리유적 출토 금동광배를 통해 살필 수 있다.

16) 이에 대해선 다음의 자료를 참조하였다.

실 내부의 벽화에 대해 살펴보고자 한다. 다만, 벽화의 경우 서벽과 천장에만 양호하게 남아 있어 이를 중심으로 검토해 보도록 하겠다.

사신도에 관한 벽화의 내용은 동하총뿐만 아니라 이의 계통이 되는 중국 위진남북조 및 고구려 고분벽화에 이르기까지 그동안 국내외 학자들을 중심으로 꾸준한 연구가 진행된 바 있다. 반면, 동하총의 천장 구조인 수평식에 대해서는 상대적으로 많은 검토가 이루어지지 못하였다. 따라서 여기에서는 시론적이지만 백제 사비기 수평식 구조의 전파 과정에 대해서도 짧게나마 언급해 보고자 한다.

1. 고분 구조[17]와 계통

능산리 1호 동하총(그림 2~4)[18]은 횡혈식석실묘로 공주 송산리 6호분과 함께 백제의 벽화고분으로 유명하다. 천장이 편평하여 백제고분 형식상 수평식[19]으로 분류되고 있다. 단실묘로서 현실의 네 벽면에는 주(朱)·적(赤)·황(黃)·흑(黑)색으로 사신도가 그려져 있고, 천장에도 연화문과 구름문이 장식되어 있다.

분구는 원분(圓墳)으로 동서 직경이 26.5m, 남북 직경이 25.7m이다. 분구의 외곽으로는 봉토가 흘러내리는 것을 막기 위한 3단의 호석렬[20]이 돌아가고 있

姜仁求, 1977, 「百濟古墳의 硏究 -公州·扶餘地方을 中心으로-」『韓國史論』 3.
百濟文化開發硏究院, 1989, 『忠南地域의 文化遺蹟 -제3집, 부여군편-』, 85쪽.
公州大學校博物館·忠淸南道公州市, 1995, 『百濟古墳資料集』, 311쪽.
忠淸南道, 1996, 『文化財大觀』, 236쪽.
李南奭, 2002, 「陵山里 古墳群과 百濟王陵」『百濟墓制의 硏究』, 서경, 217쪽.

17) 유구 내용은 국립부여박물관, 2019, 『백제 능산리 1호 東下塚』 참조.

18) 公州大學校博物館·忠淸南道公州市, 1995, 『百濟古墳資料集』, 310·311쪽.
필자 사진.

19) 李南奭, 1995, 『百濟 石室墳 硏究』, 學硏文化社, 261쪽. 여기서 능산리 동하총은 조성 시기가 7세기 전반으로 추정되었다.

20) 이는 고분 경계시설 혹은 봉분 경계석으로 해석되기도 한다.
국립부여박물관, 2019, 『백제 능산리 1호 東下塚』, 44쪽.

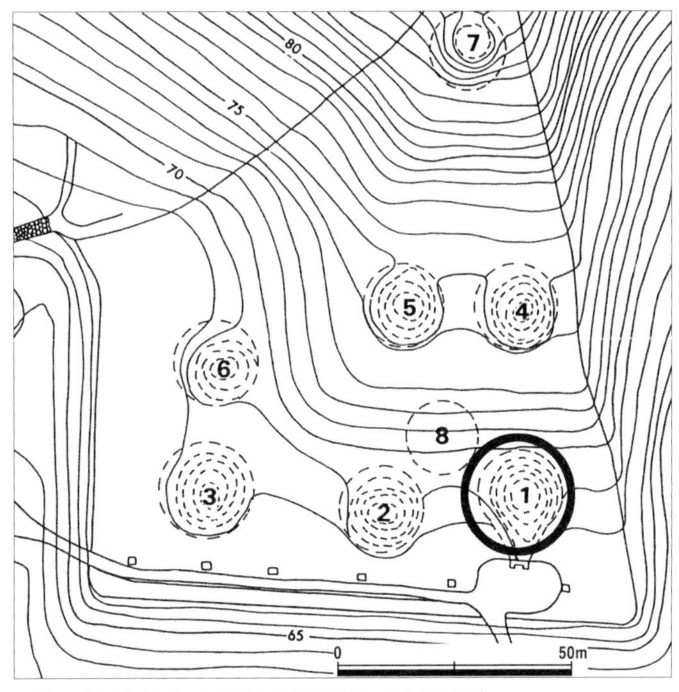

그림 2. 부여 능산리 1호 동하총의 위치도(○ 내부가 동하총)

그림 3. 부여 능산리 1호 동하총

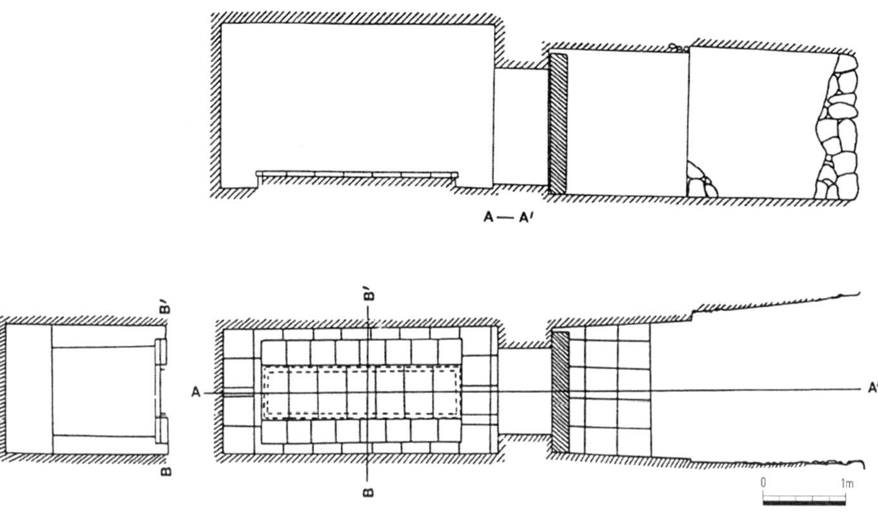

그림 4. 부여 능산리 1호 동하총의 평 · 입면도

한국전통문화대학교 고고학연구소 · 부여군, 2019, 『부여 능산리고분군 Ⅰ | 서고분군』, 56쪽.

고분에서 호석은 영남권의 학계를 중심으로 일찍부터 사용되었다. 그런데 호석의 용처가 천차만별이어서 이에 대한 재검토가 필요하다고 생각된다. 즉 적석목곽묘인 경주 천마총의 경우 원분 외곽으로 돌려진 석렬을 호석으로 기술하고 있는데, 이 석렬의 경우 봉토에 덮여 있다. 이러한 사례는 합천 옥전고분 M11호분 및 창녕 송현동고분군 6호분 등 신라나 가야고분에서 흔히 살필 수 있다. 그리고 경주 선덕왕릉처럼 봉토 외곽에 드러난 할석조의 석렬 역시도 호석으로 부르고 있다. 아울러 경주 용강동고분과 같이 지대석, 면석, 갑석으로 결구된 가구식의 경우도 호석으로 기술하고 있다. 나아가 경주 경덕왕릉이나 괘릉(원성왕릉 추정) 등과 같이 가구식의 면석에 십이지신상을 조각한 사례도 호석으로 칭하고 있다. 이처럼 신라 · 가야고분에서의 호석은 다양한 의미로 이해되고 있어 용어만 듣다보면 과연 그것이 어느 곳에 사용된 것인지를 파악하기 힘들다.

따라서 여기에서는 봉토와 관련하여 이것이 유실되는 것을 막기 위한 목적으로 봉토 내에 축석된 석재는 토류석(土留石), 표면에 드러난 석재는 기단석으로 부르고자 한다. 그리고 기단석 중 지대석, 면석, 갑석 등으로 조성한 사례는 가구식기단, 가구식 중에서도 면석에 십이지신상이 조각된 기단석은 특별히 호석으로 부르고자 한다.

그림 5. 능산리 1호 동하총 현문의 문틀(문얼굴)

그림 6. 목조건축물에서의 문틀(문얼굴)

다. 호석렬(기단석)은 할석을 이용하여 허튼층으로 조성하였다. 무덤은 횡혈식석실묘로 연도가 현실 남벽 중앙에 설치되어 있다. 연도는 이중으로 외측과 내측으로 구분되어 있다. 전자의 경우 후자와 비교해 바닥 면의 높이가 높고, 폭도 넓어 전체적인 평면 형태가 나팔 모양을 떠올리게 한다. 아울러 외측 연도의 측벽은 할석으로 축조한 후 백회로 마감하였다. 연도의 길이는 3.67m로 능산리 일대 고분군 중 가장 세장함을 보여주고 있다.

현실은 평면 장방형으로 현문(그림 5)[21] 앞에 전면이 정교하게 치석된 종판석(폐쇄석, 그림 7)[22] 1매를 세워 놓았다. 폐쇄석의 아래쪽에는 성격을 자세히 알 수 없

이에 대해선 조원창, 2022, 『통일신라 건축유적의 치석과 결구』, 서경문화사 참조.

21) 이처럼 문지(하)방, 문설주(문선), 문상방으로 이루어진 것을 목조건축물에서는 '문틀(문얼굴, 그림 6)'이라고 부른다.
김왕직, 2007, 『알기쉬운 한국건축 용어사전』, 동녘, 241쪽.

22) 국립부여박물관, 2019, 『백제 능산리 1호 東下塚』, 45쪽.

는 방형홈 2개가 횡방향으로 배치되어 있다. 그리고 폐쇄석 앞으로도 소형의 방형 판석 1매가 시설되어 있어 동하총은 2차 폐쇄구조로 이루어졌음을 확인할 수 있다.

그림 7. 능산리 1호 동하총의 현문 폐쇄석

현문은 문하방에 해당하는 문지방 1매를 바닥면에 놓고, 그 위 좌우에 문설주(문선)[23] 1매씩을 세워놓았다. 그리고 문설주 위로는 장판석의 문상방 1매를 올려놓았다. 현문에 사용된 각각의 부재는

23) 같은 평천장(수평식)이면서 문설주(문선)가 설치된 나주 복암리3호분 제13호 횡혈식석실묘(그림 8, 국립나주문화재연구소, 2006, 『羅州 伏岩里 3號墳』, 297쪽)와 논산 육곡리 6호분(그림 9, 安承周 · 李南奭, 1988, 『論山 六谷里 百濟古墳 發掘調査報告書 -1986年度 發掘調査-』, 95쪽 도면 24), 그리고 나주 대안리 4호분(그림 10, 최몽룡, 1978, 「羅州 大安里 5號 百濟石室墳 發掘調査報告」『文化財』 12 ; 公州大學校博物館 · 忠清南道公州市, 1995, 『百濟古墳資料集』, 714쪽) 등과 비교할 때 동하총의 현문은 분명 고식의 특징을 가지고 있다. 즉 나주 복암리3호분 제13호 횡혈식석실묘의 경우 현문은 문지방, 문설주, 문상방 등으로 결구되었고, 이들의 외면에는 방형의 폐쇄석을 끼울 수 있도록 1단의 턱(국립나주문화재연구소, 2006, 『羅州 伏岩里 3號墳』, 296쪽)이 마련되어 있다. 단순히 폐쇄석을 세워놓는 것이 아닌 턱을 두어 결구하였다는 점에서 동하총보다는 발전된 현문 형식을 보여주고 있다. 그리고 논산 육곡리 6호분의 경우도 문설주 사이에 문지방을 끼워 놓아 동하총과는 다른 결구 모습을 보이고 있다.
이처럼 현문(문틀)의 구조는 같은 무덤 형식에서도 다양하게 나타나고 있다. 물론 공주 시목동 횡혈식석실묘의 현문(문틀) 구조는 위에 열거한 고분들과 또 다른 구조를 보이고 있다. 이는 백제고분에서의 현문이 시기를 거치면서 다양하게 변화하였음을 의미한다. 그런 점에서 향후 이에 대한 좀 더 면밀한 건축학적 검토가 필요할 것으로 판단된다.

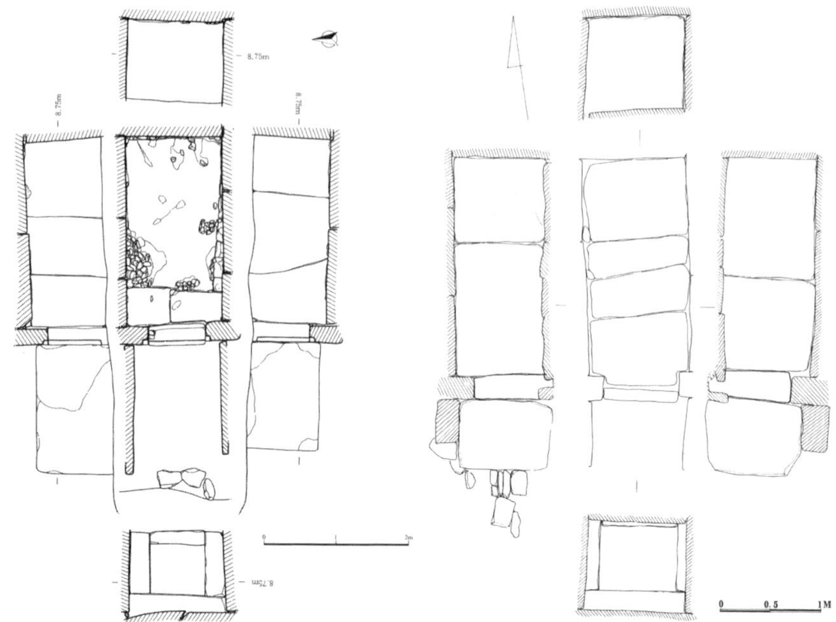

그림 8. 나주 복암리3호분 제13호 횡혈식석실묘

그림 9. 논산 육곡리 6호분 횡혈식석실묘

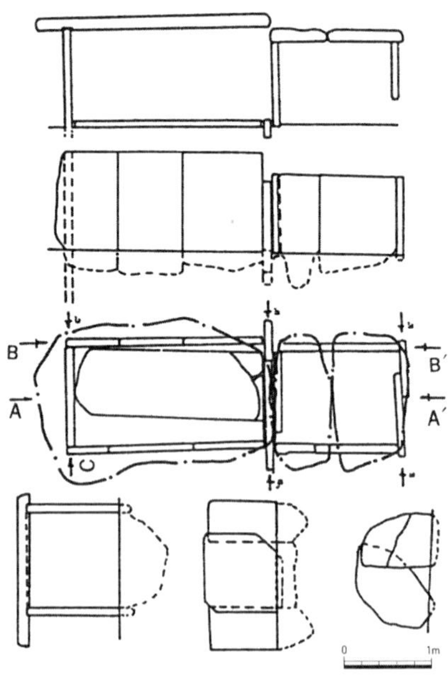

그림 10. 나주 대안리 4호분 횡혈식석실묘

정교하게 치석되었다. 현실의 규모는 길이 3.33m, 폭 1.53m, 높이 1.93m이다. 동벽과 서벽, 북벽이 한 매의 횡판석으로 축조되었고, 덮개돌 역시도 한 매의 대형 판석으로 조성되어 전체적으로 사벽 수직인 평천장의 구조를 이루고 있다. 현실에 사용된 판석들은 최종적으로 물갈이되어 치석 정도가 최상임을 살필 수 있다. 현실 바닥에는 가로×세로가 0.35m 내외인 방형 판석을 바둑판 모양으로 깔아 놓았다(그림

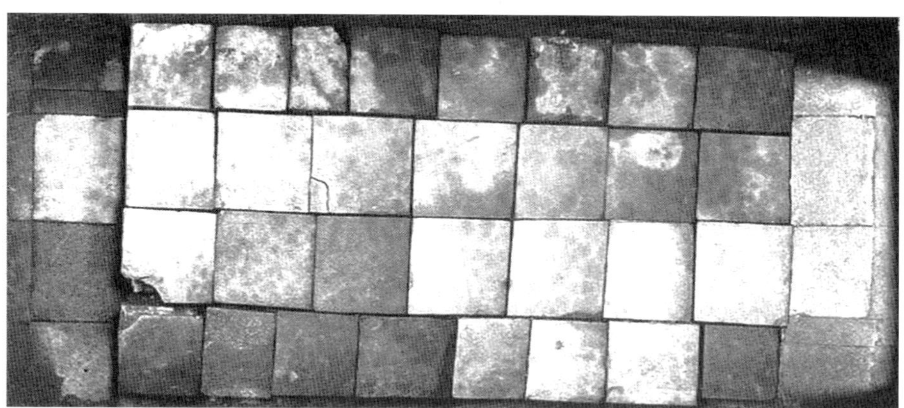

그림 11. 능산리 1호 동하총 현실 바닥의 방형 판석

11).[24] 그리고 현실 중앙에는 목관을 설치하기 위한 길이 2.41m, 폭 1.28m, 높이 0.17~0.22m의 관대가 마련되어 있다.

현실의 네 벽면에는 공주 송산리 6호분과 같이 사신도가 그려 있다. 그리고 천장에는 구름과 함께 연화문이 채색되어 있다. 사신도의 경우 서벽의 백호도만 양호한 상태로 남아 있다. 무덤은 도굴된 상태에서 금송으로 제작한 옻칠된 목관 편을 비롯해 금박, 금원형장식, 금동화형장식, 금동장식, 금동관환, 금동관정, 철지금은장관정, 철관정, 목관금동장식 등의 유물이 수습되었다.

한편, 백제 횡혈식석묘에서 수평식의 평천장은 한성기나 웅진기의 고분에서 볼 수 없는 사비기만의 고분 구조로 파악되고 있다. 단면은 4각이고, 재료는 대판석(혹은 할석)이 주류를 이루고 있다. 이 형식은 지금까지의 연구 성과를 검토해 보면 대체로 6세기 후반 이후에 등장한 것으로 알려져 있다.

결과적으로 이 묘제는 6세기 후반 이후 왕도인 부여지역에 출현하여 백제 말기까지 그 형식이 유지되었음을 알 수 있다. 이는 마치 웅진기의 무령왕릉 출현 과정과 비슷한 상황으로 이해되고 있다. 즉 6세기 초반 중국 남조 계통의 무령왕

24) 국립부여박물관, 2019, 『백제 능산리 1호 東下塚』, 45쪽.

릉이 조영되면서 백제의 무덤에는 터널식이라는 새로운 천장 형식이 등장하였고, 백제 최초의 전축분도 조영되었다. 나아가 터널식의 특징을 이루는 천장 구조는 공주 금학동 1호분[25] 및 오곡리고분,[26] 부여 능산리 2호분 중하총, 능산리 동4호분,[27] 정암리 20호분[28] 등 백제 웅진 · 사비기의 고분에 적지 않은 영향을 미치게 되었다.

이러한 당시 백제의 개방적인 사회상을 고려해 본다면 동하총의 천장 구조인 수평식의 평천장 역시도 백제 사비기 중국 위진남북조와의 문화교섭을 통해 유입된 것으로 생각해 볼 수 있다. 예컨대 중국 한대 묘제 중 공심전(空心塼)[29] 및 벽돌을 이용한 무덤의 경우 이의 천장 형태가 수평식을 비롯한 고임식(단면 6각), 터널식, 다각식, 궁륭식 등 매우 다양함을 살필 수 있다(그림 12).[30]

물론 이러한 한대의 천장 구조가 모두 위진남북조시기까지 이어졌을 것으로는 생각되지 않지만, 건축기단의 경우 위진남북조시기에 그대로 재현되고 있음을 볼 때 그 가능성을 완전 배제할 수도 없다. 특히 중국 한대 무덤에서 여러 천장 형식이 검출되고, 이것이 다시 백제 사회에 등장하였다면, 이들 매개체는 분명 중국 위진남북조시기의 건축문화 외에는 생각하기 어렵다. 따라서 백제 묘제에서 확인되는 고임식이나 수평식 등의 천장 구조는 백제의 내재적 발전에 따른 자체 출현보다는 터널식이나 궁륭식처럼 당시 중국 위진남북조와의 문화교섭을

25) 安承周 · 李南奭, 1993, 『公州 新基洞 · 金鶴洞 百濟 · 高麗古墳群 發掘調査報告書 -1991年度 發掘調査-』, 百濟文化開發硏究院 · 公州大學校博物館, 66~67쪽.

26) 安承周 · 全榮來, 1981, 「百濟石室墳의 硏究」 『韓國考古學報』 10 · 11.
公州大學校博物館 · 忠淸南道公州市, 1995, 『百濟古墳資料集』, 157쪽.

27) 姜仁求, 1977, 「百濟古墳의 硏究 -公州 · 扶餘地方을 中心으로-」 『韓國史論』 3, 128쪽 도판 43.

28) 公州大學校博物館 · 忠淸南道公州市, 1995, 『百濟古墳資料集』, 362쪽.

29) 전국시대 말기에 등장하여 한대에도 사용되었다. 벽돌의 크기는 전국시대의 것을 예로 든다면 길이 1.02m, 폭 0.37m, 두께 0.5m 정도이다.
王仲殊 著/姜仁求 譯註, 1993, 『漢代 考古學 槪說』, 학연문화사, 195쪽.

30) 中國建築工業出版社, 1990, 『劉敦楨文集』 四, 260쪽 圖 31.

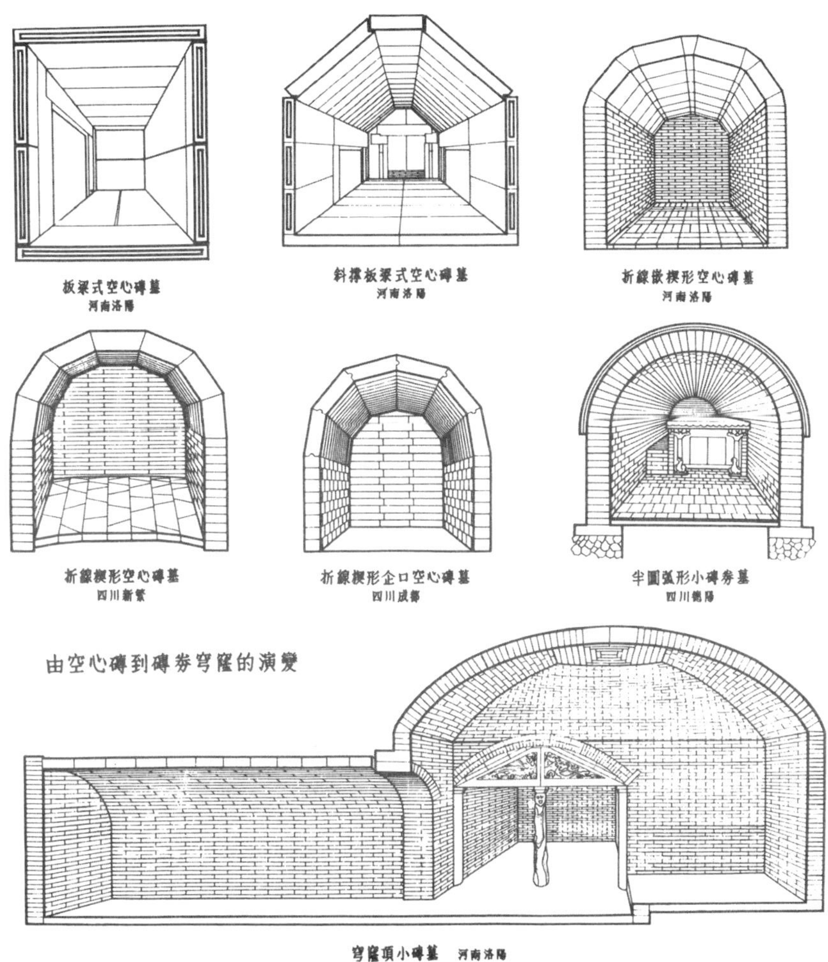

그림 12. 중국 한대 무덤의 천장 형식

통해 전파된 것으로 파악하는 것이 좀 더 합리적이라 생각된다.

이러한 관점에서 주목되는 유적이 바로 중국 요령성 조양현 십이대영자 원대자촌에서 발굴된 위진(魏晋)시기의 원대자(袁臺子) 동진 벽화묘(그림 13)[31]이다. 무

31) 박천수 외, 2011, 『東아시아 古墳 歷年代 資料集』, 19쪽.

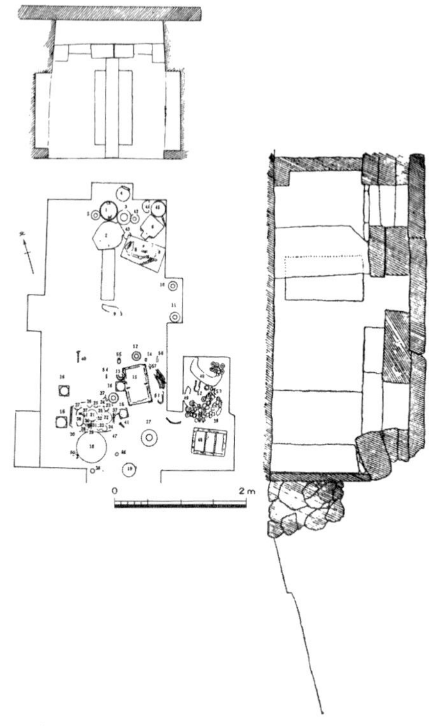

그림 13. 중국 위진시기의 조양 원대자 동진 벽화묘 평 · 단 · 입면도

덤의 현실은 평면 장방형으로 묘도, 현문, 이실, 벽감 등으로 구성되어 있다. 현실은 길이 약 7m, 폭 2m 정도이다. 현문은 남쪽 중앙에 시설되어 있고, 방형의 판석으로 폐쇄하였다. 커다란 판석을 이용하여 동 · 서 · 남 · 북벽을 조성하고, 네 벽의 상부에는 장방형의 괴석을 올려놓은 후 최종적으로 3매의 판석을 올려 천장을 조성하였다. 남벽 중간 부위에는 '⫽'형태로 약간 돌출되어 있는데 연도로 추정된다. 현실 내부에는 문리인물도, 묘주상과 출렵, 저택, 푸줏간, 연회, 우경, 정원도, 사신, 일월성운 등의 벽화가 그려져 있다. 고분의 연대는 현실 구조 및 벽화, 출토 유물 등을 통해 4세기 초 · 중엽으로 추정되었다.[32)]

원대자 동진 벽화묘는 중국 위진시기의 무덤으로 판석과 할석을 이용하여 조성하였다. 단면 구조만 놓고 본다면 일견 고임식으로 살펴지기도 하나 수평식으로 보는 것이 타당할 것으로 생각된다. 위진시기에 이러한 천장 형식의 무덤이 축조되었다는 사실은 전술한 바대로 한대의 무덤이 이후에도 지속적으로 조성되었다는 사실을 파악게 한다. 이러한 측면에서 볼 때 부여 능산리 1호 동

32) 鄭岩, 2002, 『魏晋南北朝壁畵墓硏究』, 35쪽.
박천수 외, 2011, 『東아시아 古墳 歷年代 資料集』, 17~18쪽.

하총의 수평식이나 5호 중상총의 고임식 등은 공주 무령왕릉의 터널식처럼 위진남북조로부터 시차를 두고 왕도 부여에 유입되었을 가능성을 한층 더 높여준다.[33]

사실, 6세기 중엽 이후의 백제 사회에서 위진남북조 문화의 실체는 여러 분야에서 유 · 무형으로 확인되고 있다. 즉 백제 사비기 목탑유적에서 살필 수 있는 공양석과 심초석의 분리(그림 14)[34] 및 가구식기단과 우주[35]의 존재,[36] 제와술,[37]

---

33) 본고에서는 수평식을 중심으로 살펴보았다. 터널식에 대해선 이미 연구가 진행된 바 있다. 다만 고임식에 대해선 이의 계통 등에 대해 자세히 언급된 바 없다.

34) 국립부여문화재연구소 외, 2017, 『정유년에 창왕을 다시 만나다 百濟 王興寺』, 73쪽 왼쪽 그림.
공양석과 심초석을 아래, 위로 분리하여 조성하는 방법이다. 이러한 구조는 부여 능산리사지 및 군수리사지 등의 목탑 축조기법과 완전 이질적인 것으로 지금까지 부여 왕흥사지 목탑지에서만 확인되었다. 중국의 경우는 동위~북제시기에 해당하는 업성 조팽성사지(趙彭城寺址) 목탑지(그림 15)에서 살펴지고 있다.
國家文物局, 2003, 『2002 中國重要考古發現』, 97~100쪽.

35) 부여 은산 금강사지 당탑지의 가구식기단과 우주(그림 16)는 중국 한대 이후 위진남북조시기의 목조건축에서 흔히 살필 수 있다.
조원창, 2011, 「부여 금강사의 축조시기와 당탑지 기단구조의 특성」 『문화사학』 36.
충청남도, 1996, 「9. 백제사원연구」 『백제역사재현단지 조성을 위한 조사연구분야 도면집』, 도면번호 9-12.

36) 낙양 출토 북위의 영무석실(그림 17)에서 살필 수 있다. 가구식기단에 우주와 탱주가 설치되어 있다.
劉敦楨 저/鄭沃根 역, 2004, 『중국고대건축사』, 183쪽.
백제 목조건축물의 가구식기단에는 탱주가 설치되지 않았다. 그러나 전술한 부여 은산 금강사지 및 익산 미륵사지 당탑지의 가구식기단에는 우주가 별석으로 세워져 있다.

37) 수막새의 다양한 문양뿐만 아니라 뒷면에서 관찰되는 회전성형과 횡선(橫線), 지두문 암막새, 그리고 부연와, 연목와 등을 통해 중국 위진남북조와 백제의 문화교섭을 확인할 수 있다.
趙源昌, 2001, 「熊津遷都後 百濟瓦當의 中國 南北朝要素 檢討」 『百濟文化』 30.
______, 2006, 「皇龍寺 重建期 瓦當으로 본 新羅의 對南朝 交涉」 『韓國上古史學報』 52.
______, 2021, 『성왕, 공주에 대통사를 세우다』, 서경문화사.

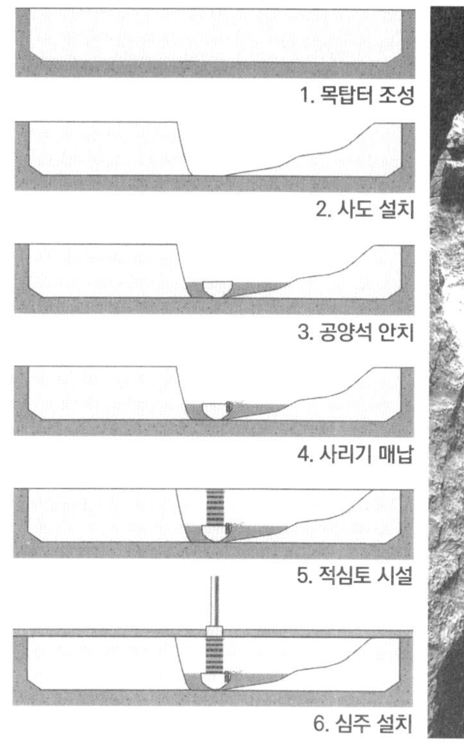

그림 14. 백제 사비기 부여 왕흥사지 목탑지 심초부의 축조 과정

그림 15. 중국 동위~북제시기의 업성 조팽성사지 목탑지 심초부

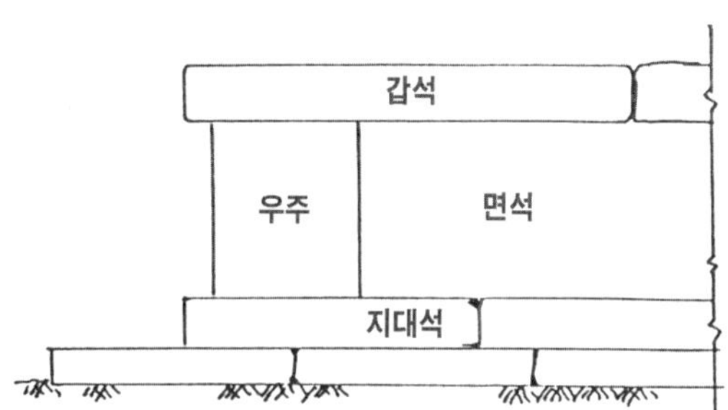

그림 16. 부여 은산 금강사지 금당지의 가구식기단

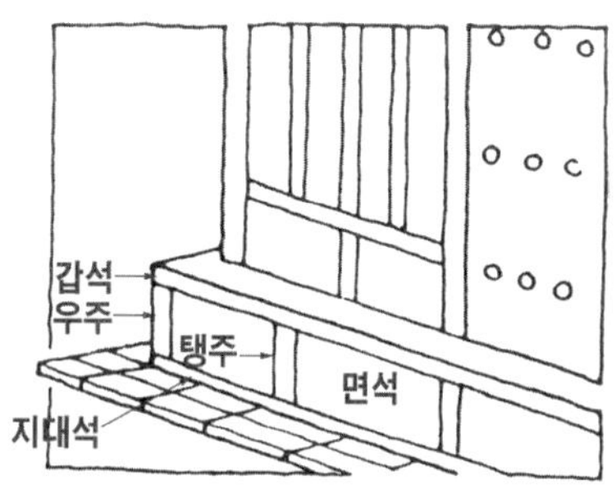

그림 17. 중국 북위 낙양 영무석실의 가구식 기단

능원제,[38] 도성제,[39] 의례[40] 등은 중국 위진남북조의 문화와 불가분의 관계에 있다.

위의 사례들을 검토해 볼 때 백제는 중국 위진남북조 문화의 유입에 적극성을 띠었고, 그 과정에서 백제 묘제의 새로운 형식인 터널식과 궁륭식, 수평식, 고임식 등도 새롭게 전파된 것으로 생각된다. 그리고 수평식 유입의 결과물로서 능산리 1호분인 동하총이 조성되었던 것으로 판단된다. 아울러 한대에는 위와 같은 공심전묘 외에 전실묘, 목곽묘, 석실묘,[41] 애묘(崖墓)[42] 등이 조성되었다. 여기에는 다양한 천장 구조와 현실, 연도 등이 축조되었다. 이러한 무덤 구조는 자연스럽게 위진남북조에 영향을 미쳤고, 이는 다시 무령왕릉의 사례에서 볼 수 있는 것처럼 백제 웅진기 사회에도 유입되었던 것이다.

따라서 한성기 및 웅진기에 볼 수 없었던 수평식의 평천장이 6세기 말 능산리 1호분 동하총에 출현케 되는 것은 당시 백제와 중국 위진남북조간의 긴밀한 문화교섭의 결과로 파악할 수 있다.

賀云翺, 2005, 『六朝瓦當與六朝都城』, 文物出版社.

38) 능산리사지와 능산리고분과의 관계를 의미한다. 중국 남조 양 무제의 경우 536년 부친의 무덤 주변에 황기사를 창건하였다.
양은경, 2009, 「中國 佛教寺刹의 검토를 통해 본 百濟 泗沘期 佛教寺刹의 諸問題」 『百濟研究』 50.

39) 조윤재, 2013, 「中國 都城制와 百濟都城」 『백제 도성제와 주변국 도성제의 비교연구』.

40) 김경화, 2019, 「백제 웅진기 천지제사와 그 제장 -중국 郊祀와의 비교 분석-」 『고대 동아시아 王宮과 儀禮』.

41) 한대 건축물은 대부분이 목조로 만들어졌으나 무덤에만 벽돌이나 돌을 사용하였다고 한다.
마이클 설리번 지음/한정희 · 최성은 옮김, 1999, 『중국미술사』, 61쪽.

42) 암벽면에 무덤을 조성한 것으로 석실묘보다 다소 복잡한 구조를 띠고 있다. 중국의 경우 사천성에서 흔히 볼 수 있다.
范小平, 2006, 『四川崖墓藝術』, 四川出版集團 巴蜀書社.

2. 동하총의 벽화

동하총의 네 벽면에는 사신도인 청룡, 백호, 주작, 현무가 그려 있고, 천장에도 구름과 연화문이 장식되어 있다.[43] 그러나 서벽과 천장을 제외한 나머지 면의 벽화는 잔존 상태가 불량하여 살피기가 쉽지 않다. 따라서 여기에서는 서벽의 백호와 천장의 연화문을 중심으로 살펴보고자 한다.

서벽에 그려진 백호(그림 18)[44]는 입구인 남쪽[45]을 바라보고 있으며 머리와 목, 몸통, 꼬리 부분이 비교적 양호하게 남아 있다. 혀는 길게 내밀고 있고, 머리 주변으로는 구름이 날아가는 모습이 채색되어 있다. 이러한 비운문(飛雲文)은 꼬리 부분에서도 검출되고 있어 날아가는 모습을 연상케 한다. 백호의 몸통 위로는

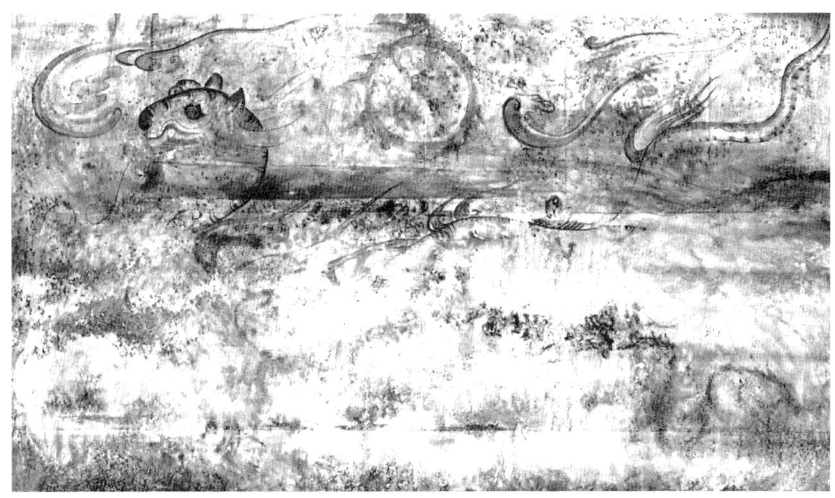

그림 18. 능산리 1호 동하총 서벽의 백호도

43) 현재 동하총은 입구가 폐쇄되어 그 내부를 실견할 수 없다. 따라서 현실 내부에 그려진 벽화도 살필 수 없다. 여기에서는 모사도를 중심으로 벽화 내용을 살펴보고자 한다.

44) 국립중앙박물관, 1999, 『백제』, 165쪽.

45) 이는 동벽의 청룡도 마찬가지이다.

그림 19. 능산리 1호 동하총의 천장 벽화(연화문 및 구름문)

월상(月像)[46]으로 보이는 동그란 원문이 장식되어 있다.

동하총 천장에 그려진 연화문(그림 19)[47]은 모두 7개이고, 구름 사이에 판단첨형식으로 표현되어 있다. 연화문은 단판 8엽이고, 화판과 화판 사이의 간판은 '∧'모양으로 처리되어 있다. 자방에는 여느 수막새와 달리 연자가 배치되어 있지 않아 특이성을 보여준다.[48] 아울러 화판의 내부 정중앙에는 성격을 알 수 없는 흑점[49] 하나씩이 찍혀 있다. 이러한 문양 요소는 일찍이 고구려 벽화고분인 진파리 4 · 1호분에서도 확인된 바 있어 고구려와의 친연성을 암시하고 있다.

화판의 판단 중앙에는 이등변 삼각형 모양의 침선 하나씩이 뻗어 있다. 이러한 판단첨형식의 연화문은 백제 한성기 풍납토성을 비롯한 웅진기의 공주 무령왕릉과 부여 용정리사지 등에서 이미 확인된 바 있고,[50] 사비기에 들어서는 판

46) 사신도와 일월상의 조합은 고구려의 수렵총에서도 확인된다.
정호섭, 2011, 「백제 벽화고분의 조영과 문화 계통」『한국고대사연구』 61, 325쪽.

47) 국립중앙박물관, 1999, 『백제』, 165쪽.

48) 이처럼 자방에 연자가 배치되지 않는 사례는 불상의 두광에서도 찾아볼 수 있다.

49) 이를 연자로 기술한 경우도 있으나 이는 기본적으로 자방 내에 배치된다는 점에서 적합한 용어가 아니다.

50) 조원창, 2009, 「백제 판단첨형식 연화문의 형식과 편년」『文化財』 제42권 · 제3호.

단원형돌기식 및 판단삼각돌기식, 연화돌대식 등과 함께 공반 제작되나 그 수효는 상대적으로 많지 않다.

III. 동하총의 축조시기 검토

앞에서 살펴본 바와 같이 동하총의 축조시기에 대해선 논자에 따라 약간씩의 이견을 보이고 있다. 이에 본고에서는 벽화 천장에 시문된 연화문을 중심으로 고분의 편년을 재검토해 보고자 한다. 이 과정에서 사신도와 관련된 벽화의 내용은 기존의 논고를 참조하도록 하겠다.

능산리 동하총의 벽화는 네 벽의 사신도와 천장의 연화문 및 구름문 등으로 이루어져 있다. 그런데 현재 남아 있는 동하총의 벽화 상태가 양호하지 못해 고구려 사신도와의 세부적인 비교 분석은 쉽지 않은 편이다. 따라서 여기에서는 동하총의 서벽 및 천장을 중심으로 벽화 내용을 살펴보고, 이것이 고구려의 어떤 고분벽화와 관련성이 있는지 알아보고자 한다. 아울러 천장의 연화문을 고구려 및 백제의 연화문과 비교 검토하여 동하총의 축조시기를 검토해 보도록 하겠다.

동하총의 네 벽면에는 본래 사신도와 이를 감싸고 있는 배경 그림, 그리고 천장의 연화문 및 구름문 등으로 채색되었을 것으로 추정된다. 현재 벽화의 잔존 상태가 양호한 서벽을 보면 백호와 함께 일월상 및 구름문이 그려 있음을 볼 수 있다.[51] 이처럼 사신도와 함께 일월상이 장식된 사례는 일찍이 고구려의 수렵총에서도 확인된 바 있어 능산리 동하총의 벽화 계통이 고구려에 있었음을 짐작게 한다. 하지만 수렵총의 경우 이의 조성 시기가 대체로 5세기대로 편년되고 있어 양자 간의 큰 시기 차를 살필 수 있다.

아울러 백호와 함께 시문된 구름문의 경우는 일월상과 더불어 아주 효과적인 배경 문양으로 판단할 수 있다. 사신과 이러한 배경 문양의 조합은 자연스럽게

51) 정호섭, 2011, 「백제 벽화고분의 조영과 문화 계통」 『한국고대사연구』 61, 324쪽.

능산리 동하총을 고구려의 진파리 4호분이나 1호분과 연계시키는 방향으로 나아가게 한다. 특히 천장에 시문된 연화문은 다른 그 어떤 요소들보다도 동하총과 진파리 4·1호분을 같은 계통으로 분류하는 데 결정적 역할을 하고 있다.

그림 20. 능산리 1호 동하총 천장의 연화문

동하총의 연화문(그림 20)[52]은 가운데의 자방을 중심으로 8엽의 화판이 장식되어 있다. 자방 내에는 연자가 배치되지 않아 사비기의 여느 수막새 연화문과 큰 차이를 보이고 있다. 그리고 화판의 판단 중앙에는 뾰족한 침선이 돌출되어 있는데 이러한 판단첨형식의 연화문은 백제 수막새뿐만 아니라 고구려 고분벽화[53]에서 어렵지 않게 살필 수 있다. 특히 화판의 중심부에 흑점 하나씩이 시문되어 고구려 진파리4·1호분과의

52) 필자 사진.

53) 고분벽화의 배경 문양으로 활용된 연화문은 고구려의 경우 357년으로 편년된 안악3호분(그림 21, 국립문화재연구소·남북역사학자협의회, 2006, 『남북공동 고구려 벽화고분 보존 실태 조사 보고서』 제2권 도판, 57쪽 사진 63)을 비롯해 용강대묘(그림 22, 5세기 전·중, 국립중앙박물관, 2007, 『고구려 무덤벽화』, 123쪽), 장천1호분(그림 23, 5세기 중엽, 서울대학교출판부, 2000, 『북한의 문화재와 문화유적 II(고구려편)』, 도 19), 수산리고분(그림 24, 5세기 후반, 서울대학교출판부, 2000, 『북한의 문화재와 문화유적 II(고구려편)』, 도 238), 쌍영총(그림 25, 5세기 후반·말, 국립중앙박물관, 2007, 『고구려 무덤벽화』, 110쪽), 연화총(그림 26, 5~6세기, 국립중앙박물관, 2007, 『고구려 무덤벽화』, 130쪽), 안악2호분(그림 27, 5세기 중~6세기 초, 서울대학교출판부, 2000, 『북한의 문화재와 문화유적 II(고구려편)』, 도 267·268), 덕화리1호분(그림 28, 6세기 전반, 서울대학교출판부, 2000, 『북한의 문화재와 문화유적 II(고구려편)』, 도 114), 강서대묘(그림 29, 6세기 후반, 국립중앙박물관, 2007, 『고구려 무덤벽화』, 210쪽), 등에서도 찾아볼 수 있다. 그러나 판단첨형이면서 연화문 내부 중앙에 하나의 흑점이 시문된 사례는 진파리 4·1호분 외에는 찾아볼 수 없다.

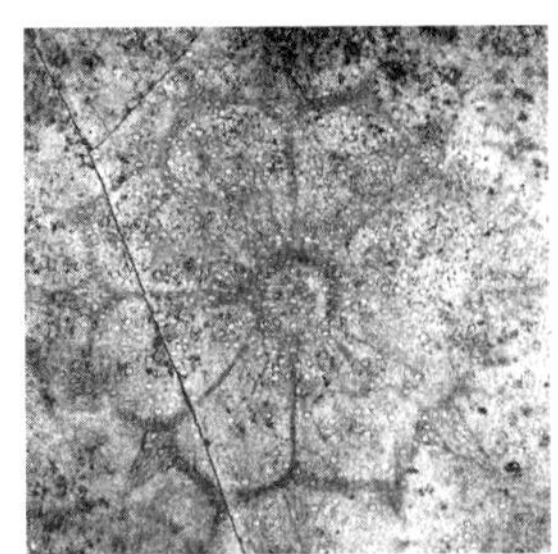
그림 21. 안악3호분의 연화문

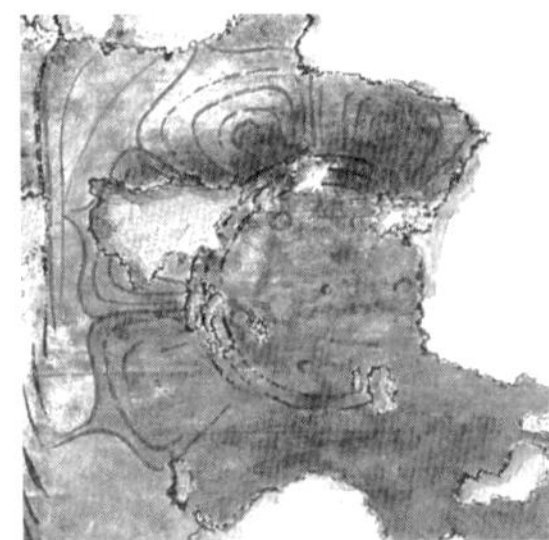
그림 22. 용강대묘의 연화문

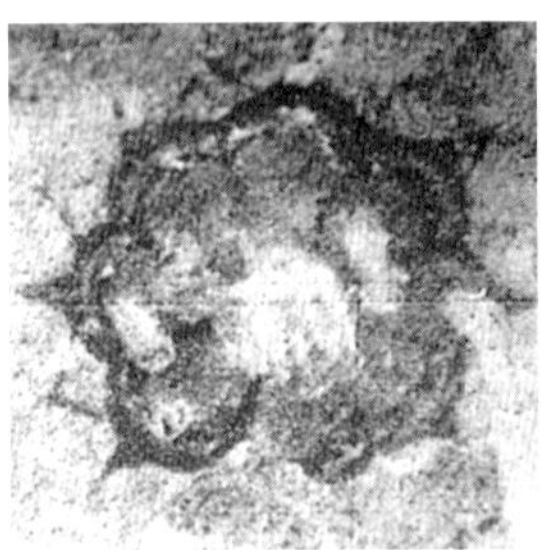
그림 23. 장천1호분의 연화문

그림 24. 수산리고분의 연화문

그림 25. 쌍영총의 연화문

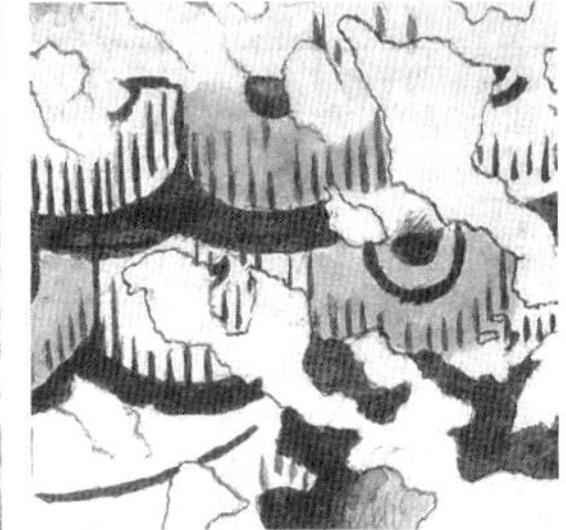
그림 26. 연화총의 연화문

그림 27. 안악2호분의 연화문

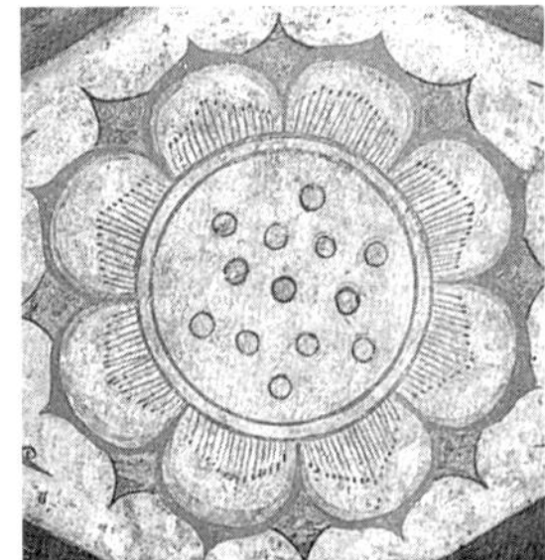
그림 28. 덕화리1호분의 연화문

그림 29. 강서대묘의 연화문

관련성을 높여주고 있다.

그렇다면 능산리 동하총의 연화문은 진파리4호분과 1호분의 연화문 중 어느 것과 좀 더 친연성이 있을까? 이에 대해선 화판과 자방의 크기를 비교해 보면 쉽게 판단할 수 있다. 즉 능산리 동하총의 연화문은 자방에 비해 화판이 크게 시문

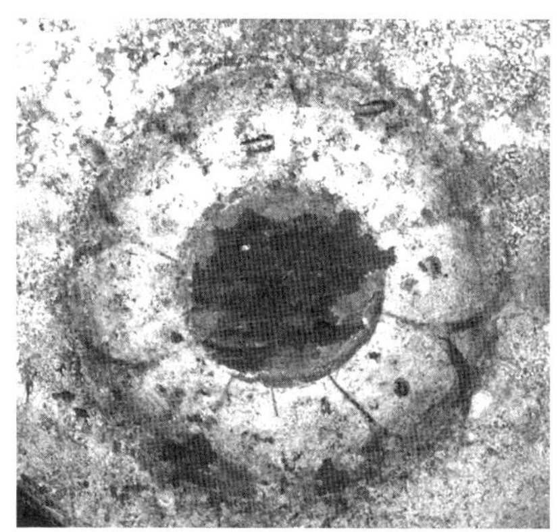
그림 30. 진파리4호분 현실 천장의 연화문

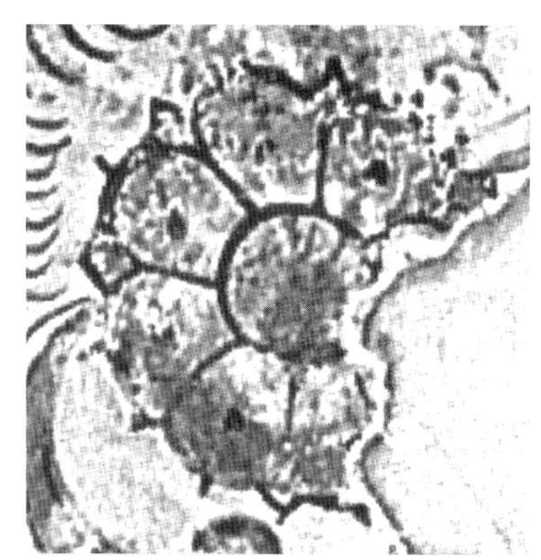
그림 31. 진파리1호분 동벽의 연화문

되었다. 그런데 진파리4호분(그림 30)[54]의 경우는 화판에 비해 자방이 오히려 크게 제작되어 있다. 이에 반해 진파리1호분(그림 31)[55]은 자방이 화판보다 작아 능산리 동하총의 연화문과 유사함을 확인할 수 있다.[56]

이렇게 보면 능산리 동하총의 벽화는 사신도와 배경 문양, 그리고 연화문의 형태 등에서 고구려의 진파리1호분과 직접적인 관련성이 있음을 살필 수 있다. 그렇다면 능산리 동하총의 축조 시기는 과연 언제일까?

이를 파악하기 위해선 먼저 동하총의 고분벽화와 친연성이 있는 진파리1호분의 조성 시기와 자방이 작고 화판이 큰 백제 판단첨형의 연화문 수막새를 검

---

54) 연화문은 현실 천장 서쪽 모서리에 시문되어 있다.
국립문화재연구소 · 남북역사학자협의회, 2006, 『남북공동 고구려벽화고분 보존 실태 조사 보고서 제2권 도판』, 196쪽.

55) 연화문은 동벽의 청룡도 배경 문양으로 사용되었다.
국립중앙박물관, 2007, 『고구려 무덤벽화』, 172쪽.

56) 연화문만을 놓고 볼 때 진파리1호분의 화판은 자방에 비해 월등히 크지 않은 편이다. 그러나 능산리 동하총의 화판은 자방보다 현저히 크게 제작되어 진파리1호분의 연화문과 다소 차이를 보이고 있다. 이러한 차이는 한편으로 동하총의 화공이 백제인이면서 당시 백제사회에서 유행하였던 화판을 대상으로 제작하였음을 판단케 한다.

토해 볼 필요성이 있다. 아울러 동하총의 하한 시기를 살펴본다는 측면에서 사신도의 배경 문양이 시문되지 않은 강서대묘의 편년 검토도 중요한 자료가 될 것으로 생각한다.

진파리1호분의 조성 시기에 대해서는 북한 및 남한, 그리고 일본 학자들 간에 약간의 편차가 있음을 알 수 있다. 예컨대 김원룡[57]의 경우는 이의 조성 시기를 6세기 말~7세기 초로 편년하고 있고, 李殿福[58]은 5세기 중~6세기 말, 주영헌[59] · 김기웅[60] · 손수호[61]는 6세기, 이경미[62]는 6세기 초엽 전반, 강현숙[63]과 정호섭[64]은 6세기 전반, 전호태[65]는 6세기 중반, 김영숙[66] · 박진욱[67] · 이태호[68] · 박준호[69] · 최무장 · 임연철[70]은 6세기 후반, 耿鐵華[71]는 7세기 초 · 중반, 東潮[72]

57) 金元龍, 1960, 「高句麗古墳壁畵의 起源에 對한 硏究」『震檀學報』 21.

58) 李殿福, 1980, 「集安高句麗墓」硏究」『考古學報』 1980-2.

59) 주영헌, 1961, 『고구려 벽화무덤의 편년에 관한 연구』, 과학원출판사.

60) 金基雄, 1982, 『韓國의 壁畵古墳』, 同和出版公社.

61) 손수호, 2001, 『고구려 고분연구』, 사회과학출판사.

62) 이경미, 2010, 「삼국 중기 주요고분의 편년 설정 -장식문양의 분석을 중심으로-」『韓國 古墳의 編年硏究』.

63) 姜賢淑, 1999, 「高句麗 石室封土壁畵墳의 淵源에 대하여」『韓國考古學報』 40.

64) 정호섭, 2010, 「高句麗 壁畵古墳의 編年에 관한 檢討」『先史와 古代』 33.

65) 전호태, 2015, 「고구려 진파리1호분 연구」『역사와 현실』 95.

66) 김영숙, 1988, 「고구려무덤벽화의 련꽃무늬에 대하여」『조선고고연구』 1988-3.

67) 朴晋煜, 1997, 「고구려벽화무덤의 류형변천과 편년에 관한 연구」『高句麗硏究』 4.

68) 이태호, 2006, 「평양지역 8기의 고구려 벽화고분」『남북공동 고구려 벽화고분 보존 실태 조사 보고서 제1권 조사보고』, 국립문화재연구소 · 남북역사학자협의회.

69) 박준호, 2006, 「동명왕릉일대의 고구려벽화무덤들에 그려진 산수화에 대하여」『남북공동 고구려 벽화고분 보존 실태 조사 보고서 제1권 조사보고』, 국립문화재연구소 · 남북역사학자협의회.

70) 최무장 · 임연철, 1990, 『高句麗 壁畵古墳』, 신서원.

71) 耿鐵華, 2004, 『高句麗考古硏究』, 吉林文史出版社.

72) 東潮, 1997, 『高句麗考古學硏究』.

는 7세기 후반으로 보고 있다.

이렇게 볼 때 진파리1호분은 대체로 6세기대에 조성되었음을 추정할 수 있다. 그런데 최근 들어 남북한 학자들을 중심으로 이의 조성 시기를 6세기 중 · 후반으로 편년하는 기류가 엿보인다. 이러한 근거는 무덤의 구조를 비롯한 벽화 내용, 배경 문양, 표현기법 등을 검토한 결과이다. 따라서 이들 논고를 취신한다면 진파리1호분의 영향을 받은 능산리 동하총은 적어도 6세기 중 · 후반 이후에나 축조되었을 것으로 생각된다.

그렇다면 동하총의 축조와 관련된 하한 시기는 언제로 볼 수 있을까? 주지하듯 진파리1호분이나 동하총의 경우는 사신과 더불어 구름문, 일월상 등이 시문되어 있다. 특히 진파리1호분의 벽면에는 동하총에 비해 수목문과 연화문, 수문장 등이 가미되어 배경 문양면에서 좀 더 다양함을 살필 수 있다.

이에 반해 강서대묘나 강서중묘는 네 벽에 사신만 채색되어 있을 뿐, 배경 문양인 구름문이나 연화문, 일월상 등은 전혀 찾아볼 수 없다.[73] 그런데 고구려 벽화고분을 연구하는 대부분의 전문가는 배경 문양이 그려진 것이 그렇지 않은 것에 비해 선행된 것으로 파악하고 있다. 이는 달리 말하면 진파리1호분이나 동하총의 조성 시기가 강서대묘나 강서중묘보다는 이른 시기에 축조되었음을 판단케 한다.[74]

그렇다면 강서대묘의 축조시기는 과연 언제였을까? 이에 대한 편년적 검토는 동하총의 하한 시기를 파악함에 있어 하나의 기준을 마련해 준다는 점에서 반드시 검토해 보아야 할 사항이라 생각된다.

강서대묘의 조성 시기는 진파리1호분의 축조시기와 마찬가지로 국내외 전공

73) 이는 천장을 제외한 벽면만을 기준으로 한 것이다.

74) 사신도가 그려진 무덤은 크게 두 부류로 구분할 수 있다. 하나는 사신도와 함께 벽면 전체를 구름문, 화염문, 연화문, 인동문 등으로 장식하는 경우이고, 다른 하나는 사신도만 그리고 다른 장식은 시문하지 않는 경우이다. 전자는 진파리1호분 및 통구사신총 등을 포함하는 것으로 제작 시기는 6세기 후반으로 보았고, 후자는 강서대묘, 강서중묘 등으로 7세기대로 편년하였다(朴晋煜, 1997, 「고구려벽화무덤의 류형변천과 편년에 관한 연구」『高句麗硏究』 4, 95쪽).

자들 간에 약간의 이견이 살펴지고 있다. 즉, 5세기 중엽부터 7세기 전 · 중반까지 다양한 의견이 개진되고 있다. 그중에서도 6세기 후반~7세기로 보는 데에는 큰 이견이 없는 듯하다. 하지만 앞에서 살핀 진파리1호분의 축조시기를 6세기 중 · 후반으로 추정하였기에 이보다 후축된 강서대묘는 6세기 말 내지는 7세기대로 편년하는 것이 타당할 것이다.[75)]

위의 논지에 무리가 없다면 능산리 1호 동하총은 6세기 중 · 후반부터 6세기 말 내지는 7세기대 사이에 축조되었음을 알 수 있다. 하지만 이러한 편년 설정은 많은 여지를 남겨줄 수 있기에 그리 신뢰성이 있어 보이지는 않는다. 따라서 여기에서는 능산리 동하총의 천장에 시문되어 있는 연화문을 통해 무덤의 축조시기를 좀 더 압축해 보도록 하겠다.

동하총의 천장에 그려진 연화문은 화판의 판단부가 뾰족한 판단첨형식을 이루고 있다. 이러한 형식의 연화문은 백제의 경우 이미 한성기부터 살펴지고 있다. 즉 풍납토성 내 경당지구에서 검출된 수막새(그림 32)[76)]를 보면 북위 운강석굴이나 낙양에서 검출된 판단첨형식 연화문과 밀접한 관련성이 있음을 확인할 수 있다.[77)] 그런데 이들 연화문의 경우 단판 복엽으로 시문되어 능산리 1호 동하총의 연화문과는 큰 차이가 있음이 발견된다.

그림 32. 서울 풍납토성 경당지구 출토 수막새

75) 이러한 견해는 주영헌(7세기)을 비롯한 김영숙(7세기), 박진욱(7세기), 동조(590년), 전호태(6세기 말), 손수호(7세기 전반), 경철화(7세기 초 · 중반) 등의 논고에서 살필 수 있다. 이에 반해 강현숙, 정호섭의 경우는 강서대묘의 축조시기를 6세기 후반으로 보았고, 김원룡은 6세기 중반으로 편년하였다(이상의 편년은 앞의 논고 참조).

76) 필자 사진.

77) 조원창, 2009, 「백제 판단첨형식 연화문의 형식과 편년」『文化財』 제42권 · 제3호. 賀云翺, 2005, 『六朝瓦當與六朝都城』, 55쪽 圖35.

그림 33. 공주 무령왕릉 출토 왕비 두침의 판단첨형식 연화문 **그림 34.** 공주 무령왕릉 출토 동딕은잔의 판단첨형식 연화문

그림 35. 부여 관북리 백제유적 '다'지구 출토 금동광배의 판단첨형식 연화문

그림 36. 부여 용정리사지 출토 판단첨형식 수막새

웅진기의 판단첨형식 연화문은 공주 무령왕릉 출토 왕비 두침(그림 33)[78]을 비롯한 동탁은잔(그림 34),[79] 공주 반죽동 · 중동 출토 석조, 부여 관북리 백제유적

78) 공주대학교 백제문화연구소, 1991, 『백제무령왕릉』, 305쪽 그림 6-14.

79) 국립공주박물관, 2001, 『백제사마왕』, 116쪽.

'다'지구 출토 금동광배(그림 35)[80] 그리고 부여 용정리사지 출토 수막새(그림 36)[81] 등에서 살필 수 있다. 그런데 이들 연화문의 경우 화판이 중엽으로 이루어져 있거나 자방이 화판에 비해 크게 제작되었다는 점에서 동하총의 연화문과는 직접적인 관련성을 찾아보기가 어렵다.

사비천도 후 판단첨형식의 연화문은 수막새를 비롯한 사리병 등에서 폭넓게 찾아지고 있다. 특히 전자의 경우는 백제사지를 중심으로 시기적 변천을 보이며 등장하고 있다. 그리고 부여 왕흥사지 목탑지 공양석에서 출토된 금 · 은제 사리병 뚜껑의 연화문(그림 37 · 38)[82]은 577년이라는 절대연대를 가지고 있어 공반 유

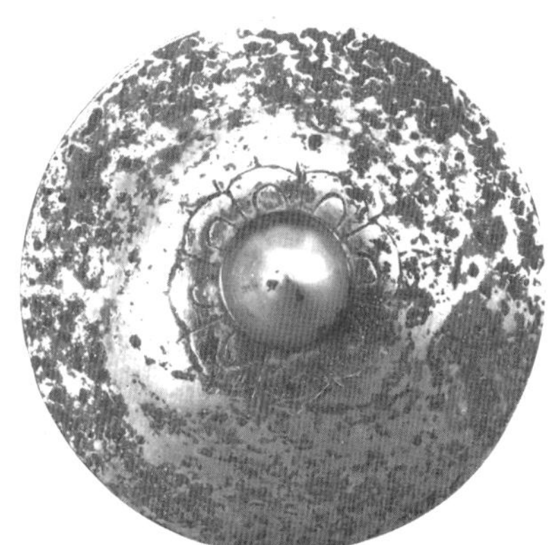

그림 37. 부여 왕흥사지 목탑지 출토 은제사리병 뚜껑 상부의 판단첨형식 연화문

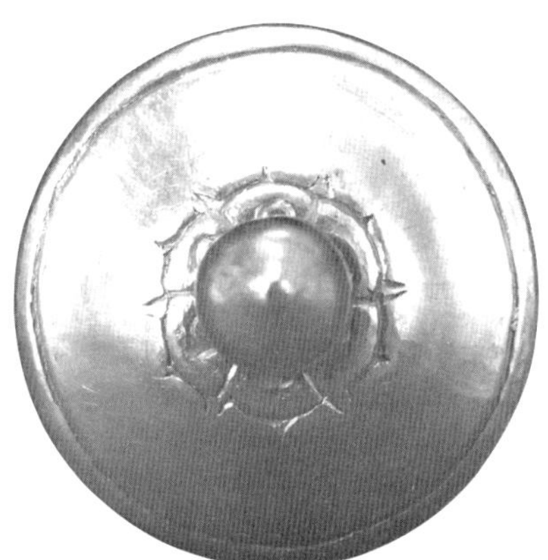

그림 38. 부여 왕흥사지 목탑지 출토 금제사리병 뚜껑 상부의 판단첨형식 연화문

80) 필자 사진.
금동광배는 6세기 전반으로 추정되었다. 이와 유사한 사례로는 중국 북위 보태2년(532)명 금동일광삼존불이 있다.
국립부여문화재연구소, 2009,『扶餘 官北里百濟遺蹟 發掘報告 III -2001~2007年 調査區域 百濟遺蹟篇-』, 506쪽.

81) 國立扶餘博物館, 2010,『百濟瓦塼』, 189쪽 사진 489.

82) 국립부여박물관 · 국립부여문화재연구소, 2008,『百濟王興寺』, 20쪽 및 22쪽.

물의 편년 설정에 큰 역할을 하고 있다.

먼저 웅진 · 사비기에 제작된 판단첨형식의 수막새를 유적별로 살피면 아래의 <표 1>과 같다.[83]

표 1. 백제유적 출토 판단첨형식 수막새

출토지역	유적명	화판	자방 돌출유무	연자 배치	편년
공주	대통사	**그림 39.** 공주 반죽동 197-4번지 유적	불명	불명	527년 무렵
		그림 40. 공주 반죽동 205-1번지 유적	무 돌출	1+6과 (추정)	527년 무렵

은제 사리병의 연화문이 단판 8엽인 반면 금제 사리병의 연화문은 단판 6엽이다. 그러나 두 점 모두 단판 중엽(重葉)이라는 점에서 동하총의 연화문과 차이를 보인다.

83) <표 1>의 수막새 사진은 아래 도록을 인용. 나머지는 필자 사진.
國立扶餘博物館, 2010, 『百濟瓦塼』, 81쪽 사진 138(서혈사지) · 140(주미사지), 154쪽 사진 378(능산리사지), 138쪽 사진 313(군수리사지), 187쪽 사진 482(왕흥사지), 144쪽 사진 336(금강사지), 169쪽 사신 435(금성산 와적기단 건물지), 206쪽 사진 523 · 525(정림사지), 208쪽 사진 531(정림사지), 210쪽 사진 539(정림사지), 122쪽 사진 258(구교리사지), 165쪽 사진 425(동남리유적), 103쪽 사진 208(부소산성), 178쪽 사진 464(쌍북리사지 1).
百濟文化開發硏究院, 1983, 『百濟瓦塼圖錄』, 사진 75(부여 하죽리유적).

출토지역	유적명	화판	자방 돌출유무	연자 배치	편년
	대통사	 **그림 41.** 공주 반죽동 176 번지 유적	무 돌출	1+8과	7세기
	서혈사지	 **그림 42**	돌출	1+4과	6세기 후반
	주미사지	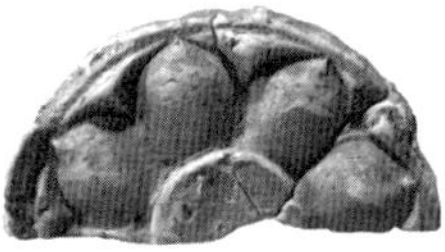 **그림 43**	돌출	1+4과 (잔존)	7세기 후반~말
	상원암	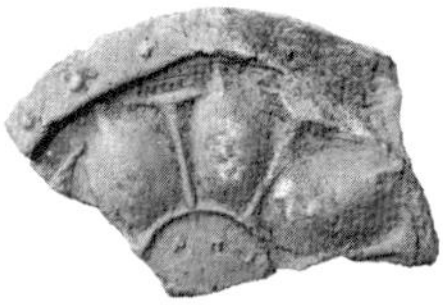 **그림 44**	무 돌출	1+3과 (잔존)	7세기
부여	능산리사지	 **그림 45**	돌출	1+8과	6세기 후반

출토지역	유적명	화판	자방 돌출유무	연자 배치	편년
	군수리사지	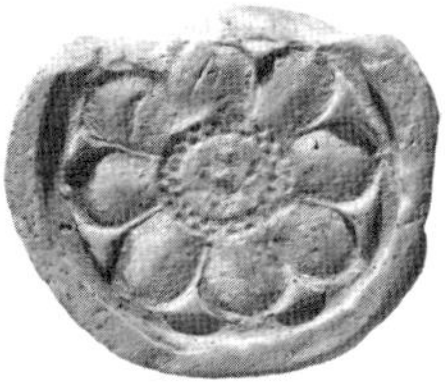 그림 46	무 돌출	1+5과 (잔존)	7세기
	왕흥사지	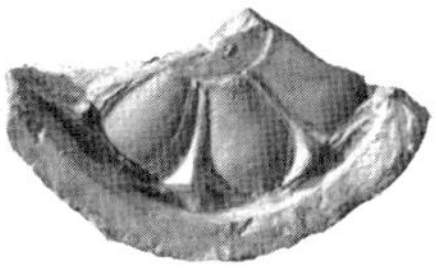 그림 47	돌출	2과 (산손)	6세기 말
	금강사지	 그림 48	돌출	무 연자	6세기 말
	정림사지	 그림 49	돌출	1+6과	6세기 말
		 그림 50	돌출	1+4과 (잔존)	6세기 말

출토지역	유적명	화판	자방 돌출유무	연자 배치	편년
		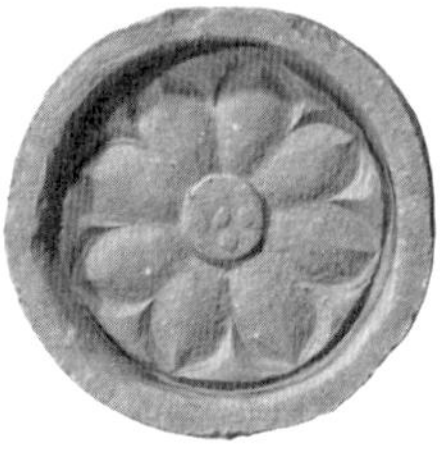 그림 51	돌출	1+4과	6세기 말
		 그림 52	무 돌출	1+8과	7세기
	쌍북리사지 1	 그림 53	돌출	1+4과	6세기 후반~말
	구교리사지	 그림 54	무 돌출	1+7과	7세기
	동남리유적	 그림 55	무 돌출	불명확	7세기

출토지역	유적명	화판	자방 돌출유무	연자 배치	편년
	금성산 와적기단 건물지	그림 56	무 돌출	1+7과	7세기
	부소산성	그림 57	돌출	1과 (잔존)	6세기 말
	하죽리유적	그림 58	무 돌출	1+7과	7세기
예산	예산산성	그림 59	돌출	1+4과	6세기 말

이상에서처럼 백제 판단첨형식의 수막새는 부여를 중심으로 공주, 예신지역에서 주로 수습되었다. 출토 유적은 사지가 대부분을 차지하고 있으나 일부 산성과 지표 수습품도 포함되어 있다. 그리고 자방은 돌출된 것이 있는 반면, 그렇지 않은 것도 있고, 자방 내에는 대부분 연자가 배치되어 있다. 그리고 자방 외곽

으로는 원권대나 점열문 등 장식이 이루어진 것도 찾아볼 수 있다.

앞에서 살핀 동하총 천장 연화문의 가장 큰 특징은 판단첨형의 화판에 연자가 배치되지 않은 점이다. 그런데 백제 판단첨형식 수막새 중 자방 내에 연자가 배치되지 않은 사례는 부여 금강사지 출토 기와가 거의 유일하다. 이 수막새의 경우 화판이 단판 8엽으로 판단 중앙에 침선이 장식되어 있다. 화판은 능산리사지 출토 수막새와 같이 판단부가 후육하고, 간판은 'T'자형으로 판근이 자방에까지 이어져 있다. 자방은 돌출되어 있으며, 외곽에서 원권대나 점열문 등의 시문은 살필 수 없다. 아울러 화판과 주연 사이에서 구상권대도 확인할 수 없다. 특히 침선의 경우 無돌출된 자방으로 제작된 판단첨형식의 수막새(부여 구교리사지, 동남리유적 출토품 등)와 달리 정림사지 출토 와례와 친연성을 보이고 있다. 문양과 제작 기법으로 보아 금강사지 출토 판단첨형식 수막새는 6세기 말에 제작되었음을 판단케 한다.

한편, 無연자 배치를 보이는 연화문은 공주 반죽동 197-4번지 유적(추정 대통사지) Ⅳ층 3호 폐와무지 출토 백제 웅진기의 판단돌기식 수막새(그림 60)[84]와 연목와 등에서 처음으로 확인되고 있다. 전자의 경우는 단판 8엽으로 대통사 창건와로 파악되며,[85] 판단원형돌기식이나 판단삼각돌기식과 달리 화판 중앙부에서 또렷한 주문이나 삼각돌기 등을 살필 수 없다. 제작 기법에 있어서도 수키와의 와신과 미구를 별도 생산한 후 접합하여

그림 60. 공주시 반죽동 197-4번지 유적 출토 판단돌기식 수막새

84) 필자 사진.

85) 조원창, 2021, 『성왕, 공주에 대통사를 세우다』, 서경문화사, 153쪽.

그림 61. 공주시 반죽동 197-4번지 유적 출토 판단돌기식 연목와

그림 62. 공주시 반죽동 197-4번지 유적 출토 판단첨형식 수막새

한성기 기와와는 다른 제작 공정을 보여주고 있고, 수키와와 드림새는 수키와가 공접합법으로 제작되었다. 그리고 수막새의 대량 생산과 관련하여 드림새 뒷면에 횡선(橫線)을 그어놓았는데 이는 중국 위진남북조시대의 수막새에서도 동일하게 살펴져 중국 남조의 제와기술로 만들어졌음을 파악케 하였다.[86] 아울러 연목와(그림 61)[87]의 경우도 편으로 수습되었지만 단판 8엽의 화판을 배치했던 것으로 보인다. 화판의 판단 중앙에 불분명한 돌기가 시문되어 판단돌기식으로 분류하였다. 자방에는 서까래에 못을 박기 위한 못 구멍 하나만 있을 뿐 연자는 전혀 살필 수 없다. 자방은 돌출되어 있고, 외곽에서 중조기법이 확인된다. 이 연목와의 경우도 중국 자료와의 비교를 통해 대통사 창건와로 추정되었다.[88]

---

86) 조원창, 2020, 「공주 대통사 백제 수막새의 접합기법과 제와술 검토」『지방사와 지방문화』 제23권 1호.

87) 필자 사진.

88) 조원창, 2021, 『성왕, 공주에 대통사를 세우다』, 서경문화사, 206쪽.
이처럼 자방 내에 연자가 없는 수막새는 공주시 반죽동 197-4번지 유적(추정 대통사지) 출토 통일신라시기의 단판 8엽 연화문 수막새(그림 62, 필자 사진)에서도 찾아볼 수 있다.

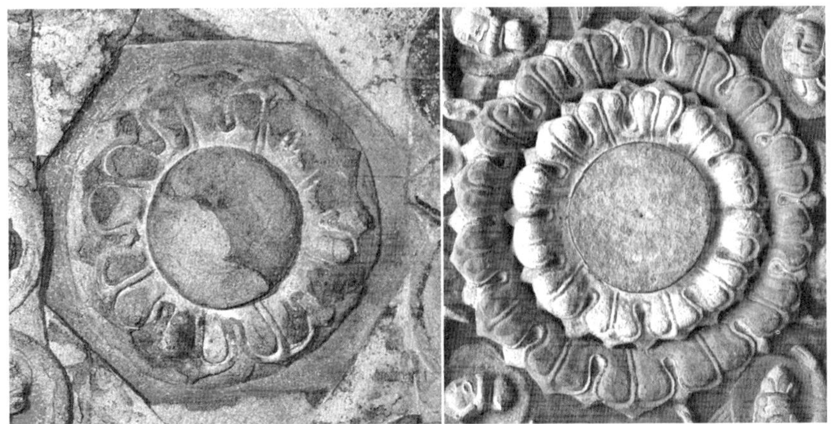

그림 63. 중국 운강석굴 제7굴 후실 굴정(窟頂) 중부 남측 및 10굴 후실 남벽 명창(明窗) 정상부의 무연자 연화문(북위 효문제, 471~494년)

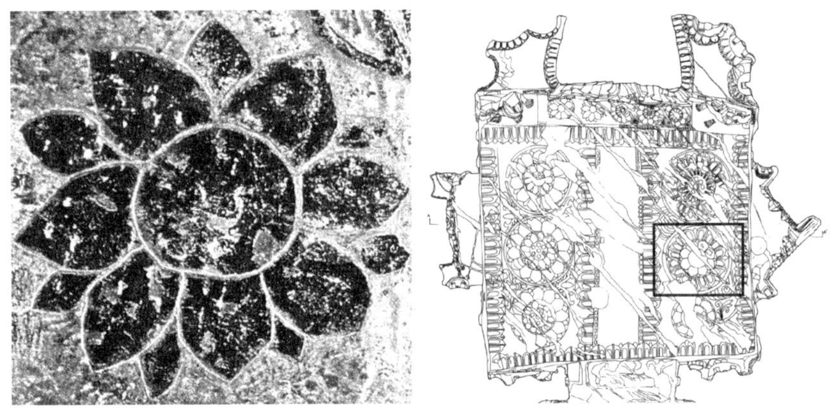

그림 64. 중국 용문석굴 자향동(慈香洞) 정벽 좌측 상부(북위 520년) 및 황보공굴(皇甫公窟)의 무연자 연화문(□ 내부, 북위 527년)

자방에서의 무연자 연화문은 백제와 달리 중국 위진남북조시기의 석굴사원에서는 어렵지 않게 볼 수 있다. 즉 운강석굴(云岡石窟, 그림 63)[89]을 비롯한 용문석

89) 운강석굴은 중국 3대 석굴 중의 하나로 산서성 대동시 서쪽 약 16km 떨어진 武州

굴(龍門石窟, 그림 64),[90] 공현석굴사(鞏縣石窟寺, 그림 65),[91] 맥적산석굴(麥積山石窟, 그림 66)[92] 등에서 연자가 없는 연화문을 살필 수 있다.

이처럼 백제 사비기 판단첨형식 수막새 중 자방 내에 연자가 배치되지 않은 사례는 부여 금강사지에서 살필 수 있고, 이는 판단원형돌기식 및 판단삼각돌기

川 북쪽에 위치하고 있다. 운강석굴은 3단계에 걸쳐 조성되었다. 제1단계는 460~465년 사이에 개착되었으며, 제16~20굴이 이에 해당한다. 제2단계는 운강석굴 개착의 흥성기로 471~494년에 조성되었다. 제1~3굴과 제5~13굴이 이 단계에 해당하며, 다양한 지붕과 처마로 조영된 불전과 쌍탑, 중심 탑주 등의 倣木造建築이 조각되었다. 제3단계는 쇠락기로서 북위 효문제가 낙양으로 천도한 494년부터 북위 정광 5년인 523년까지 개착된 석굴로 제21~51굴이 이에 해당한다.

李裕群, 2003, 「중국북조시기의 석굴사원 종합고찰」『中國의 石窟 雲岡·龍門, 天龍山石窟』, 316~320쪽.

云岡石窟文物保管所 編, 1991, 『中國石窟 云岡石窟』 一, 文物出版社, 사진 164 중.

__________, 1994, 『中國石窟 云岡石窟』 二, 文物出版社, 사진 75.

90) 용문석굴은 북조 중기에 해당하며 하남성 낙양시 성 남쪽 13km 지점인 용문 입구에 조성되어 있다. 493년부터 개착되었으며 古陽洞(493~528년 건조), 蓮花洞(521년 이전 개착), 賓陽中洞, 火燒洞, 慈香洞(520년 건조), 魏字洞(523년 이전 개착), 皇甫公窟(527년 건조), 路洞 등이 북위 대에 조영되었다. 汴州洞은 북제 때 완공되었고, 賓陽南洞, 賓陽北洞, 藥方洞, 趙客師洞, 唐字洞 등은 당대에까지 계속하여 조영되었다.

李裕群, 2003, 「중국북조시기의 석굴사원 종합고찰」『中國의 石窟 雲岡·龍門, 天龍山石窟』, 321쪽.

李文生, 1991, 「龍門石窟北朝主要洞窟總叙」『中國石窟 龍門石窟』 一, 265~280쪽.

龍門文物保管所·北京大學考古系, 1991, 『中國石窟 龍門石窟』 一, 文物出版社, 사진 44.

馬世長, 1991, 「龍門皇甫公窟」『中國石窟 龍門石窟』 一, 文物出版社, 243쪽 도면 2.

91) 공현석굴은 하남성 공현에서 동북으로 9km 떨어진 芒山 동쪽 자락의 大力山 남쪽 구릉에 위치하고 있다. 사원은 북위 효문제 때 창건된 것으로 기록되어 있고, 용문석굴과 더불어 북조 중기의 대표적 석굴사원으로 알려저 있다. 제1·2·3·4굴이 중심 석굴에 해당한다.

李裕群, 2003, 「중국북조시기의 석굴사원 종합고찰」『中國의 石窟 雲岡·龍門, 天龍山石窟』, 323쪽.

河南省文物研究所, 1989, 『中國石窟 鞏縣石窟寺』, 文物出版社, 사진 23(제4굴) 중.

92) 天水麥積山石窟藝術研究所, 1998, 『中國石窟 天水麥積山』, 文物出版社, 사진 117 중.

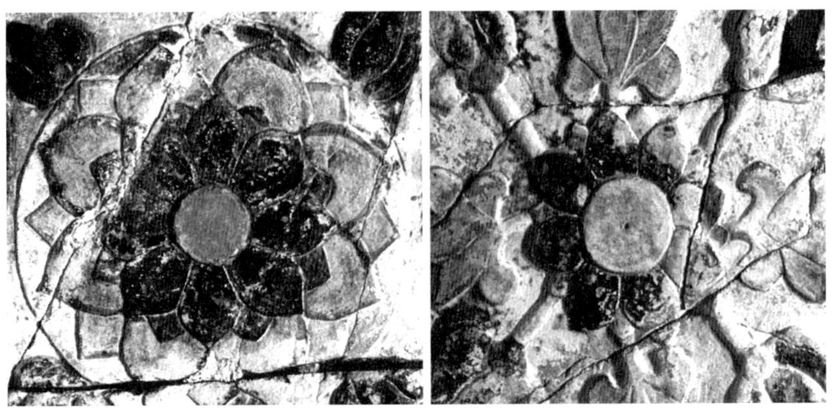

그림 67. 중국 공현석굴사 제4굴 평기(平棊) 서북 모서리의 무연자 연화문(북조 중기)

그림 65. 천수 맥적산석굴 제159굴 천장의 무연자 연화문(북위)

그림 66. 부여 능산리사지 출토 판단첨형식 수막새

식을 포함한 백제 수막새의 제 형식에 있어서도 희귀한 사례에 해당하고 있다. 그러나 無연자 배치를 제외한 자방과 연화문의 관계, 간판의 형태 등에서는 능산리사지 출토 판단첨형식 수막새(그림 67)[93]와 큰 차이가 없다. 아울러 이러한 無

93) 필자 사진.

연자의 연화문이 북조의 석굴사원에서 어렵지 않게 확인된다는 점에서 백제 고유의 문양으로도 생각되지 않는다.

이렇게 볼 때 능산리 1호 동하총의 연화문은 후육한 화판과 자방 내의 無연자 배치 등을 통해 부여 금강사지 출토 판단첨형식 수막새와 가장 흡사함을 찾아볼 수 있다. 그리고 백제 사비기 수막새 중 無연자 배치는 지금까지 금강사지 이외의 유적에서는 거의 확인된 바가 없다. 아울러 無연자 배치가 7세기 이후의 연화문 수막새에서 더 이상 검출되지 않는 것으로 보아 6세기 말 짧은 기간 제작되다 곧바로 사라진 제와 요소로 파악할 수 있다.[94]

그렇다면 마지막으로 동하총에 고구려의 고분벽화가 그려지게 된 배경은 무엇일까? 동하총이 축조될 무렵인 6세기 말의 백제는 북조와 긴밀한 관계에 있었다. 이는 왕흥사지 목탑지에서 검출된 상평오수전을 통해서도 알 수 있다. 물론 남조와의 관계도 배제할 수 없겠으나 고구려와의 대외교섭은 쉽게 찾아보기 어렵다. 이는 고기인 『三國史記』 및 『三國遺事』를 통해서도 확인할 수 있다.

그런데 6세기 후반 이후의 고고자료를 놓고 볼 때 고구려계 수막새나 토기 등은 부여지역에서 어렵지 않게 살필 수 있다. 예컨대 수막새의 경우 용정리사지(그림 68)[95]를 비롯한 용관리(그림 69),[96] 현북리 부여초등학교 서측(그림 70),[97] 쌍북리사지Ⅱ(그림 71)[98] 등에서 확인할 수 있다. 이들은 주로 6세기 후반~말에 제작된 것으로 용관리 및 쌍북리사지Ⅱ 출토 수막새에서는 백회칠도 일부 관찰되었다. 특히 수막새에서의 이러한 백회칠은 고구려 와례(그림 72 · 73)[99]에서 살필

---

94) 이는 다음의 자료를 참조하였다.
百濟文化開發硏究院, 1983, 『百濟瓦塼圖錄』.
國立扶餘博物館, 2010, 『百濟瓦塼』.

95) 國立扶餘博物館, 2010, 『百濟瓦塼』, 190쪽 사진 493.

96) 百濟文化開發硏究院, 1983, 『百濟瓦塼圖錄』, 199쪽 사진 392.

97) 百濟文化開發硏究院, 1983, 『百濟瓦塼圖錄』, 199쪽 사진 391.

98) 國立扶餘博物館, 2010, 『百濟瓦塼』, 181쪽 사진 470.

99) 집안 고구려 왕릉인 우산묘구 태왕릉 및 천추총 등의 단판 6엽 연화문 수막새에서 살필 수 있다.

그림 68. 부여 용정리사지 출토 수막새

그림 69. 부여 용관리 출토 수막새

그림 70. 부여 현북리 부여초등학교 서측 출토 수막새

그림 71. 부여 쌍북리사지 II 출토 수막새

그림 72. 중국 집안 태왕릉 출토 수막새

그림 73. 중국 집안 천추총 출토 수막새

수 있는 속성으로써 고구려 제와술의 전파, 나아가 고구려 와공의 파견으로도 이해할 수 있다.[100)]

한편, 고구려 와공의 백제 파견은 사비기의 부여지역 출토 고구려계 토기를 통해서도 유추할 수 있다. 이들은 흔히 사비양식토기[101)]라 불리는 것으로 전달린토기, 대상파수부자배기, 대상파수부호, 사이옹, 양이옹, 시루, 접시, 완 등이 이에 포함된다.[102)] 그리고 이들 토기 일부에서 관찰되는 암문(暗文, 그림 74)[103)]은 고구려 제도술의 백제 전파를 판단케 하는 기본적인 제작기법으로 파악되고 있다. 백제 사회에서 이러한 토기의 제작은 결과적으로 고구려 장인들의 사비지역 이주나 고구려 토기 제작에 능통한 백제 공인의 역할로 판단할 수 있다.[104)]

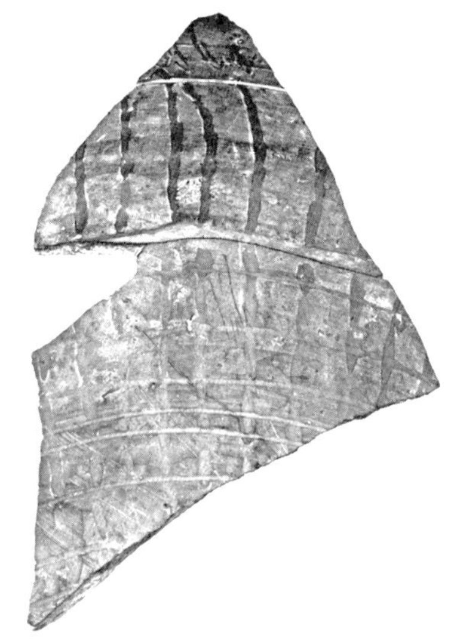
그림 74. 부여 능산리사지 출토 암문 토기

사비천도 후 부여지역의 고구려 유물 등장은 당시 백제와 고구려 간에

國立慶州博物館, 2000, 『新羅瓦塼』, 233쪽 사진 764 및 234쪽 사진 765.
吉林省文物考古研究所 · 集安市博物館, 2004, 『集安高句麗王陵』, 도판 109-2.

100) 조원창, 2008, 「백제 웅진기~사비기 와당으로 본 고구려 제와술의 백제 전파」 『백산학보』 81.

101) 朴淳發, 2005, 「高句麗와 百濟 -泗沘樣式 百濟土器의 形成 背景을 中心으로-」 『고구려와 동아시아』, 高麗大學校博物館.

102) 朴永民, 2002, 「百濟泗沘期 出土 高句麗系 土器」 『2002年報』, 국립부여문화재연구소.
김종만, 2004, 『사비시대 백제토기 연구』, 서경.
土田純子, 2014, 『百濟土器 東아시아 交叉編年 硏究』, 서경문화사.

103) 필자 사진.

104) 土田純子, 2014, 『百濟土器 東아시아 交叉編年 硏究』, 서경문화사, 298쪽.

인적 · 물적 교류가 존재하였음을 의미한다. 특히 공주 무령왕릉과 일본 아스카 지역의 飛鳥寺, 그리고 경주 황룡사 구층목탑에서 볼 수 있는 바와 같이 삼국시기의 기술 전파에는 기본적으로 장인이 동반되었다. 이렇게 볼 때 동하총에 보이는 사신도의 벽화는 고구려의 화공과 밀접한 관련이 있을 것으로 생각되고, 연화문에서 보이는 無연자의 판단첨형식으로 보아 백제 장인의 참여도 추정해 볼 수 있다.

IV. 맺음말

이상으로 부여 능산리 1호 동하총의 축조 시기에 대해 살펴보았다. 이 과정에서 무덤의 가장 큰 특징인 수평식 천장은 백제의 내재적 변천보다는 당시 중국 위진남북조의 문화 전파로 파악하였다. 이러한 중국 남북조와 백제의 문화 교섭은 웅진기 무령왕릉이 남조 전축분의 영향을 받아 제작된 것과 크게 다르지 않다.

동하총 내부에는 사신도를 비롯해 천장에 연화문, 운문 등이 채색되어 있다. 이러한 사신도와 연화문은 고구려의 고분벽화에서 쉽게 찾아볼 수 있다. 그러나 화판 내부 중앙에 하나의 흑점이 장식된 사례는 고구려의 진파리 1 · 4호분 외에는 찾아볼 수 없어 동하총의 벽화 계통을 어느 정도 짐작케 한다. 그러나 진파리 4호분 연화문의 경우 화판에 비해 자방이 크게 표현되었다는 점에서 동하총의 연화문과는 다소 차이가 발견된다. 따라서 연화문의 세부 속성을 검토해 볼 때 동하총의 벽화는 진파리1호분과 친연성이 있음을 살필 수 있다.

진파리1호분은 국내외 학자들의 편년관으로 볼 때 대체로 6세기 후반에 해당하고 있다. 그러므로 이의 영향을 받아 조성된 동하총의 경우도 자연스럽게 6세기 후반 이후임을 판단할 수 있다.

동하총의 연하문은 판단첨형식으로 자방에 비해 화판이 크고, 특히 자방 내에 연자가 배치되지 않은 특징이 있다. 이러한 無연자의 연화문은 그 예를 찾아보기 쉽지 않은 것으로 중국 북조 석굴사원에서 주로 살펴지고, 백제의 경우 부여 금강사지 출토 수막새에서 확인되고 있다.

동하총에 시문된 연화문의 제작 시기는 진파리1호분과 금강사지 출토 판단첨형식 수막새를 통해 대략 6세기 말경으로 추정할 수 있다. 그리고 사신도와 구름문, 연화문 등의 고분벽화에는 고구려의 영향이 어느 정도 반영되었음을 판단할 수 있다.

따라서 무덤의 구조 및 벽화 등을 고려해 볼 때 동하총의 피장자는 6세기 말경의 최고 권력자로 추정할 수 있다. 이 시기의 왕으로는 위덕왕, 혜왕, 법왕 등을 들 수 있는데 혜왕과 법왕의 경우 왕권의 안정도가 미흡했기에 동하총의 묘주는 자연스럽게 위덕왕으로 압축해 볼 수 있다. 이는 아버지인 성왕의 죽음이 자신 때문이었다는 죄책감과 이에 따른 능사의 창건, 그리고 죽어서도 아버지 곁에 머물고 싶어 하는 위덕왕의 의지로 생각해 볼 수 있겠다.[105]

105) 이 글은 조원창, 2015, 「연화문으로 본 능산리 동하총의 편년」『백제문화』 53의 내용을 수정 · 정리한 것이다.

• **조원창**
공주사범대학 역사교육과 졸업
공주대학교 대학원 사학과 졸업(문학석사)
상명대학교 대학원 사학과 졸업(문학박사)
현 재단법인 국가문화유산연구원 이사장
전 재단법인 한얼문화유산연구원 원장, 한양대학교 대학원 건축학부 겸임교수

주요 논저
『백제 건축기술의 대일전파』, 『한국 고대 와당과 제와술의 교류』, 『백제의 토목 건축』, 『기와건물지의 조사와 해석』, 『백제사지 연구』, 『역사고고학자와 함께 찾아가는 스토리가 있는 사찰, 문화재 1·2』, 『백제 사원유적 탐색』, 『수수께끼의 대통사를 찾아서』, 『고려사지와 건축고고』, 『건축유적의 발굴과 해석』, 『황룡사 터잡고 꽃을 피우다』, 『성왕, 공주에 대통사를 세우다』, 『통일신라 건축유적의 치석과 결구』, 『조선시대 성문의 발굴과 복원』, 『무덤이 들려주는 역사와 문화 이야기』

「황룡사지 출토 대형 치미의 편년과 사용처 검토」, 「백제 사비기 목탑 축조기술의 대외전파」, 「백제 정림사지 석탑 하부 축기부 판축토의 성격」, 「백제 판단첨형 연화문의 형식과 편년」, 「고고·문헌자료로 본 황룡사 필공의 의미와 창건가람의 존재」, 「연화문으로 본 능산리 동하총의 편년」, 「기와와 유적 사례로 본 백제 웅진기 대통사 불전 지붕과 처마의 형식 검토」 등

무덤 古墳, 영생을 꿈꾸다

초판발행일 2025년 2월 28일
지 은 이 조원창
발 행 인 김선경
책임편집 김소라
발 행 처 서경문화사
주소 : 서울시 종로구 이화장길 70-14(204호)
전화 : 743-8203, 8205 / 팩스 : 743-8210
메일 : sk7438203@naver.com
신고번호 제1994-000041호
ISBN 978-89-6062-258-6 93910

정가 22,000원